[英国]马克·H.A.戴维斯 著　徐腾 译

数理金融学

牛津通识读本·

Mathematical Finance

A Very Short Introduction

译林出版社

图书在版编目（CIP）数据

数理金融学 / （英）马克·H. A. 戴维斯（Mark H. A. Davis）著；徐腾译. -- 南京：译林出版社，2025. 7. --（牛津通识读本）. -- ISBN 978-7-5753-0708-6

Ⅰ. F830

中国国家版本馆CIP数据核字第20250VB117号

著作权合同登记号　图字：10-2021-599 号

数理金融学　［英国］马克·H. A. 戴维斯 / 著　徐　腾 / 译

责任编辑　陈　锐
装帧设计　景秋萍
校　　对　王　敏
责任印制　董　虎

原文出版　Oxford University Press, 2019
出版发行　译林出版社
地　　址　南京市湖南路 1 号 A 楼
邮　　箱　yilin@yilin.com
网　　址　www.yilin.com
市场热线　025-86633278
排　　版　南京展望文化发展有限公司
印　　刷　江苏扬中印刷有限公司
开　　本　890 毫米 ×1260 毫米　1/32
印　　张　8.875
插　　页　4
版　　次　2025 年 7 月第 1 版
印　　次　2025 年 7 月第 1 次印刷
书　　号　ISBN 978-7-5753-0708-6
定　　价　39.00 元

序　言

葛新元

作为一门横跨数学、统计学与金融学的交叉学科，数理金融学自诞生起便承载着人类对金融市场“理性化”的终极追求。从20世纪50年代马科维茨的均值-方差模型，到布莱克-斯科尔斯期权定价公式的横空出世，再到2008年金融危机后对尾部风险的重新建模，数理工具始终是金融工程演进的基石。然而，在从业二十余年的量化投资实践中，我深刻体会到，数理金融学既非万能的“市场解码器”，也非冰冷的公式堆砌，而是一面不断被现实击碎，又不断自我重构的镜子——它映照出金融市场的理性边界，也暴露出人类认知的永恒局限。

一、从象牙塔到交易台

经典数理金融模型的核心假设——有效市场、正态分布、连续交易——曾为华尔街提供了第一代“工程化”投资方法论。布莱克-斯科尔斯公式将期权定价转化为偏微分方程的求解，风险中性测度将概率论嵌入资产定价的哲学框架，蒙特卡罗模拟则为复杂衍生品打开了估值之门。这些理论不仅重塑了金融产品的设计逻辑，更催生了量化对冲基金的黄金时代：统计套利、多因子模型、风险平价策略……数学语言逐渐成为机构投资者的通用名词。

但历史的吊诡之处在于，数理模型越是精密，其与现实市场的摩擦越是突显。长期资本管理公司（LTCM）的陨落，暴露了基于高斯分布的风险管理模型对“肥尾效应”的漠视；2008年次贷危机中，科普拉（Copula）函数对相关性的粗暴简化，成为信用衍生品市场崩盘的推手之一。这些案例揭示了一个残酷真相：数理金融学的真正价值，不在于其能否完美预测市场，而在于它如何通过“可计算的错误”推动人类对风险认知的迭代。

二、模型与市场的角力场

今天的量化投资领域，正经历着数理工具与市场复杂性之间的激烈博弈。但在传统领域，数理金融学仍展现出强大的生命力。

1. 资产定价的微观革命

高频数据与算力的跃升，使得市场微观结构理论从学术论文走向算法交易。限价委托簿的动态建模、流动性风险的随机控制、交易成本的最优化，已成为程序化交易的标配工具。以“执行缺口”（Implementation Shortfall）模型为例，它通过将交易分解为波动率消耗、市场冲击、时间衰减等变量，将模糊的交易直觉转化为可量化的数学问题。

2. 风险管理的范式迁移

传统VaR（风险价值）模型因其对尾部风险的低估饱受诟

病，新一代风险框架开始融合极值理论（EVT）、机器学习异常检测与非参数估计方法。在对冲基金领域，基于风险因子的非线性暴露分析，正在替代简单的线性回归模型——例如，通过随机森林算法识别投资组合在宏观冲击下的脆弱性路径。

3. 投资组合优化的再进化

马科维茨的均值-方差模型虽被诟病为“过度理想化”，但其思想内核仍深刻影响着现代投资组合构建。风险平价（Risk Parity）策略通过对波动率的逆向配置，试图在资产相关性的混沌中寻找均衡；而基于鲁棒优化（Robust Optimization）的模型，则通过引入不确定性集（Uncertainty Set），赋予投资组合对参数估计误差的免疫力。

然而，数理模型的“过度工程化”陷阱也日益显现。当因子投资演变为“数据挖掘竞赛”，当神经网络成为掩盖逻辑空洞的“黑箱”，当市场参与者集体陷入算法同质化的囚徒困境，我们不得不追问：数理金融学是否正在从“理解市场的工具”异化为“制造不确定性的引擎”？

三、颠覆性技术与认知重构

面对机器学习、区块链、量子计算等技术的冲击，数理金融学或将迎来其范式革命的转折点。

1. 机器学习的双面性

深度学习在预测高频市场信号、挖掘另类数据（卫星图像、社交媒体情绪）方面展现出惊人潜力。但金融数据特有的低信噪比、非平稳性、对抗性环境（参与者互相博弈），使得监督学习极易陷入过拟合陷阱。未来的突破方向可能在于：将金融先验知识（如无套利约束、市场均衡条件）嵌入神经网络架构，实现“物理启发式AI”（Physics-Informed AI）。

2. 大数据与因果推断的困境

尽管另类数据总量呈指数级增长，但金融市场的复杂反馈机制使得因果识别比相关性挖掘更具挑战。例如，基于新闻情感分析的交易信号，可能因媒体对市场的事后解释偏好（Hindsight Bias）而失真。潜在解决方案包括：引入强化学习框架模拟市场参与者的动态博弈，或利用符号回归（Symbolic Regression）从数据中提取可解释的数学表达式。

3. 实时计算与决策链重构

云计算与边缘计算的融合，正将数理模型从“离线研究”推向“在线学习”。自适应算法（如贝叶斯在线变分推断）可实时更新市场状态估计，但这也对模型的鲁棒性提出更高要求——2020 年美股“熔断潮”中，多家量化机构因行情数据延迟导致算法失控，暴露出实时系统的脆弱性。

4. 环境、社会和治理（ESG）与非线性系统思维

气候变化、地缘政治等外部性因素的纳入，迫使数理金融学超越传统的封闭系统假设。基于复杂网络理论的气候压力测试、运用系统动力学模型模拟碳价传导路径，标志着数理工具开始拥抱多学科交叉的“大合成”时代。

四、在确定性与不确定性之间

站在从业者的视角，数理金融学始终是一场“戴着镣铐的舞蹈”。它既需要数学家对严谨性的执着，又需要交易员对市场混沌性的敬畏。当深度学习重写阿尔法生成的规则，当央行数字货币挑战传统定价理论，当气候灾难成为新的“未知的未知”（Unknown Unknowns），我们或许比任何时候都更需要回归数理金融学的初心：不是追求完美的预测模型，而是构建一套“可证伪”的认知框架，在理性与不确定性的永恒张力中，寻找动态演进的投资哲学。

“牛津通识读本”的《数理金融学》作为这一领域的极佳入门读物，它的价值不仅在于系统梳理了数理金融学的知识谱系，更在于启发读者思考一个根本问题：当算法逐渐接管华尔街，人类究竟该以何种姿态与机器共舞？答案或许藏在这门学科的基因之中——它诞生于人类对确定性的渴望，却注定要在不确定性的海洋中破浪前行。

目 录

前　言

数理金融学综合了数学、统计和计算方法，在金融界已被广泛应用于金融合约的风险管理、估值及其交易机制中。此前，数理金融学主要关注“套利”（无风险利润的可得性）问题和金融衍生品，这种合约的价值“衍生”自某些标的资产的价值，如股票价格或外汇汇率。而如今，在金融危机和科技迅猛发展的双重作用下，数理金融学的研究领域已日益扩大，更加注重价格的确定机制以及算法交易等新兴领域的研究。

数理金融学有五大支柱：金融经济学、统计学、概率论（或称为“随机分析”）、数值分析和计算机技术。有趣的是，尽管与直觉不符，但后三者长期以来一直是数理金融学的主导学科。数理金融学最初只是金融经济学的一个分支，但随着学科的发展，数学的方面逐渐占据主导，因为它被证明与金融期权的研究紧密相关。统计学虽然一直在使用，但是以非常传统的方式。近些年来，随着复杂统计方法的广泛应用，金融经济学在数理 xv
金融学体系中经历了一番复苏，而对期权定价和对冲等传统主题的关注则有所减弱。正是这些趋势促成了第八章（终章）的主题。

数理金融学的当今形态始于经济学家保罗·萨缪尔森和麻省理工学院的学者在20世纪60年代对期权估值所做的系统研究。萨缪尔森因“提高了经济科学的分析水平”而在1970年获得了诺贝尔经济学奖，他借鉴了路易·巴舍利耶早期的工作成果（详见第三章），并意识到随机分析正是他所需要的关键“工具”。数学中的“随机”（stochastic）一词只是“随意”（random）的另一种说法，而术语“随机过程”（stochastic processes）则被用于描述随机运动（如股票价格或天气模式）的数学研究，最初是由J. L. 杜布在1953年的经典教科书《随机过程》中确立的。萨缪尔森对日本数学家伊藤清提出的“随机微积分”尤为关注。有趣的是，与金融有关的数学理论来自纯数学中最纯粹的部分，而非通常认为的应用数学。在20世纪60年代初，伊藤微积分仅为少数研究者所知，而如今，它为每个学习数理金融硕士课程的人所知晓。

期权定价的难题最终由费希尔·布莱克和迈伦·斯科尔斯在1973年破解，他们提出了著名的布莱克-斯科尔斯期权定价公式（简称“BS公式”），这一公式成为金融经济学中最知名的成果。同一年，麻省理工学院团队的罗伯特·默顿独立推导出了一个更为一般化的公式，这一公式也广泛见于当代的教科书。BS公式的提出带来了理论和市场交易的爆炸式发展。

随着市场的增长，越来越多拥有博士学位的科学家（起初主要是物理学家）被“卷”进金融市场，形成了一批能够处理复杂技术问题的量化分析师——“宽客”。与此同时，计算机技术

的飞速发展也是推动期权市场运作的关键因素。随着时间的推 xvi
移，大学开始提供数理金融学的专业课程，而众多科学和工程学科的学生及专业人士也纷纷进入这个市场。

本书结构如下。第一章将介绍比赛场地：这是一个由货币、银行和金融市场组成的世界。该章将简要概述交易的资产、一些交易机制（如期货市场等），以及期权的基本定义和标准术语。没有这些背景知识，读者将难以理解数理金融理论的目的。第二章涉及概率论及其频率论和主观论的解释。之所以介绍主观概率论，是因为它与所谓的资产定价基本定理（FTAP）有着密不可分的关系，而资产定价基本定理是经典数理金融学中最重要且影响最为深远的成果，我将在第三章中对此展开讨论。读懂第二章并不难，读者只需掌握基础的统计学基本概念（如期望值、标准差和正态分布等）、标准的数学项（如对数和指数）以及少量微积分知识即可。该章大部分内容即便没有深厚的背景知识也能理解。

本书不会尝试解释伊藤微积分，但在第三章中，我将以直观的方式向读者介绍布朗运动和爱因斯坦对布朗运动的解释，即为何普通的微积分规则无法适用于布朗运动。对BS公式的介绍将通过所谓的二叉树展开，对此有一套自成一体的期权定价理论。该章会对BS公式进行详细介绍，我也认为值得花些精力去掌握这些知识点，因为所涉及的概念都可以通过一个简明易懂的框架阐明。第三章后半部分看似技术性较强，但实则使用的理念与前文并无二致。此外，二叉树模型也提供了一种推算
BS公式的方法，帮助我们理解这一公式的合理性。 xvii

期权定价最简单的形式涉及资产期权，比如说股票，其价格

只是一个随时间变化的数字。同样重要的是利率相关合约的期权，其标的资产的价值在任何时候都不再只是一个数字，而是一条完整的曲线，即所谓的收益率曲线。这就是第四章所要讨论的更复杂但也更有趣的问题。第五章将探讨信用风险的问题，即交易对手可能在未来违约的风险。21世纪初，信用风险交易的规模从近乎为零急剧增长，而与此相关的乱象在很大程度上导致了2008年的金融危机。

第六章将讨论一个迥然不同的主题——基金管理。基金管理的目标是通过资产组合实现投资回报最大化。值得注意的是，数理金融方向的研究始于罗伯特·默顿在1969年开展的工作。基金管理是一个庞大的行业，随着采用复杂策略的对冲基金的出现，这一行业的技术性越发突出。相比前几章的主题，理论对实践的影响在基金管理领域小之又小，尽管如此，这些研究仍很重要。此外，该章也会提供几个新见解，揭示股票市场此前从未被注意到的特性。

每家金融机构都有交易大厅，交易员在此开展业务，而在或上或下的一层楼必设置风险管理部，负责监控交易活动，确保机构不承担过多风险并遵守金融法规。所有金融机构都在法律框架内运作，该框架强制执行监管要求。在后危机时代，这些规则的覆盖面不断扩大且约束力度有所加强，由此使得风险管理职能大幅增加，也相应地强化了量化分析能力的部署。所有这些都是第七章的主题，真可谓是统计学的主场。

最后一章将聚焦2008年的金融危机及其后果。2008年是金融领域的分水岭。对数理金融学来说，它意味着一次根本性的重塑。传统的定价和套利理论虽然依旧很重要，但它们不再是研究的唯一焦点。因为在理论上，这些领域已经相当成熟，而且在新的监管环境中，大多数更为特殊的合约已不再可行。另一方面，市场行为和互动的一系列新问题不断涌现，新技术——通常被称为金融科技——的影响也必须纳入考虑范围。

本书在很大程度上省略了数值分析和计算机技术方面的内容。虽然“宽客”们把80%的时间用于开发算法和编写代码，但在“牛津通识读本”系列丛书的篇幅限制下，不可能对这些主题进行充分讨论。省略的大部分内容其实是通用知识，广泛应用于科学和工程领域。因此，我更倾向于将注意力集中于数理金融特有的概念内容上，而算法值得另设一套丛书。

给予我指点的贵人实在众多，无法在此一一致谢。但我想特别感谢王佑曾教授，我在伯克利上的第一门随机过程的课程就是由他讲授的（谁曾想这门课竟与我今天的成就如此密切），还要致谢约翰·布梅，我们在三菱金融集团共事期间，他教会我如何成为一名合格的“宽客”。我还要感谢埃琳娜·梅多瓦和迈克尔·邓普斯特，他们是我长久的挚友，源源不断地为我提供思路、灵感和鼓励。最后，我对爱妻杰西卡表示最深的感激。在我再次投入写作项目时，她给予了无限的支持和耐心。幸好，本书篇幅十分精简。

马克·H. A. 戴维斯

2018年9月于伦敦 xix

第一章

货币、银行和金融市场

货　币

金融与货币息息相关，然而货币却是难以捉摸的概念。在非接触式卡片和移动电话支付的时代，更证实了这一点。在这个时代，货币不再有任何实物形式，比特币等加密货币系统是否有资格成为货币，这一问题仍存在争论。在当今商业领域，货币往往以电子数据的形式存在，表现为电子表格里的一系列数字。然而，这些数字代表的实际金额巨大，常常以百万、十亿甚至万亿为单位。在媒体报道中，将数额庞大的资金错报为较小的数目是一种常见错误——一个简单的字符印刷错误就可能致使报道出现天壤之别的金额差异。

人们很早就认识到交换媒介是必要的。最初的媒介是商品，使用一定数量的特定商品，如大米、橄榄油或铜作为货币单位，以此来规定其他商品、制成品或劳动的价格。一个重要的概念和实践就是引入法定货币。在法定货币中，任何商品的价值

都用抽象的单位来表示，比如美元，因此任何两种商品之间的交
1 换比率都只是其美元价格之比。要将这一想法付诸实践，个人必须自己储存和兑换美元，而铸币让这一目标得以实现。法定货币是建立在信任基础之上的。如果一件商品的价格为10美元，买家必须确保交出了价值10美元的货币，才能得到商品，同时，卖家必须确保他们收到的货币是真币，而不是私铸的假币。只有通过货币当局——通常是官方政府部门——发行货币并调节货币流通量，同时采取行动限制货币伪造，才能建立信任。在历史上，信任破产的例子不胜枚举。铸币最初采用贵金属，但随着时间的推移，铸币的物理价值只占其货币价值的一小部分，因此实际上相当于纸币。公元960年至1127年，中国的宋朝引入了纸币（当时西方几乎没有纸的存在，更不用说纸币了）。纸币经过漫长的时间才演变成如今人们熟知的纯法定货币：直到第一次世界大战及之后，纸币通常由黄金支撑，理论上可以兑换黄金。实际上，直到现在，英国的纸币上还印有英格兰银行首席出纳官签名的承诺——“我承诺按要求向持票人支付十英镑”，这是对其传统金本位承诺的一种象征性延续。然而，随着时间的推移和纸币设计的多次更新，这一承诺的字样在纸币上的显眼程度逐渐减弱。

除了用作交换媒介之外，货币还起到价值储存的作用。比如今天得到了货币，可以不必花掉，而是存放在保险箱内——在经历了几十年近乎零的利率后，这种做法在日本比比皆是——或者可以在银行开立活期账户。在后一种情况下，很明显，活期账户余额不亚于现金本身。活期存款的总价值大大超过流通中现金的价值。在计量经济学中，狭义货币M_1指的是现金和活期

账户存款的总价值。2016年8月，英国的M_1总价值为1.62万亿英镑，其中678亿英镑是纸币，另外40亿英镑是硬币，这意味着银行存款价值是纸币和硬币的二十多倍，并且随着电子支付的普及，这个数字只多不少。相比之下，2015年英国的国内生产总值（GDP）约为1.9万亿英镑。货币交易需求是支撑整个经济中当前交易速度所需的金额，央行还要提供足够的纸币和硬币来满足涉及现金的交易需求。 2

前文只讨论了货币在日常交易中的作用。然而，更重要的是，要以长远眼光看待货币的作用。正如约翰·梅纳德·凯恩斯所说："货币的重要性本质上源于它是当前和未来之间的纽带。"这种纽带是由银行和金融市场活动以各种方式形成的。

从最简单的层面来说，银行的运作方式就是从账户持有人那里吸收存款，然后以存款为支持，向个人或公司发放贷款，并收取利息，以此来实现盈利。人们很早就意识到，贷款的价值不应局限于存款的价值；比如说，10%的准备金率即可以确保充足的流动性，意味着有能力满足账户持有人的日常需求。因此，银行如有100万英镑的存款，则可以发放900万英镑的贷款。借款人首先把贷款存入活期账户，然后贷款转换成货币，从而促进狭义货币M_1的增加。以这种方式，"部分准备金制度"极大地增加了货币供应量。贷款被偿还时，货币供应量会再次减少，但就整个经济而言，总有大量未偿还贷款。银行贷款是将资源从未来带回而用于现在的最简单方式，以实现新产品开发、买房或支付学费等多种目的。无论何种情况，由于需要偿还贷款，借款人的未 3
来资源会相应减少，而贷款人承担了借款人可能违约的风险。

中央银行并不直接控制货币供应量，但采用各种间接方式来影响银行的活动。所有银行活动均受其经营所在地的中央银行监管。例如，英格兰银行设定了一个“基准利率”，即商业银行贷款利率。这影响了银行向客户贷款的利率，进而影响了将发生的贷款数额。

金融市场

金融市场作为一个整体，为筹集资金以及管理和交易与之伴随的风险确立了各种机制，为投资者、基金经理和投机者提供了无数机会。传奇投资人爱德华·奥克利·索普曾说过，赌博和投资的区别在于后者听起来更为高尚。本节概述了各种金融市场机制，但并非详尽无遗。

股权。发行股份（股票）是企业为未来的投资筹集资金的主要机制之一。对于初创企业，需要起草一份首次公开募股文件，然后邀请投资者以拟上市前不久设定的价格认购股本。在承诺认股后，投资者获得一定份额的股份，认购总额代表公司的股本或股权。公司由股东所有，股东期望将来可以收获股息，并且随着企业的建立而参与提升股份的价值。股份发行后，股票会在证券交易所上市，可以在某些电子交易平台上进行交易；在第八
4 章中描述了一种交易机制，即限价委托簿（LOB）。这个二级市场与公司本身无关，因为资金只是从一个投资者手中流转到另一个投资者手中，但是它决定了公司的市值（等于股份数量乘以股价）。股东的看法与收购要约等战略决策紧密相关。股权投资的本质是，除了“有限责任”规则之外，没有任何保证；在“有限责任”规则下，股份的价值永远不会为负。股份购买者押注公司成功，但和大多数赌注一样，他们可能面临失去全部投资的风险。

债券。公司筹集资金的另一种方式是发行债券。债券购买人在一个固定时间段内（比如说五年）把钱（面值）借给公司。公司通常每年或每半年（每六个月）支付一次“票息”，所支付的利率是约定的利率：可以是“固定利率”，即在债券有效期内，利率固定在比如说每年5%；也可以是“浮动利率”，即利率遵循商定的当前市场利率。债券到期时，公司结清利息并偿还债券面值。债券一旦发行，就是一种可交易资产，可以在交易平台上以当前市场价格进行交易。第四章和第五章讨论了债券估值机制。在发行债券时，公司承诺无论成功与否均将按时足额支付预定款项。否则，公司的信用评级将受到影响，导致未来筹集资金变得更加困难且耗费更多。在持有债券期间，债券购买人可以获得可预测的收入流，也可以在市场利率有利时出售债券获利。如果公司违约，则债券购买人的收益就高度不确定了——可能远低于面值，或者在最坏的情况下，一无所有。简而言之，债券的风险状况与股票截然不同。

信用风险。由于企业违约的不确定性，债券持有人自然希望为这种不测事件投保以防损失。严格来说，违约风险是指债券发行人无法履行债券条款的风险，即未能按时全额支付利息或偿还本金。自20世纪90年代中期以来，投资者已经通过信用违约掉期（CDS）机制来获得担保。在关于XYZ公司违约风险的CDS合约中，投资者根据XYZ公司的信用价值，在XYZ公司所发行债券的期限内，向第三方（如ABC公司）支付一种定期保费。如果债券条款得到充分执行，则ABC公司不支付任何费用，否则以其他方式向投资者支付债券面值与违约后回收价值之间的差额。持有附加了CDS合约的XYZ公司债券，几乎相当于持有没有违约风险的债券。这听起来很简单，但事实并非如此。首先，这一切都取决于ABC公司的风险比XYZ公司更低。然后是市场规模：一开始市场规模并不大，但在2007年迅速发展到顶峰的62万亿美元（所有有效的CDS合约规定的总面值），但在金融危机后，CDS合约开始失宠，目前大约是顶峰规模的十分之一（但数额仍然相当巨大！）。CDS合约如债券一样也是可交易的资产——这与普通保险存在本质区别——而且违反了保险的基本原则，即不为自己不拥有的东西投保。如果我可以为邻居的房子投保，那么我就有充分的动机把房子烧掉骗保。如果有其他人为同一栋房子投保，他们也会提出索赔。这种情况在2005年确实发生过，当时美国汽车零部件制造商德尔福违约，导致向CDS立权人索赔的金额超过了德尔福债券面值的十倍。

外汇。外汇市场是世界上规模最大、流动性最强的市场。与位于主要的实体交易所的股票和期货市场不同，外汇市场是一个分散的场外交易市场（OTC），在全球电子交易平台上进
6 行交易。美元占外汇交易量的85%，欧元以40%的份额位居第二，然后是日元，约占20%。交易主要就是集中在这三种货币上。由于交易体量过于庞大，外汇交易员可以将注意力集中在少数几个主要货币上。2016年，日均交易量约为5万亿美元，其中约90%是外汇投机者利用日内价格波动产生的。相比之下，期货市场的日交易量为4500亿美元，股票市场为2000亿美元，纽约证交所为300亿美元。2016年，美国的年度GDP约为18.6万亿美元。

远期、期货和期权。衍生品合约，或者简称为“衍生品”，在

金融领域无处不在，也是许多学术界和实务界研究正确定价的着眼点。“衍生”是指合约的价值取决于或衍生自一种或多种标的资产（如股票价格或外汇汇率）的价值。

最简单的合约是远期合约，即在未来某一特定时间以当前约定的价格交易资产的协议。假设我承诺在六个月后向某个交易对手交付1000股劳斯莱斯股票。现在的股价是9.13英镑。我可以等待并在到期当天购买股票进行交割；当然了，我并不知道那时要支付多少金额。另一个策略则是这样：我以约定的六个月2%的利率从银行借款9130英镑，然后立即就购买了1000股股票。当交割时间到来时，我交付股票，并支付9130×1.02 = 9312.60英镑给银行清算贷款，这是我与交易对手约定的价格。实际上，我已经为这些股票设定了9.31英镑的远期价格。是否有其他更微妙的策略产生更低的有效价格？这将在第三章予以讨论。这个问题的答案是否定的。在上述计算中，股息被忽略了。因为我拥有股票，所以我将收到股息，所以我不需要向银行借那么多钱，这会降低远期价格，因为在这么短的时间内，远期价格是可以准确估计的。重要的一点是，远期价格只取决于当前价格、利率和股息。无须用任何价格变动模型来计算远期价格。用当前的行话来说，这是一个“无模型”的结果。 7

远期定价的一个常见用途是确定外汇汇率。如果六个月内交付的商品是外币，比如支付给一家英国公司1000万欧元，那么一个额外因素即欧元利率就不可忽视了。假设现在我不购买这1000万欧元，而是购买一笔款项，存入欧洲银行六个月后累积到1000万欧元。在外汇交易中，外汇利率的作用与国内交易中的“股息收益率”相同。股息收益率是表示股息支付的一种传统方式，其中假设在一段时间内以等于当前价格的固定部分q的比率连续支付股息。

对于远期交易，尚未建立一个有组织的市场；任何现有合约都是双方之间的双边合约，因此存在一个明显问题，即违约风险。继续前述购买劳斯莱斯股票的例子，我已同意以9.31英镑的价格购买劳斯莱斯的股票。但假设特定时间到来时现货价格是9.20英镑，那么撕毁远期合约并在公开市场上交易股票才符合我的最大利益。然而，远期合约明确规定我有权利也有义务以更高的价格买入股票。在期货市场中，存在一个既保留远期合约收益结构同时又消除“退出”风险的机制。与远期相比，期货在交易所交易：交易所是所有交易的对手方，价格由供需决定。原理如下：所有参与者必须在交易所开立所谓的保证金账户，其中必须保持一定的最低余额。交易所的期货合约规定了与之相关的资产和最终到期日T。注意，资产本身无须直接交易。事实上，一些大型期货市场与标普500指数或富时100指数等股票指数相关。理论上，可以适当比例购买所有成分股来交易指数，但这是完全不切实际的；期货合约交易是一种间接但有效的指数交易方式。简单来说，让我们只考虑每天一次的交易，交易日为0，1，⋯，N，其中0是合同开始时间，N对应于到期日T。期货价格f_k在每k天公布，S_k表示标的资产的现货价格。如果一个投资者的投资组合的价值在标的资产价格上涨时上升，则为多头；如果投资组合的价值在标的资产价格下跌时上升，则为空头。期货市场的规则是：

1. 投资者想在第k_0天加入合约，只须宣布加入并说明希望投资的合约单位数量，以及希望买入市场的哪一方，是多头还是空头。此刻，投资者和交易所均无须付款。

2. 在k_0之后的每一天，比如第j天，投资者的保证金账户会贷记一笔款项$n(f_j-f_{j-1})$（多头情况下）或$n(f_{j-1}-f_j)$（空头情况下）。如果账户余额低于允许的最低水平，将会被要求“追加保证金”。

3. 在最后到期日N，期货价格f_N按照定义等同于标的资产现货价格S_N。

假设忽略保证金是在不同时间支付的事实，每份合约的总支付款，如果是多头，则为

$$(f_{k_0+1}-f_{k_0})+(f_{k_0+2}-f_{k_0+1})+\cdots+(S_N-f_{N-1})=S_N-f_{k_0}$$

（其他予以对消）。这相当于以合约签订时的期货价格f_{k_0}买进一单位的标的资产。如果是空头，则净付款为$f_{k_0}-S_N$，相当于以同样的价格卖出。期货市场的一项关键特性是，可以轻易做 9
多或做空。如果一个人希望在到期前退出期货合约，只需买卖另一份市场的反向合约即可。

与远期价格相比，期货价格的估值并非没有模型，而是比较复杂。事实证明，公平期货价格f_t与相应的远期价格$F(t,T)$之间的差额可以忽略不计，非常长期利率的期货除外。除此之外，从经济角度来看，远期和期货的本质相同。

最后是期权。期权解决了前文提到的远期合约的缺陷，即投资者有义务履行合约，即使履行合约对投资者是不利的。期权是两方即持权人（买方）和立权人（卖方）之间的合约。举个最简单的例子：一只价格为S_t的股票看涨期权，由行权时间

T和行权价格K指定。在合约开始时持权人向立权人支付一笔费用即期权费，从此持权人有权但无义务在时间T以价格K买进股票。如果持权人愿意进行交易的话，立权人接受期权费后，有义务交付股票，以换取价款K。如果$S_T > K$，则行权，因为持权人可以低于实际价值的价格买进股票；原则上，持权人可以立即在市场上出售期权，赚取利润$S_T - K$（期权通常以现金结算：行权时，立权人向持权人支付现金$S_T - K$）。反之，如果$S_T < K$，则持权人不会行权，期权到期时一文不值。看跌期权是指以K价格卖出的权利；当$S_T < K$且利润为$K - S_T$时，将行权。看涨和看跌期权的行权价格分别为$C(S_T) = [S_T - K]^+$和$P(S_T) = [K - S_T]^+$，其中$[X]^+$表示X和0中的较大者；其形似"曲
10 棍球棒"，如图1所示：

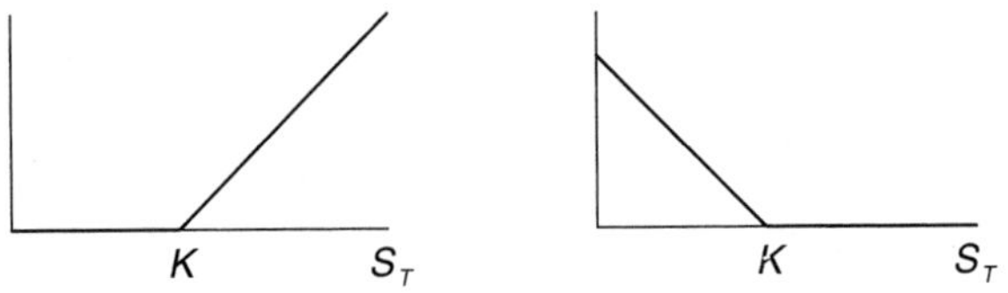

图1　看涨和看跌期权的行权价格

是什么构成了看涨期权或看跌期权的"公平期权费"？这一问题直到1973年布莱克和斯科尔斯的决定性结果才得以解决。这一结果促进了数学研究和市场交易活动的爆炸式发展。期权曾被看作一种稀缺之物，但如今已发展成众多金融市场不
11 可或缺的一部分。

第二章

风险量化

第一章指出，金融市场的主要目的是管控风险，甚至从风险即未来事件的不确定性中获利，事实上，发生任何事件都会影响投资者对证券价值的看法。

图2是一个典型的金融价格图，从图中可以看到英国富时100指数（FTSE100）在二十年间的每周数值，包括2000年至2002年互联网泡沫和2008年股灾时的数值。第一张图显示指数水平（如$I_1, I_2, \cdots$），第二张图显示相应的收益率$R_2, R_3, \cdots$，其中$R_k = (I_k - I_{k-1})/I_{k-1}$，表示指数水平变化率。一个公司的市值即为其股票的总价值（发行股份数乘以股价）。英国富时100指数是指在伦敦证券交易所上市排名前100家公司的总市值，1984年1月创立时指数为1000。

所有金融数据（我们可以绘制每日或每小时的数据）总是呈现极其不稳定、不平稳的状态，具有“突发”波动率（相对平稳期与剧烈波动期）。一种传统的解释是，价格变化是由新闻即发生的外部事件引起的。然而，这种解释经不起推敲：没有足够 12

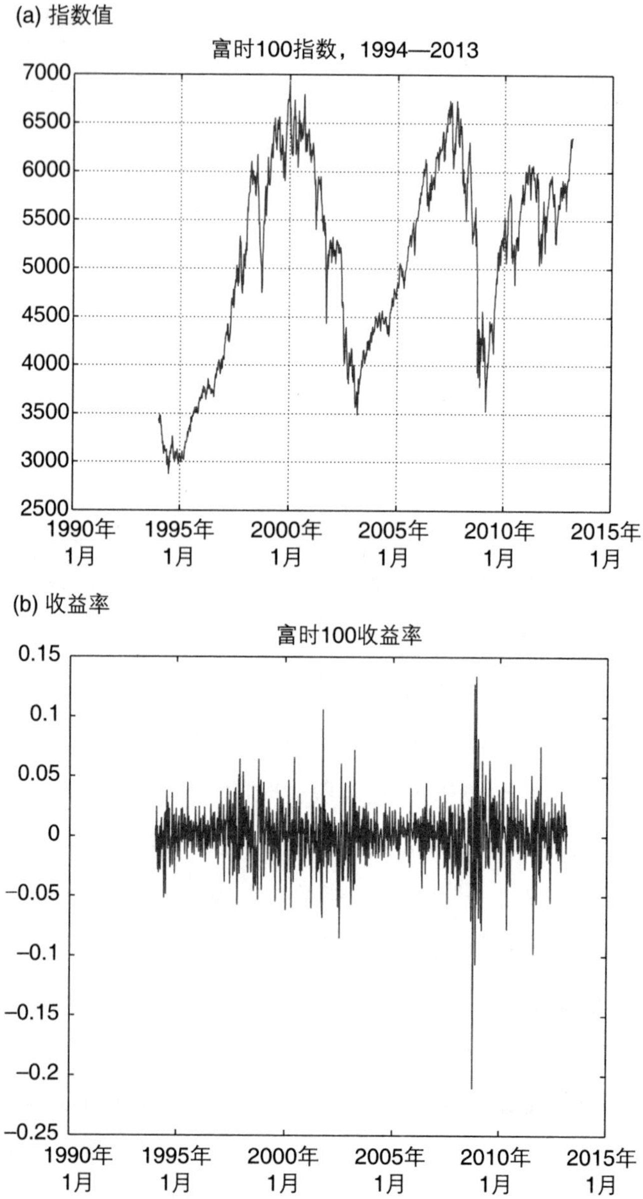

13　图2　富时100指数：每周数值，1994—2013

的新闻来验证价格是以我们所观察到的频率变化的。因此，价格的“波动率”在很大程度上是由内部因素造成的，也就是说，是由市场参与者本身的交易活动造成的。这不足为奇，因为市场价格是交易的结果，交易者会对其他交易者的行为做出应对。我们不能指望所有市场参与者以同样的方式对新闻做出应对，每个交易者都是根据自己的直觉和计划行事。越来越多的交易者实际上是算法，如果算法设计不当，可能会造成负面影响，包括最近观察到的“闪崩”。在第三章中，我们将看到，在一个运作良好的市场中，价格一定是不稳定的，这背后存在很多的基本逻辑；并且在第八章中我将介绍LOB，这是价格产生的主要交易机制之一。第三章将介绍股票价格的具体数学模型。无一例外，这些都是随机模型，即基于概率论的模型。本章将探讨自17世纪以来一直用于解决不确定性问题的标准框架——概率论，并回顾其核心概念。

最简单的情况，就是机会博弈分析，这也是概率论的起点。以掷骰子为例，没有人会质疑这样一个观点，即基于骰子的对称性（忽略制造缺陷），单次掷出六点或任何其他特定点数的机会（概率）是1/6，或者掷出偶数的概率是1/2。同样，大家一致认为，两次掷出双六点的概率是1/36：第二次掷出的结果不受第一次掷出结果的影响，因此两次掷出的结果有36种相同的可能，其中只有一种结果是双六点。从这个例子中可以得出概率论的基本法则。列出所有的“基本事件”（在本例中是36个可能的有序对点数），并为每个基本事件分配一个概率。概率是0到1之间加起来等于1的数字。“事件”只是基本事件的集合，一个事件的概率是组成基本事件的概率的和。在本例中，“两次点 14

数之和至少为9的事件”由10个基本事件组成，所以它的概率是10/36。很明显，如果存在两个相互排斥的事件（即不包含共同的基本事件），那么其中一个或另一个事件发生的概率是单个概率的和。另一个概念是独立性。如果两个事件发生的概率是各自概率的乘积，那么这两个事件是相互独立的。由此可以得出1/36为双六点的概率。综上可以得到概率的基本法则：

（1）每个基本事件都有一个概率，介于0到1之间；

（2）任何事件的概率是构成该事件的基本事件概率之和；

（3）某事件一定会发生：所有基本事件的概率之和为1。

随机变量是一种统计工具，用于将每个可能的基本事件映射到一个实数。以掷骰子为例，设想一个赌局，如果两次掷骰子的点数之和小于9，玩家输掉1英镑；如果点数之和大于等于9，玩家则赢得2.6英镑。在此情境下，相应的随机变量在赢钱集合{36，45，46，54，55，56，63，64，65，66}上取值2.6，而在剩余26种可能输钱的基本事件上取值 −1。随机变量期望值（即其长期均值）的计算方法是，算出所有事件的值与其发生概率的乘积之和。在本例中，由于每个事件发生的概率是1/36，期望值为 $2.6\times10/36-1\times26/36$，结果为0。这表明赌局是公平的，其思想可以概括如下：对不太可能发生的事件下注，一旦这一事件发生，便能获得巨大的收益。

至于“连续的”随机变量，就是要分析像体重、身高或股票市场价格这样可以在一个连续区间内取值的量。现实中，股票市场价格并非真正连续，因为它们只能以一定的最小价格单位
15 变动，如纽约的标准普尔500指数中的1美分，这意味着所有的价格都是以美分为单位的整数。尽管如此，为了简化分析，通常

会将股票价格视作连续变量来处理。表示连续变量概率最简便的方法就是通过密度函数。例如，正态分布$N(m,\sigma)$的密度函数公式为

$$f_{m,\sigma}(x)=\frac{1}{\sigma\sqrt{2\pi}}\exp\left(\frac{(x-m)^2}{2\sigma^2}\right)。\tag{1}$$

其中有两个参数，即均值m和标准差σ（按照长期以来的惯例，用希腊字母西格玛表示）。均值或期望值是密度函数的“重心”，标准差是用来衡量密度在均值附近的分散程度。图3显示了两个正态密度函数，均值为0，方差为1和2。

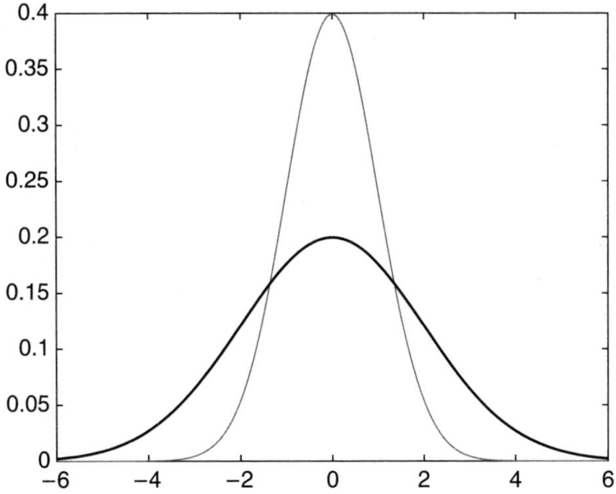

图3　正态密度函数，方差为1（窄形）和2（宽形） 16

一般来说，如果X是具有密度函数f的某个随机量的值，那么对于任意数$a<b$，X处于a和b之间的概率就是这两个值之间密度函数f下面的面积。特别是，密度函数下的总面积一定是1。

X恰好等于某个特定数字c的概率为零，因为对于满足$a < c < b$的任意a、b，这个概率不可能大于x位于a和b之间的概率，而且随着a和b之间距离的缩小，该面积会缩小为零。这意味着无法像之前那样，通过求数值乘以概率的和来计算期望值。对于有密度函数$f(x)$的随机变量，计算期望值的正确公式是

$$\mathbb{E}[X] = \int_{-\infty}^{\infty} xf(x)dx。$$

并非每个随机变量都有密度函数，但是每个随机变量都有一个分布函数F，其在a点的值是对应随机变量X小于或等于a的概率。如果X有密度函数，则$F(a)$就是密度函数下a点左侧的面积。图4显示了单次掷骰子的分布函数，其中X是得到的点数。

对于均值$\mathbb{E}[X] = m$的一般随机变量X，其方差定义如下：设$Y = (X-m)^2$，即X到m的距离的平方，则有$\sigma^2 = \mathbb{E}[Y]$，即“该均值平方差的均值”与均值一样，并非每个随机变量都有标准差。从(1)式可知，正态分布完全可以通过均值m和标准差σ来表示。

给定两个随机变量X_1和X_2，其均值为m_1和m_2，标准差为σ_1和σ_2，则X_1和X_2之间的相关性为$r = \mathbb{E}[(X_1 - m_1)(X_2 - m_2)]/$

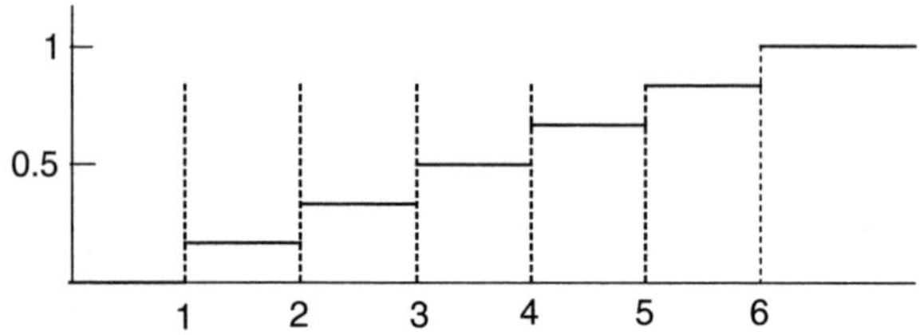

17 图4 单次掷骰子的分布函数

$(\sigma_1\sigma_2)$。这是一个介于-1和$+1$之间的数字；如果$r>0$，则X_1和X_2通常同向移动，如果$r<0$，则反向移动。独立的随机变量并不相关，但反之一般不成立。然而，不相关的正态随机变量是互相独立的。

概率论看似深奥，但通过其两个最基本的结果，即强大数定律和中心极限定理（CTL），可以发现它与可观测现实之间有着明确的联系。早在18世纪，棣莫弗和拉普拉斯就发现了这两个结果。但令人惊讶的是，直到20世纪，即A. N. 柯尔莫哥洛夫在1933年提出大家普遍认同的概率的数学理论后，这两个结果的最终版才得以问世。这两个最基本的结果均涉及独立同分布随机变量的行为，例如骰子连续投掷的点数。$X_1, X_2, \cdots$表示随机变量。假设它们分布相同，均值m相同，并且相互独立。设Y_n表示前n个变量的平均值：$Y_n=(X_1+X_2+\cdots X_n)/n$。根据柯尔莫哥洛夫的强大数定律，在概率为1的情况下，Y_n趋近于（即越来越接近）均值m。注意，每个Y_n都是随机变量，但m是固定常数。图5显示了当X_k对应于掷骰子时Y_n的行为；这里$m=3.5$。

对于中心极限定理，需要假设随机变量X_k有一个（共同的）标准差σ。定义$Z_n=\sqrt{n}(Y_n-m)$，这相当于通过减去均值，然后用$\sqrt{n}$而不是n去除总和，从而使X_k居中。在这种情况下，Z_n 18
序列不是收敛于一个数，而是“依分布收敛”于均值为0、标准差为σ的正态分布。这意味着，给定任意数字a，当n较大时，Z_n小于a的概率接近于均值为0、标准差为σ的正态分布所预测的值。图6显示了随机变量为掷骰子时的结果。我们模拟了150次掷骰子的行为，并计算出$n=150$时的Z_n值。然后重复这一过程20次，得到Z_n的20个独立样本，并且对于数值x居于-3和

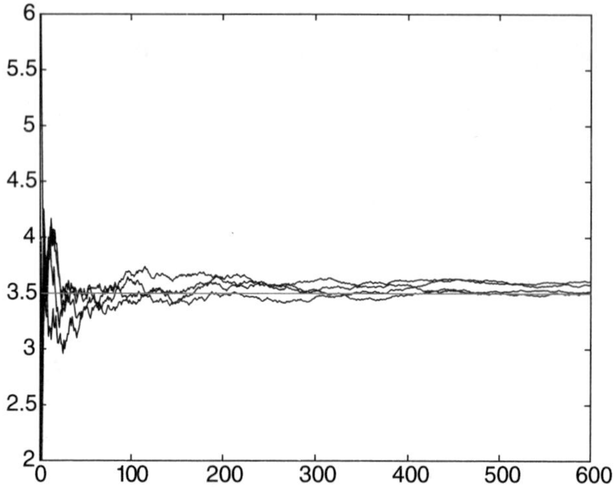

图5　掷骰子600次的累计平均值(4个样本)

3之间的范围内，绘制这些样本中数值低于x的比例，得到图6中的点曲线。样本数增加到50个，得到的是虚线曲线，再增加到100个，得到的是实线曲线。图中还显示了正态分布函数。可以看出，这100个样本的曲线在中心区域非常接近正态分布，但需要更
19 多数据支持才能捕捉到只有一小部分样本时左右两端的数值。

在概率论和统计学的框架内，频率论的方法依托于前文提及的两项重要的理论基石：大数定律和中心极限定理。这些方法在处理可重复且独立的随机试验时表现得尤为合适，例如，在分析大规模的汽车事故保险理赔或进行随机对照的医学试验时。然而，在缺乏试验重复性和独立性的情境中，如预测气象事件（例如明天降雨的概率）、政治问题（如某位候选人赢得一场总统选举的概率）或是金融风险（比如一个债券发行人在票息或本金支付上违约的概率），概率的含义就变得更有争议。在这

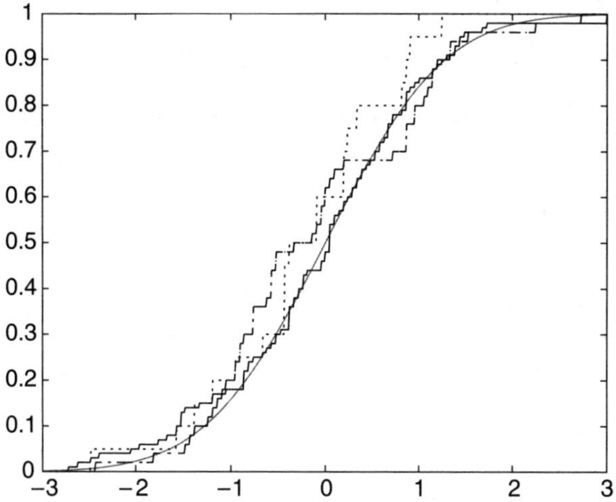

图6　中心极限定理的应用 20

些场合下，概率被视作主观概率。这种立场认为，概率只是某位研究人员意见的表达，而非普遍认同的客观事实。这就会引起明显的问题。例如，假使我预测明天下雨的概率为25%，而后天为60%，我只是在最低程序上断言后天下雨的可能性更高。但是，这些具体数值的定量意义何在？为何需要通过柯尔莫哥洛夫式的复杂数学理论来对这些数值进行客观化处理？

1926年，弗兰克·拉姆齐在与凯恩斯、罗素和维特根斯坦等人组成的学术圈中，作为一位极具洞察力的科学家，给出了这个问题的答案。不幸的是，1930年，拉姆齐英年早逝，时年仅27岁。在20世纪30年代，布鲁诺·德·菲尼蒂也独立提出了类似的见解，并对其进行了更细致的阐述。这些思想与20世纪70年代后来兴起的数理金融学核心理念密切相关，但当时的数理金融界未能给予足够的重视和认可。这其实跟赌博策略有关。

先请看表1中显示的2016年爱尔兰蒂珀雷里赛马场一场赛马比赛的赔率。“Now or Never”这匹赛马的赔率是6比5，这意味着如果“Now or Never”赢得比赛，则5欧元的赌注将获得6欧元的回报，外加返还的赌金。如果赔率是x比y，那么x就是赌注为y时获胜的净回报，参见表2。

表1　2016年8月25日5.40蒂珀雷里的投注赔率

赛马绰号	x	y	隐含概率	赌注	净赢
Now or Never	6	5	0.455	45.45	100
Creggs Pipes	7	4	0.364	36.36	100
Tanaza	11	2	0.154	15.38	100
Lina de Vega	10	1	0.091	9.09	100
World of Good	125	1	0.0079	0.79	100

21

表2　基于x/y赌注的回报

	赛前	赛后	净收益
赢	$-y$	$x+y$	x
输	$-y$	0	$-y$

“Now or Never”的赔率报价公平吗？投注“Now or Never”就像掷硬币，正面赢6欧元，反面输5欧元。如果预期损失等于预期收益，则属于公平情况，对应于本例，如果赢的概率是5/11，输的概率是6/11，则是公平的。赢面上多获得的欧元由略低于1/2的赢的概率补偿。我们称5/11为“隐含概率”，表1第四列显示了每匹赛马的隐含概率值，在代数学上，其值为$y/(x+y)$。如果这些隐含概率的分配符合前面阐述的概率基本法则，就可

以说赔率与概率一致（或正好一致）。

在赛马场上，必定有一匹马获胜，“Now or Never赢得比赛”是一个基本事件。但是表1中隐含概率的总和是1.0719，所以赔率是不一致的。隐含概率的一个有趣特性就是，如果投注额与隐含概率成正比，那么无论哪匹赛马获胜，获胜金额都是一样的，如表1最后两列所示，其中的赌注是隐含概率的100倍。下注所有可保证最终获得100的回报，但不幸的是，总赌注为107.07，这保证了庄家获得7.07的利润。但是请注意，如果赛马“Lina de Vega ”退出比赛，而庄家又未调整剩余赛马的赔率报价，那么保证100回报的策略将只花费97.98。在金融学中，这就是所谓的套利机会，即一种稳赚不赔的策略。如果不存在套利机会，那么市场就是无套利市场。 22

接下来，我们用拉姆齐和菲尼蒂的理论来分析“主观概率”或作为信念度的概率。这些都是基于所谓的“荷兰赌论证”（如今似乎仍未有人确定这一术语的来源），其中涉及套利策略的存在与否。拉姆齐和菲尼蒂的理论推理如下：如果一个人（“庄家”）对未来的结果有信念，那么他应该准备接受那些持有不一致信念的人的下注。由此就有了荷兰赌定理：如果与这些赔率相对应的隐含概率不满足概率的基本法则，那么庄家设局的“荷兰赌”意味着，在这些赔率下下注，庄家肯定输钱。因此，庄家开出这样的赔率是不明智的；一个理性的人必须遵守概率论原则。

哲学界对荷兰赌论证的优点至今仍争论不休，可以在《斯坦福哲学百科全书》中找到各种长篇大论。一个关键点就是，这一定理的有效性取决于在相同赔率下进行正负押注的能力，这与实际的市场情况恰恰相反。在蒂珀雷里的例子中，如果允许负押注，确实会存在荷兰赌策略：只需颠倒表1中给定的策略符号，庄家可以提前支付107.07欧元，并在比赛结束后收取“赢得的钱”（始终为100欧元）。然而在这里，我们的目的不是探究幕后的操作细节，而是想指出，经典的荷兰赌论证用金融术语来表述，就是指庄家通过提供不一致的赔率来创造一个套利机会。事实上，荷兰赌论证是数理金融的核心结果，是所谓的资产定价基本定理的一个特例，这将在第三章中加以讨论。核心结果的一个关键特征是，在赔率一致时所有的下注都是公平的，也就是说，下注的预期回报为零。这再次验证了荷兰赌论证在金融应
23 用中的关键作用。

表3　修正后的公平赔率：Lina de Vega赔率为49比1

赛马绰号	x	y	隐含概率
Now or Never	6	5	0.455
Creggs Pipes	7	4	0.364
Tanaza	11	2	0.154
Lina de Vega	49	1	0.020
World of Good	125	1	0.0079

在上述例子中，只有五个基本事件，即每匹赛马都是赢家。在公平赔率的情况下，很容易看出如何确定广泛下注的公平赔率。举例来说，我们将“Lina de Vega”这匹马的赔率改为49比1（见表3），这样赔率整体上是一致的：隐含概率之和约为1。假设我们想对“Now or Never”这匹马下注（即押“Now or Never”成为冠军或亚军）。有很多方法可以做到这一点。“Now or Never”有二十个基本事件，因为五个可能赢得冠军的赛马有

四个可能屈居第二名。如果我们武断地假设，除了冠军马，其余四匹马屈居亚军的可能性都相同，那么“Now or Never”这匹马获得冠军的概率为0.455 +（1－0.455）/4 = 0.591，相当于赔率约为 4 比 5。如果开出这样的赔率，那么庄家就不可能设局荷兰赌。这类问题在金融领域屡见不鲜：有一些合约的定价是不存在套利空间的。如果引入另一份合约，那么什么范围的价格可以让市场仍无套利机会？

随机建模

随机建模是指通过指定一系列的随机变量来精确地表示一些呈现不可预测特征的数据。以图2（a）所展示的富时100指 24
数为例，该指数由每周一次的取样值组成，这些取样值是在交易时间内基于每秒变化的价格不断更新计算得出的。在随机建模中，区分连续时间模型和离散时间模型是基本且重要的。前者在金融学中通常用于复杂的衍生品定价，如期权定价；而后者则广泛应用于计量经济学和风险管理领域。我们在本章和随后章节中将深入探讨选择不同模型的理由。

观察图2（b）中离散时间的每周回报值X_0，X_1，…，最简单的建模假设是，这些收益值是独立同分布的随机变量，然而，它在当前事例中似乎并不可信，因为看上去方差至少并不是恒定的。如果我们不采纳独立同分布的假设，那么构建更通用的模型就只能采用图7所示的“黑盒”方法。

输入初始值X_0和均值为0的一系列独立同分布的随机变量W_1，W_2，…。变量W_k表示k时刻的“意外事件”，即X_k里无法从历史数据预测的突发变化。在时刻1，输入W_1，利用黑盒算

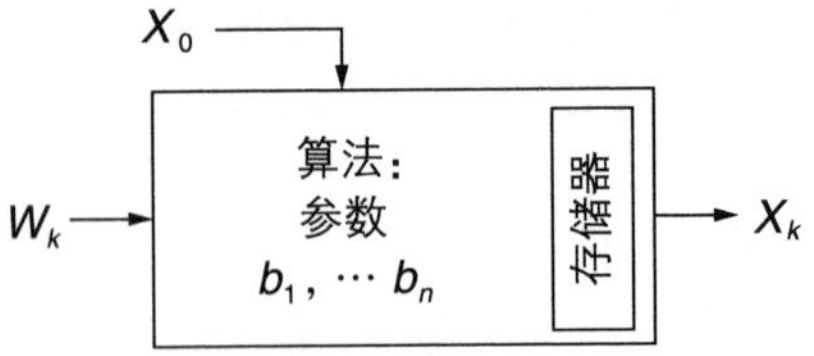

图7　时间序列模型

法——取决于参数$b_1, \cdots, b_n$——得出X_1。然后，在接下来的每个时刻，输入下一个W_k，并计算相应的X_k，结果可能依赖于之前
25 存储器中存储的数据。为了弄清来龙去脉，我们举一个简单的例子，一阶自回归AR（1），其中W_k是独立同分布$N(0, 1)$随机变量，X_0是$N(m, \sigma^2)$。模型如下所示：

$$X_k = b_1 + b_2 X_{k-1} + b_3 W_k, \quad k = 1, 2, \cdots \tag{2}$$

系数b_3是波动率。在这个方程式中，$X_1 = b_1 + b_2 X_0 + b_3 W_1$，它表示正态随机变量之和，所有诸如此类的和值也是正态的，这是正态分布的一个特性。同样，所有X_k也是正态的，所以为了得到正态分布，我们只需要计算均值m_k和标准差σ_k。取式（2）中的期望值，$m_k = b_1 + b_2 m_{k-1}, m_0 = m$，同样$\sigma_k^2 = b_2^2 \sigma_{k-1}^2 + b_3^2 \sigma^2$，可以分别计算出$m_k$和$\sigma_k$。在“稳定”的情况下，即$|b_2| < 1$时我们来看，对于较大的$k$值，有$m_k \approx b_1/(1 - b_2)$和$\sigma_k \approx b_3 \sigma / \sqrt{1 - b_2^2}$。所以，当$k$值较大时，$X_k$均呈现相同的分布；输出的数值为“恒定值”。由此可以得出相关性结论。事实上，X_k和X_{k-1}之间的相关系数为b_2，并且我们可以轻易地算出任何X_j和X_k之间的相关系数。

在金融领域，这一模型通常有两种用途：一是计算X_k的分布，以及分布的某些统计量，如方差或量值（见第七章）；二是计算某些函数$Y=f(X_k)$的期望值，如期权定价（见第三章）。在简单情况下，例如式（2），可以用数学方法计算X_k的分布，然后直接计算所需的统计数据或期望值。然而，大多数模型过于复杂，无法做到这一点，这时通常可以采用模拟或蒙特卡罗方法。Excel或Matlab等标准数值软件，可以生成正态分布的独立样本。将这些样本作为$W_1, W_2, \cdots$的值代入式（2），就能得到X_k的随机值。重复这一过程10万次，就能得到10万个X_k的独立样本，从而弄清楚X_k的分布，以及根据大数定律确定期望值$\mathbb{E}[Y]$。计算富时指数的收益系列值，式（2）是否合适？答案是否定的，因为收益的大小存在巨大差异，所以波动率不可能是一个 26
常数。考虑到这一点，我们可以使用应用广泛的波动率模型，即GARCH（1，1），其中将式（2）中的波动率参数b_3替换成时变参数σ_k，满足

$$\sigma_k^2 = b_4 + b_5 X_{k-1}^2 + b_6 \sigma_{k-1}^2。 \tag{3}$$

因此，波动率取决于前一时间的波动率和实际收益。没有引入额外“干扰因素”。可以通过选择随机输入W_k不同的分布来进一步完善模型。计量经济学文献中有大量资料涉及参数$b_1, \cdots, b_6$的估算方法和“显著性”检验，以确定所选模型是否与数据描述吻合。

在第三章，我们将讨论期权定价问题。期权定价将采用截然不同的建模方法。期权价格是以期权收益的折现期望值来表示的，它对模型的最基本要求就是能正确地为市场交易期权定价，而取决于“供求”的期权价格是可用的市场数据。经过校准的模型，则可以满足这一基本要求。校准是一个优化的过程：如

果有M个期权，其价格分别为$p_1, \cdots, p_k$，并且$b=(b_1, \cdots, b_n)$是某个随机模型的参数，第j个期权的模型价格为$p_j^M(b)$，那么校准可以通过最小化关于b的总定价误差$\sum_{j=1}^{k}(p_j - p_j^M(b))^2$来完成。如果最小值不极度趋近于零，那么这一模型是不充分的，需要重新考虑。事实证明，从计量经济学的角度来看，定价模型并不一定要特别精确。例如，BS公式所用的模型在表示图1富时指数等数据时，数据充分性经不起任何统计检验，但它仍然是期权
27 定价理论的基石；第三章将详述其中的原因。然而事实上，不同的模型都用相同的数据校准，然后为一个假定的新期权给出不同的价格。

2008年金融危机爆发之后，研究模型误差的影响成为学术界的关注焦点。一部分研究者将依赖于不完善模型所导致的风险称为奈特不确定性，这一说法借鉴了弗兰克·奈特在1921年出版的《风险、不确定性和利润》一书中的观点。尽管书中首句就明确指出，“本书内容颇似陈词滥调，并无太多新意”，但实际上，弗兰克·奈特的观点颇具颠覆性，他试图攻克经济学领域的一个难题，即在竞争激烈的市场中，为何价格未能降至生产成本，从而使企业无利可图？

奈特的答案分为三个部分：

（1）在一个没有风险和技术进步的静态经济中，价格确实会被压低到生产成本。

（2）如果存在轻微随机性，例如商业风险和随机但渐进的技术进步，那么企业家可以对冲这些因素，使自己处于与（1）相同的情形。

（3）因此，要实现持续盈利，企业家的唯一办法就是不断推出新产品来承担一系列无法量化的风险。以苹果公司的平板电脑为例，它不仅是一个新产品，还是一个新的品类。在未经大量市场调研的情况下就出其不意地投放市场，没有任何产品可以与之相比。

约翰·梅纳德·凯恩斯在1937年也提出了相同的观点：

> 关于“不确定的”知识，让我来解释一下，我并不仅仅是为了区分什么是确定已知的和什么是可能存在的。从这个意义上说，轮盘赌游戏并不具有不确定性；胜利债券的 28
> 中签前景也不具有不确定性。同样，对生活的期望只是略微不确定，就连天气也只是有点不确定。我所说的不确定是指欧洲战争的前景是不确定的，二十年后铜的价格和利率是不确定的，新发明的过时程度是不确定的，或者1970年私人财富拥有者在社会体系中的地位是不确定的。关于这些问题，没有任何科学依据可以形成任何可计算的概率。我们对此一无所知。

可以说，未能区分风险和不确定性是导致金融危机爆发的原因之一。正如我们即将在第五章中所讨论的，信用风险的一个重要问题就是数据匮乏。回头来看，建模和报价明显“没有科学依据”。但提供长期人寿保险和养老金合约的公司已经存在了几个世纪也是事实。秘诀何在？充足的储备和对冲——请见
第六章。 29

第三章

期权定价的经典理论

数理金融的“经典时期”始于1900年3月29日——当时路易·巴舍利耶完成了博士论文答辩，止于2008年9月15日华尔街银行雷曼兄弟公司申请破产保护。在此期间，一整套完善的套利定价理论被构建和普及。本章将深入探讨该理论的内涵。套利定价理论基本上沿袭了“荷兰赌定理”的思想，但加入了一个重要的新维度：金融市场的价格不是静止不变的，而是随着时间推移而波动的，允许参与者随时参与交易，与在蒂珀雷里赛马场上的一次性赌注等待结果的方式有着本质的区别。在这一理论框架之外，还逐渐发展出了针对外汇、利率和信贷市场等特定领域的定价模型和方法，这些内容将在本书后续章节中详细讨论。

路易·巴舍利耶的论文标题为“投机理论”，由巴黎索邦大学的一组卓越数学家组成的评审团进行评定。该论文深入探讨了金融期权估值的主题，这一领域对于评审团而言极具创新性。经过综合评估，评审团给予论文“优”的评价——这是最高的荣誉，尽管这篇论文主要并非数学研究，论证也并不严谨。评审团

实际上并未充分认识到巴舍利耶的远见卓识，其论文中关于概率的一系列创新观点极具前瞻性，这些见解后来被更知名的科 30
学家独立地重新发现并有所发展。

我们在第一章给出过看涨期权的定义。买方支付期权费，获得在以后某一时刻以行权价K购买一单位交易资产（标的资产S_T）的权利，而非义务。期权持有人只有在$S_T > K$时才会行权，因此行权值为$[S_T - K]^+$，即图1中形似“曲棍球棒”的收益函数。

巴舍利耶是期权费评估方面的先驱。他的分析基于市场均衡理念，即在任何市场交易中，有一个卖方就必然有一个买方，因此市场价格不可能始终偏向一方。“投机者的预期收益为零”这一总结一针见血，与本书第二章探讨的“公平赔率”或“一致定价”概念如出一辙。由于标的资产本身是可以交易的，它在以后某个时间的预期价格必须与当日价格保持一致。对于期权，购买者支付期权费，行权收益始终为零或正数，因此公平期权费必须与收益预期值相平衡，这样期权持有人拥有零期望值。剩下的问题是：我们应该在什么概率分布下确定期望值？到目前为止，我们只知道期望值等于当日价格。巴舍利耶引入了一些假设，相当于说市场“始终一成不变”：在不重叠的时间间隔内，比如本周和下周，价格变动呈现相同的分布，并且彼此独立。对此，巴舍利耶得出结论，价格走势必须具有正态分布，均值为0，方差与时间间隔长度成正比。这样就只剩下一个参数需要确 31
定，即比例常数或波动率，这可以从历史价格数据中估算出来。然后，只需将图1中的期权收益函数与正态密度函数结合，计算出期权价值，这就是巴舍利耶的期权定价公式。从巴舍利耶的价格模型来看，公式无疑是正确的，但原理并非巴舍利耶所认为的那样。需要注意的是，巴舍利耶的模型是一个连续时间模型：他的论点取决于考虑任意短的时间间隔内的价格变动。

1905年，阿尔伯特·爱因斯坦提出了与巴舍利耶完全相同的模型。尽管背景不同，但其数学论证方法与巴舍利耶高度一致。当时，爱因斯坦正致力于分析悬浮在液体中的微观粒子的不规则运动（该现象最初由苏格兰植物学家罗伯特·布朗于1827年发现），以寻找热分子理论的直接证据。爱因斯坦发现，与布朗所观察到的那些类似的随机运动符合这一理论，并且这种随机位移在非重叠的时间间隔内相互独立。他进一步得出了与巴舍利耶相同的结论，即在某一时间间隔内，粒子的均方位移与时间间隔长度成正比。然而，在物理学领域，这一结论产生了一个意想不到的结果：若均方位移与时间成正比，那么平均绝对位移应与时间的平方根成正比；如图8所示，曲线为平方根函

32 数。粒子的平均速度等于距离除以时间。图中A点和B点分别

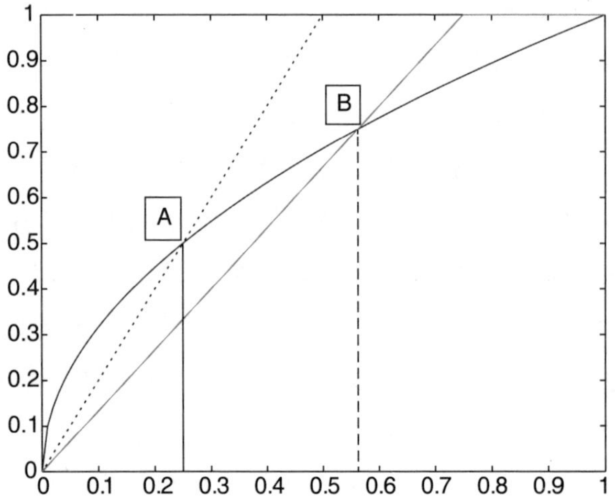

图8　平均位移（竖轴）与时间（横轴）

对应的时间为0.25和0.56，相应的平均速度为连接A点和B点到原点的直线的斜率，如图所示。由此可见，随着时间的缩短，平均速度呈增加趋势，且无极限：对于任意给定的速度，如光速，在某一时间以下，平均速度会超过这一数值。

爱因斯坦阐述，其分析所基于的假设在某一最小时间或空间临界以下无法成立，但他对研究结果仍感到满意。在金融应用方面，物理限制并非关键，重要的是能否确立一个数学模型，使得任意短的时间间隔内的价格增量呈正态分布并完全独立。1923年，诺伯特·维纳对此问题给予了肯定回答；“布朗运动”亦称“维纳过程”，通常指的是这种数学构造，而非布朗所观察到的现象。维纳的研究成果是现代金融学的基石，正如我们将看到的。

巴舍利耶在论文及后续研究中提出的前所未有的数学概念，受到了数学界同行的广泛赞誉。然而，其成果的经济学意义却鲜为人知，未获认可。当时，期权市场规模较小、专业性较强，巴舍利耶的方法过于抽象，交易者难以理解，且在任何科学基础上运行期权市场都需要相应的技术，而当时尚不具备这种条件。然而，时移势易，在20世纪60年代，交易规模开始逐步扩大，经济学家逐渐热衷于探究金融市场运作机制。此时，保罗·萨缪尔森出现了，他对巴舍利耶研究成果的兴趣源于当时领先的数理统计学家伦纳德·萨维奇。萨维奇曾阅读过巴舍利耶的著作，受益良多，因此向萨缪尔森等朋友推荐阅读巴舍利耶的著作。萨缪尔森当时正在进行“零碎的期权定价研究”，而巴舍利耶的研究为他提供了新的视角。1967年，罗伯特·默顿加入麻省理工学院，后与迈伦·斯科尔斯因期权定价研究成果而荣获诺贝尔经济学奖。然而，遗憾的是，他们的合作伙伴费希尔·布莱克在荣获诺贝尔奖之前不幸离世。

基于早期研究成果，BS模型于1973年问世，这是一个决定性突破。作者在论文摘要中阐释了关键概念：

> 如果市场中期权能够正确定价，那么通过建立期权及其标的股票的多头和空头投资组合，不可能产生确定性利润。

这一论述蕴含着“荷兰赌定理”，同时也体现了其他交易要素。这里存在一个基本假设，即市场是“无摩擦市场”，这意味着资产可以相同价格以任意数量买入或卖出。当然，现实市场并非无摩擦，但做出这一假设更方便分析，由交易成本引起的轻微调整可以稍后估算。在假设的基础上，并结合萨缪尔森提出的价格模型，BS模型表明，对于给定的看涨期权，可以建立一种交易策略，即无论标的资产的价格如何变动，都可以完美复制其行权价值（图1）。那么，建立这种投资组合所需的初始投资必
34 须是期权的价格，否则同一件产品将会有两个不同的价格，从而产生“确定性利润”的结果。

二叉树模型

与其迫不及待地研究与巴舍利耶模型密切相关的连续时间BS模型，不如先从最简单的角度，即约翰·考克斯、斯蒂芬·罗斯、马克·鲁宾斯坦于1979年提出的所谓二叉树模型来理解其中的思想。首先是图9所示的单期模型。虽然乍看之下有些荒诞，但这个模型有一个重要优势，那就是整个理论可以用几页纸

来描述，唯一需要计算的就是解一对联立方程。

模型如图9所示。在时间0时，资产（“股票”）的价格为s。在时间1，价格要么上涨，系数$u>1$，要么下跌，系数$d<1$。在市场上，还有一种资产是按每期利率r支付利息的银行账户，因此在时间0存入的1英镑在时间1会增值为$R=1+r$。对股票期权来说，在时间1行权，价值分别为上涨和下跌状态下的a和b，见图9。例如，如果期权是us和ds之间行权价K的看涨期权，那么a将等于$us-K$，而b为零。如果$R<d$或$R>u$，则在模型中存在套利：在这些情况下，从银行借款并投资于股票，或反之，就可以实现无风险利润。因此，我们假设$d<R<u$。

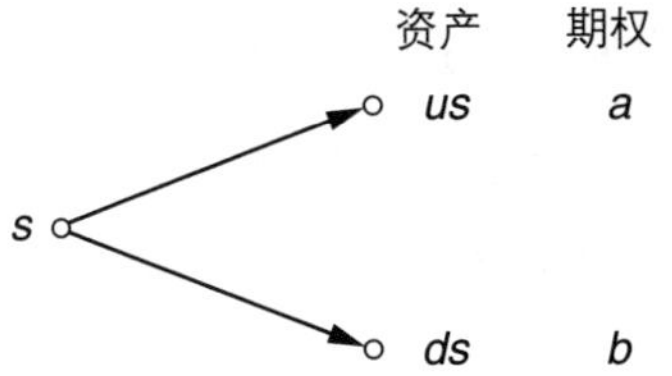

图9　单期二叉树模型

在时间0，形成一个由银行中的B英镑和N股股票组成的投资组合。这个投资组合的价值为（$B+Ns$）英镑，在时间1的价值将是$RB+Nus$或$RB+Nds$。现在选择B和N以满足

$$\begin{aligned} RB+Nus&=a \\ RB+Nds&=b, \end{aligned} \tag{4}$$

解是

$$N=\frac{1}{s}\frac{a-b}{u-d},\qquad B=\frac{bu-ad}{R(u-d)}。 \tag{5}$$

通过这种N和B的选择，无论价格如何波动，投资组合价值与期权行权价值将保持一致。这表明，投资组合复制或完美对冲了期权收益。因此，时间0的期权价值必须等于时间0的投资组合价值V，即

$$V = B + Ns = \frac{1}{R}\left(\frac{bu - ad}{u - d}\right) + \frac{a - b}{u - d}。 \quad (6)$$

这一论点应用了“一价定律”，该定律指出，在一个无摩擦市场中，两个在未来所有时间点都提供完全相同现金流的合约必须具有相同的价值——否则就可以卖出其中一份合约，买入另一份合约，并获得套利利润。

我们已经证明期权存在一个唯一的无套利价格，它是通过计算“完美对冲”策略（B, N）获得的。这就是BS论点的精髓。然而，还可以据此将价格公式（6）重新排成以下形式：

$$V = \frac{1}{R}(qa + (1 - q)b), \quad (7)$$

其中，$q = (R - d)/(u - d)$。注意q不取决于期权合约，无套利假设$d < R < u$等价于$0 < q < 1$。因此，我们可以将q和（$1-q$）解释为上涨或下降概率，并再次将（6）式改写为

$$V = \frac{1}{R}\mathbb{E}_q[G], \quad (8)$$

其中，G是在上涨或下跌时取值为a或b的“随机变量”，$\mathbb{E}_q$表示期望值。换句话说，任何期权价格都是在相同概率q下其折现收益的期望值。“折现因子”$1/R$的产生，是因为期权费是在时间0支付的，而收益发生在时间1。如果（如同在巴舍利耶的时代一

样）期权费是在期末支付的话，折现因子将消失；那么投机者的预期收益就会为零，因为预期收益恰好等于支付的期权费。由q确定的概率被称为风险中性概率；此术语的解释参见第六章。为了进一步阐释q，考虑设定$a = us$和$b = ds$，所以“期权”收益G实际上只是一个单位的股票（写成$G = S$）。从（5）式可知，$N = 1, B = 0$，因此$V = s$，或者从（8）式可知

$$s = \frac{1}{R}\mathbb{E}_q[S]。 \tag{9}$$

这表明q是一个让市场成为“公平游戏”的概率，且是唯一一个：当日价格是明日价格的预期折现值，折现因子$1/R$是由于支付时间不同而产生的。

此处需要注意事先并未指定任何概率：所述内容表明，明日价格将在两个可能值u和d中选取一个。并未表明q为实际上涨概率；期权通过（6）式被正确定价，这是因为该公式提供了一个完全复制投资组合的设置成本。另一个结论是，这是一个“完全市场”，意味着q只存在一个可能的选择，且任何期权均具有唯一的无套利价格。 37

除折现问题外，这一结果仅为荷兰赌定理的一个应用；我们有两种“赌注”——标的资产和期权——市场可以进行荷兰赌，除非赔率（即价格）与概率模型一致。新的部分是完美对冲概念，这在考虑多期模型时将发挥作用。总之，我们已经证明：

1. 当且仅当存在一个严格介于0和1之间的q，模型是无套利的，即市场是一个公平游戏，当日价格是明日价格的折现期望值。

2. 当模型无套利时，任何期权都有一个唯一价值。

3. 这个价值是通过在市场上交易来复制期权所需的初始投资。

4. 这个价值可以表示为q下计算的行权价值的折现期望值。

下一步是将这一论证扩展到多期模型，但在此之前，我们先考虑图10中显示的单期三项式模型，它给出一个不完全市场示例。

现在，资产价格在时间1有三个值，取其中一个。为了在二叉树情况下构建期权套期保值组合，我们求解方程（4），其中有两个方程和两个未知数B、N。现在这里有三个方程，但是，如果38 我们交易标的资产和现金，就仍然存在相同的两个未知数。一

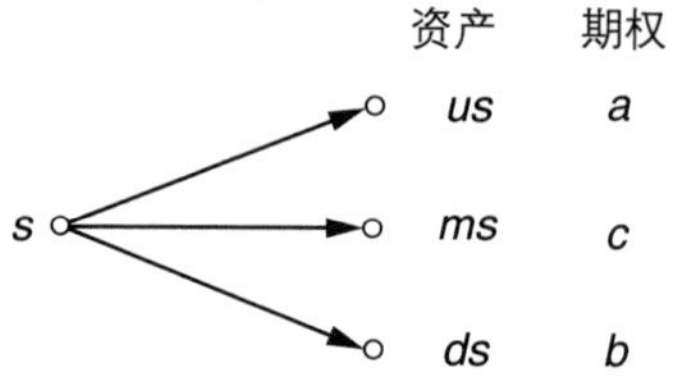

图10 单期三叉树模型

般情况下，它们是没有解的，并且不可能完美复制。那么套利呢？要指定一个风险中性分布，需要两个数q和p，使得上涨、平稳和下跌的概率分别为q、$(1-q-p)$和p，其中$q+p<1$以确保平稳项为正。风险中性意味着满足“公平赔率”条件（9）式，这里$s=\mathbb{E}_{p,q}[S]/R$，这将p和q限制在图11中的A线上，由模型参数确定。相应的期权价值是$V=\mathbb{E}_{q,p}[G]/R$，这是一个无套利价格，因为已经构建了一致赔率。然而，这并不是唯一的无套利价格，因为q和p可以有不同的组合；所以说市场是不完全市场。如果有人以指定价格V_1出售期权，则可以再次进行上述过程来确定q和p的值是否与该指定价格一致，从而得到另一条线，如图

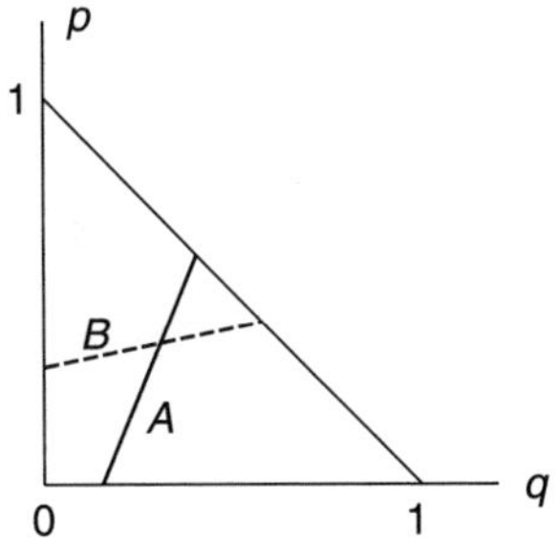

图11　三叉树模型校准

11中的B线。如图所示，如果A和B相交，那么交点就是唯一的q和p，它始终为标的资产和期权定价。如果我们能够交易所有三种资产，即银行账户、标的资产和期权（价格为V_1），那么市场 39
就是完全市场。另一方面，如果A和B不相交，那么以V_1价格出售期权就会产生套利。一般来说：如果有n种可能的价格变动，那么我们将需要n种交易资产以及银行账户来“跨越市场”。

最后，让我们看看考克斯–罗斯–鲁宾斯坦的多期二叉树模型。在该模型中，交易可能在期权行权之前的多个时间段内进行。这个模型具有重要意义，它将BS的结果从理论构想转化为通过几行计算机代码即可轻松算出。它还就如何评估美式期权给出了答案，本章后半部分将继续讨论这个问题。三期二叉树模型如图12所示，代表了标的资产价格的演变过程，在每个时间段内，标的资产价格可以上涨，也可以下跌。初始价格为s，在第一个时间段内，它可以上涨至$us > 1$或下跌至ds，其中$u > 1$，并且取$d = 1/u$。在后续时间段内，当前价格将乘以这些相同的系数。由于$u \times d = 1$，一个上涨后跟一个下跌会让价格回到起点，如图所示。例如，如果$u = 1.1$，对应着价格上涨

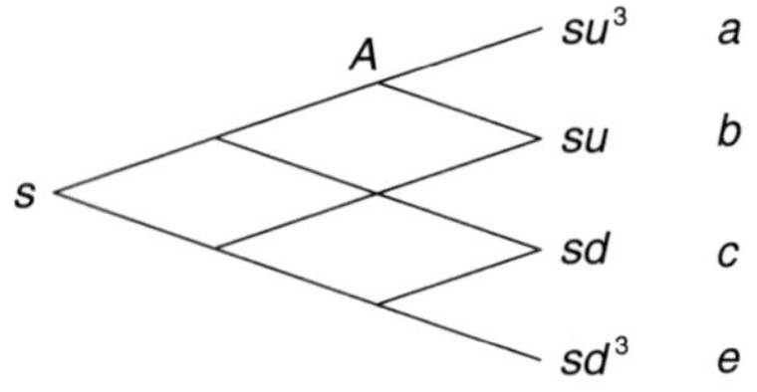

图12　三期二叉树

10%，那么$d = 0.909$，价格下跌9.09%。这种结构的一个结果是，与巴舍利耶的模型不同，在现实生活中价格永远不会变为负值。银行账户的利率按照每期固定利率r计息，$R = 1 + r$确保
40 了无套利条件$d < R < u$得到满足。仅考虑第一期，正如我们之前计算的风险中性"上涨"概率q等于$(R - d)/(u - d)$，此处等于$(Ru - 1)/(u^2 - 1)$，对于在时间1行权的期权，如果价格上涨，则支付a，如果价格下跌，则支付b，那么在时间0期权的价值是$(qa + (1 - q)b)/R$。但现在假设我们在树的节点A，也就是说，在时间2经历了两次上涨。那么，在剩下的时间段，我们面临的情况与时间0完全相同——下一个价格将是当前价格乘以u或d——只是当前价格现在是su^2，而不是s。在A点开始的风险中性概率与时间0的概率q相同，对于树中的任何"三角关系"也是如此。因此，在节点A处复制在时间3支付价格为a、b、c、e的期权所需的价值是$V_A = (qa + (1 - q)b)/R$，另外两个时间2节点的价值V_B和V_C也采用类似公式。但现在我们已经将问题简化为复制在时间2支付价格为V_A、V_B、V_C的"期权"。通过相同论证，我们可以再次将问题简化为在时间1已知价格的复制，这只是我们知道答案的单期情况。

在风险中性条件下，每次上涨或下跌的概率为q和$(1-q)$。

我们可以通过掷三次硬币，正面概率为q，来随机生成诸如上涨—下跌—上涨的“价格路径”。存在八种可能的序列，它们对应于沿着树从左到右的每种可能方式。在时间3，只有一条路径通向顶部节点，因此到达这个节点的概率为$q_1 = q^3$，而下一个节点可以通过三种方式到达，每种方式包括两次向上和一次向下，因此它的概率为$q_2 = 3q^2(1-q)$；同样，$q_3 = 3q(1-q)^2$，$q_4 = (1-q)^3$；这就是二项分布。刚才的复制论证可以得出这样一个结论：在时间3行使的期权在时间0的价值是$V_0 = (q_1a + q_2b + q_3c + q_4d)/R^3$。这是一个普遍事实：期权的唯一无套利价值是风险中性概率下行权价的预期贴现值。再次强调：“概率”q是对冲策略论证的产物，并不是以任何方式预测“上涨”的真实概率。真实概率可以是任何p，其中$p > 0$且$p < 1$，并且在树的不同节点可能有所不同。 41

详细了解对冲过程，至关重要。假设$s = 100$，每期利率为1%，上涨幅度为10%。对在时间3执行的平价看涨期权进行定价和对冲，这意味着行权价为100，即当日价格。风险中性概率

表4 期权交易场景

时间	价格变动	股票价格	投资组合价值	N	B	交易
0		100	8.579	0.587	−50.15	收取期权费8.579 借50.15 买入0.587股@100
1	上涨	110	13.951	0.798	−73.82	买入0.211股@110
2	上涨	121	21.990	1.000	−99.01	买入0.202股@121
3	下跌	110	10.000	1.000	−100.00	售出1股@110 支付100到银行 支付行权价10

$q = 0.5286$，期权在四个时间3节点将支付金额33.10、10.00、0、0。使用上述公式，期权价值或期权费 $V_0 = 8.579$，即约为当前股价的8.6%，这是一个相当典型的平价期权价值。

表4列出了一个场景中上涨—上涨—下跌的确切事件序
42 列。作为期权出售方，我们接受买方支付的期权费，作为在期权到期时支付行权价的义务。通过上述逆向计算，我们可以计算出在树中的每个节点上股票数量 N 和现金数额 B。在时间0，$N = 0.587$，我们通过向银行借款以当前价格100购入这些股票。在时间1，股价上涨，投资组合价值恰好等于该节点的期权价值。然而，投资组合需要重新平衡，因为理论上我们应该持有0.798股，所以我们需要额外买入0.211股（以110的价格），我们通过再次向银行借款来执行此次操作。这是一笔自融资交易，因为交易前后总投资组合价值保持不变。这一过程已经走了两步，最终我们发现投资组合价值为110，我们欠银行100，而行权价

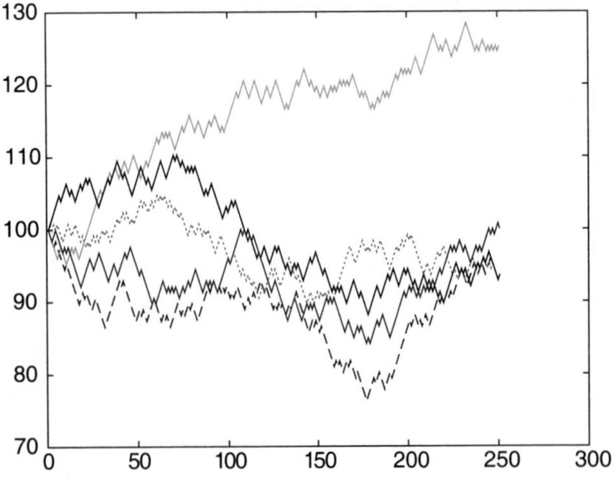

图13　二叉树路径

值110－100＝10必须支付给买方，因此我们恰好有足够的资金来履行我们应尽的义务。 43

总之，期权费为我们提供了组成自融资投资组合所需的资金，该投资组合的期末价值恰好是支付给买方所需的金额，无论在此过程中价格如何波动。这种复制策略通常被称为完美对冲。

如果从更长时间段来看，二叉树模型开始更加贴近现实。图13对一年内每日价格进行了五次模拟（一年有252个交易日：52个五天工作日减去8个银行假日）。

连续时间模型

在连续时间模型中，构建类似巴舍利耶所提出的关于价格波动的模型具有显著的优势。基于此，我们可以推导出期权定价的BS公式，这与前一节中提到的离散时间模型的算法不同。布朗运动在这里发挥了关键作用，它是一个随机过程B_t，对所有$t \geqslant 0$都满足以下条件：（1）$B_0 = 0$；（2）具有独立增量，即对于任意时间段$s < t \leqslant u < v$，增量$B_t - B_s$和$B_v - B_u$是独立的随机变量；（3）$B_t - B_s$的分布是以0为均值、$t-s$为方差的正态分布。维纳在1923年发表的论文中证明了，有可能以一种方式给出布朗运动严格的数学构造，使其样本路径均为连续函数。然而，爱因斯坦曾经观察到“布朗粒子”的平均速度与时间的平方根成反比，表明这些路径极度不规则。尽管股票价格不同于物理粒子，但路径的这种不规则性也必须予以考量，因为这导致常规的微积分规则不再适用。1944年，伊藤清进一步完善了对这类路径的微积分处理方法，创立了著名的伊藤微积分。 44

布朗运动的另一个特点是鞅性。这类似于在第二章公平赔率游戏中玩家的运气。假设多次抛掷一枚质地均匀的硬币，每次掷正面时赢1英镑，掷反面时则输1英镑。如果在某一时刻，财富是5英镑，那么在后续多次抛掷后，预期财富仍然是5英镑，因为每次抛掷都是一个公平的游戏。鞅性概括了这一性质。它是一个随机过程M_t，在给定t前所有信息的情况下，M_{t+s}的期望值等于当前值M_t。这个“信息”将包括M本身的过去，但也可能涉及其他数据。显然，当只观察过去时，布朗运动就是一个鞅，因为$(B_{t+s}-B_t)$与t之前的过去无关，并且均值为零。然而，并不是每个鞅都具有独立增量。

巴舍利耶将布朗运动用作股价模型，萨缪尔森对此并不满意，因为布朗运动有可能取负值，而由于有限责任，股价永远不会低于零。因此，他建议采用布朗运动的指数形式，即对于某个“波动率”参数σ的$\tilde{S}_t=S_0\exp(\sigma B_t)$作为模型，其中$S_0$是当前价格。利用正态密度函数，可以证明$\tilde{S}_t$的期望值是$S_0\exp\left(\frac{1}{2}\sigma^2 t\right)$，从而得出最终的股价模型

$$S_t=S_0\exp\left\{\left(m-\frac{1}{2}\sigma^2\right)t+\sigma B_t\right\}。\qquad(10)$$

当$m=0$时，确定S_t是否为鞅并不困难，在这种情况下，该过程被称为几何布朗运动。参数m是“漂移”参数或“增长率”，S_t的期望值为$S_0\exp(mt)$，当$\sigma=0$时，模型简化为$S_t=S_0e^{mt}$，相当于按利率m支付利息的“银行账户”。对于两个时间$t<u$，我
45 们从（10）式中可以看出$\log(S_u/S_t)=$常数$+B_u-B_t$。这说明，萨缪尔森的模型是对数收益呈正态分布——注意，当价格增量

很小时，对数收益非常接近于通常的收益率 $(S_u - S_t)/S_t$ ——而巴舍利耶的模型是价格呈正态分布。然后，波动率参数σ是单位时间长度内对数收益的标准差。

本书还会介绍更复杂的价格模型，但它们都具有一个共同的特点，即它们在某种程度上是“漂移”和“扩散”的结果，扩散是围绕着由波动率控制的漂移的随机运动。在本例中，漂移和波动率只是常数m和σ，但在其他情况下，它们本身也可能是随机的。

要理解模型（10）与考克斯–罗斯–鲁宾斯坦二叉树模型之间的联系，请注意$\log S_t = \log S_0 + (m - \sigma^2/2)t + \sigma B_t$。这是正态随机变量，其中均值为$(m - \sigma^2/2)t$，方差为$\sigma^2 t$。现在考虑图12所示的二叉树，其中$s = S_0$，并且假设在每个分叉点上，价格$Y_k$上涨的概率为$p$，下跌的概率为（$1-p$）。然后，可以看出，在$n$步之后，$\log Y_n = (\log S_0) + Z_1 + Z_2 + \cdots + Z_n$，其中$Z_k$是独立同分布随机变量，每个变量取值$\log U$的概率为$p$，取值$\log d$的概率为（$1-p$）。二叉树模型由两个参数$u$和$p$确定，我们可以选择这两个参数，使得$\log Y_n$的均值和方差与$\log S_t$的均值和方差相匹配。现在可以借助中心极限定理（见第二章）来加以说明，如果我们固定t并增加n，在每次增加时重新定义u和p以保持$\log Y_n$的均值和方差不变，那么对于大数n，$\log Y_n$的分布近似正态分布，与萨缪尔森连续时间模型中$\log S_t$的分布相同，并具有相同的参数。这解释了二叉树模型在连续时间内期权定价计算方法的实用性，这也是考克斯等人引入二叉树模型的初衷。（实 46
际上，大多数人为了计算的目的会使用三项式模型，其结果类似，但参数更加灵活。）

关于连续时间内的期权定价，重点是行权价为K且行权时间为T的看涨期权。此时，行权价值为$[S_T-K]^+$。期权所涉及的股票S_t被称为“标的资产”，或者简称为“标的物”。布莱克、斯科尔斯和默顿的研究表明，与二叉树模型相同的结果在这里也适用，即

A1：期权行权价值可以通过在市场上交易标的物来复制（即存在“完美对冲”）。

A2：期权具有唯一的无套利价值，等于对冲投资组合的初始投资。

A3：该价值可以表示为在唯一风险中性分布下行权价值的折现期望值。

与之前一样，我们假设除了“风险资产”S_t之外，还有一个以利率r进行连续复利支付的银行账户，因此在时间s存入的1英镑在之后时间t时的价值为$\exp(r(t-s))$英镑。我们还假设“无摩擦交易”：在每个时间点，存在唯一的价格S_t，在这个价格上，可以买入或卖出任意数量的标的资产（不仅仅是整数股）。当然，实际市场上不存在无摩擦交易，总会存在买卖价差。从上述第一点可以看出，如果期权的价值可以通过市场交易复制，那么期权原则上就是多余的。在现实市场中，由于交易成本的存在，期权并非多余。有交易成本的期权定价理论复杂繁多且没有定论，而无摩擦模型中在交易成本极小的情况下会产生可靠的结果，在大型流动性市场中，交易成本确实极小。

关于自融资交易策略，首先从连续买入且持有策略开始。
47 假设我们设定一连串时间$0=t_0<t_1<\cdots<t_n=T$，并且初始资金为V_0英镑。在时间t_k，我们选择投资a_k单位的S_t，其中a_i取决于

直到t_k为止的价格演变，然后我们在t_{k+1}时卖出。那么我们的交易收益为$a_k(S_{t_{k+1}}-S_{t_k})$，即在t_{k+1}时收到的价值减去在t_k时支付的价值。如果V_k是时间t_k时的总投资组合价值（在该时间尚未进行任何交易），那么考虑到我们计划花费$a_kS_{t_k}$购买股票，我们在银行的余额必须是$V_k-a_kS_{t_k}$的余数。由此可见，投资组合的交易收益演变如下，其中$R_k=\exp[r(t_{k+1}-t_k)]$：

$$V_{k+1}-V_k=a_k(S_{t_{k+1}}-S_{t_k})+(V_k-a_kS_{t_k})(R_k-1)。$$

如果我们设定折现后的投资组合和股票价格变量为$\mathcal{V}_k=e^{-rt_k}V_k$和$\mathcal{S}_k=e^{-rt_k}S_{t_k}$，则可以直接得到一个非常简单的表达式：

$$\mathcal{V}_n=V_0+\sum_{k=0}^{n-1}a_k(\mathcal{S}_{k+1}-\mathcal{S}_k), \tag{11}$$

该式非常直接地给出了一种策略（a_k）下折现后投资组合的价值演变。此外，要注意的是：（1）表达式（11）看起来与积分的标准离散近似；（2）当价格模型中的漂移参数m等于银行利率r时，$\mathcal{S}_k$为鞅（即增量的期望值为0）。这就是伊藤积分的由来。伊藤清的随机积分理论表明，可以设定积分，表示为$\int_0^t \mathfrak{a}(s)d\mathcal{S}(s)$，这是离散时间近似（11）式的极限，其中$a_k=\mathfrak{a}(t_k)$。在金融术语中，$\mathfrak{a}(s)$是投资组合中标的资产的单位数，是连续时间中的对冲策略。布莱克、斯科尔斯和默顿证明了，对于价格模型（10）的资产看涨期权，上述A1—A3是正确的：该期权可以使用上述交易策略进行复制或完美对冲。在A3中，风险中性分布是与$m=r$的模型（10）相对应的分布。由此产生的一个结果是，期权价值不依赖于漂移参数m，这属实非常幸运，因为这个 48

参数几乎不可能从数据中估算出来。事实上，有研究表明，即使数据确实是由模型生成的，也需要一千五百年左右的时间才能从对价格过程的观察中得到m的正确估计。

通过"金融经济学中最重要的公式"，即BS公式，如下所示，可以算出派息资产S_t的看涨期权价格：

$$\mathrm{BS}(S_0,K,T,r,q,\sigma)=e^{-qT}S_0\mathcal{N}(d_1)-e^{-rT}K\mathcal{N}\left(d_1-\sigma\sqrt{T}\right)$$

其中，$\mathcal{N}(x)$是标准正态分布函数（均值为0，方差为1），以及

$$d_1=\frac{\log(S_0/K)+\left(r-q+\frac{1}{2}\sigma^2\right)T}{\sigma\sqrt{T}}。$$

公式中的六个参数分别是：当日标的资产价格S_0，合约规定（K, T）（行权价格和行权时间），利率r，"股息收益率"q（资产派息），以及波动率σ。前五个参数是已知市场数据，但波动率σ必须估算出来。BS价格随着波动率的增加而增加，这一点从公式中看得不明显，但是事实。因此当波动率变大时，期权费变高也就不足为奇了。相应的对冲策略a（t）是对BS函数的第一个（价格）参数的导数，t作为起始时间进行估算，即BS（S_t, K, $T-t$, r, q, σ）。这就是所谓的BS德尔塔，等于$\Delta(t)=\mathcal{N}(d_1^t)$，其中$d_1^t$为$d_1$，但$S_0$和$T$分别替换成$S_t$和$T-t$。显然，"德尔塔对冲"是一项合适的策略：如果标的资产的价格变动ΔS极小，那么期权价值的一阶变化就是$\Delta(t)\cdot\Delta S$。因此，德尔塔对冲策略跟踪的是期权价值的变化。另一方面，显而易见，期权价值并不一
49 定通过BS公式给出。

在实际操作中，这些做法是否可行？实际情况中可能存在

许多原因，导致这些做法根本行不通。首先，萨缪尔森的几何布朗运动模型并不是非常准确的股价模型。它们的特点是“重尾”，也就是说，价格的大幅波动概率大于正态分布所预测的波动概率。此外，波动率并不像BS公式中那样是恒定不变的。尽管存在这些异议，但从数学角度来看，BS公式可以证明德尔塔对冲策略是有效的。只要支付的期权费相当于BS波动率，并且至少与期权存续期内实现的波动率相等，就可以提供给期权卖方足够的资金来履行行权义务，即使价格生成机制与BS公式所基于的萨缪尔森模型有很大不同。由于BS价格随波动率的增加而增加，这意味着期权卖方需要报出与期权合约存续期内预期的最高平均波动率相对应的期权费。如果这个数学结果不存在，那么BS公式无疑只是一个理论构想。

在实践中，期权对冲既是一门科学，也是一门艺术。期权很少单独进行对冲，而是捆绑在一起形成合约簿，通常是数十甚至数百份合约（最简单的情况是针对同一标的资产，比如股票指数）。可以估算的对冲参数包括合约簿的德尔塔和伽马（ γ ），γ 代表关于标的资产变动的价值的二阶导数，或者说是德尔塔关于标的资产变动的变化率。一个完美的对冲账户（包括对冲的期权和对冲投资组合）被称为“德尔塔中性”，即$\Delta = 0$，这意味着其价值对标的资产的轻微波动不敏感。较小的伽马值意味着，即使标的资产有较大波动，账户仍将基本保持德尔塔中性，而较大的伽马值会导致账户变得不平衡。构建一个良好对冲交易账户的第一步是，尽可能选择那些具有较小德尔塔和伽马的 50
合约簿。在达到某个可接受的最大德尔塔值后，调整对冲以将其归零是传统做法。如果伽马值较大，这将意味着交易频率会非常高，从而使成本上升。只有通过引入交易期权到对冲投资组合中，才能降低伽马值。与用于德尔塔对冲的指数期货相比，期权的交易成本要高得多，因此通常的方法是偶尔交易期权，以重新设置伽马值，然后以更高的交易频率对整个交易账户的德尔塔进行对冲。另一个用于对冲的参数是威戈（Vega），它表示对波动率σ变化的敏感性。同样，如果威戈值过高，唯一的补救方法是引入可以抵消威戈的期权。优化整个流程是量化分析人员的职责之一。

BS公式在外汇期权定价中扮演了重要角色。例如，美元兑英镑的汇率f_t是将1英镑换成美元的价格，比如目前约为1.32。外汇看涨期权是在时间T以价格K购买1英镑的期权，行权价值为$[f_T-K]^+$。如果我们将美元兑英镑的汇率建模为BS模型，那么通过BS公式可以计算出期权的价值。此时，利率r设置为美元利率（即“国内”利率），而股息收益率q则为英镑利率（即“国外”利率）。

波动率曲面图

在BS理论中，假定波动率为恒定值，但在实践中，波动率远非恒定不变。除了外汇，大多数期权通过芝加哥、纽约、伦敦、东京等金融中心的期权交易所进行交易。与所有交易所一样，价
51 格最终由供需决定，而不是把一些数字塞进公式里来确定价格。期权交易的波动率研究主要围绕隐含波动率这一概念。首先，有一种更简单、更好的方式来表示BS公式，即

$$\mathrm{BS}(D, F, m, y) = DFf(y, m),$$

其中 $f(y,m)=\mathcal{N}(d)-m\mathcal{N}(d-y)$，其中$d=y/2-\log m/y$。公式中的参数设为$D=e^{-rT}, F=e^{(r-q)T}, m=K/F, y=\sigma\sqrt{T}$。前三个参数都有明确的金融意义：$D$是时间$T$的折现因子；$F$是在时间$T$购买股票的远期价格；而$m$是“价值状态”，即行权价格与远期价格的比率；$y$是波动率等级。我们将函数$f$称为通用BS公式（图14）。

对于每个标的资产来说，例如富时100指数或标准普尔500指数，交易所会对具有一系列行权时间T_i和行权价K_j的期权报出买入价和卖出价$c_{ij}^{\pm}$。计算波动率时，通常取中间价

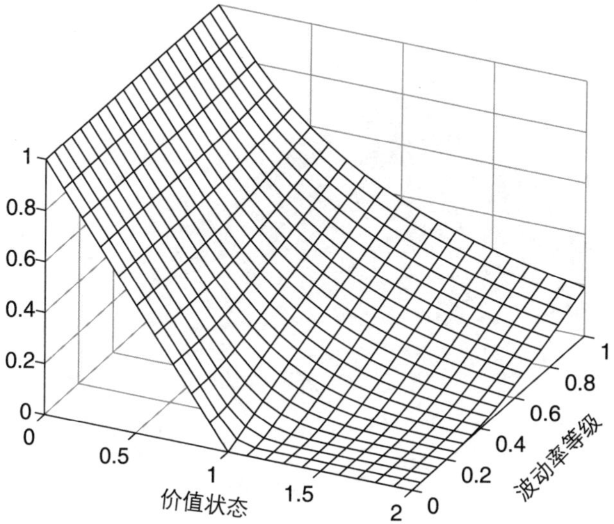

图14　通用BS公式　52

$c_{ij}=(c_{ij}^{-}+c_{ij}^{+})/2$。对于每一时间-行权价（$T_i, K_j$），可以计算出通用BS公式中的参数$m$值，然后$f(y, m)$是$y$的函数，随着$y$的增加而增加。因此可以通过搜索，找到一个合适的$y$值，使得$c_{ij}/DF=f(\hat{y},m)$。然后通过$\hat{\sigma}=\hat{y}/\sqrt{T}$，算出该期权的隐含波动

率。请注意，f是一个通用函数，因此只需要进行一次搜索过程。在设置交易操作时，可以通过解方程$c = f(y, m)$算出y在一个大范围的(c, m)内的值，并将结果存储在表格中。然后，对于给定期权，计算出m，并通过在表格中查找得到隐含波动率（如有必要可带一个小的插值）。用隐含波动率替换所有给定价格将得到波动率曲面图，如图15所示。

如果价格是由具有波动率σ的BS模型生成的，则波动率曲面将是平的，所有隐含波动率均等于σ，因此曲面的曲率表明BS模型不适用于该市场。图15为典型股票市场示例，显示了隐含

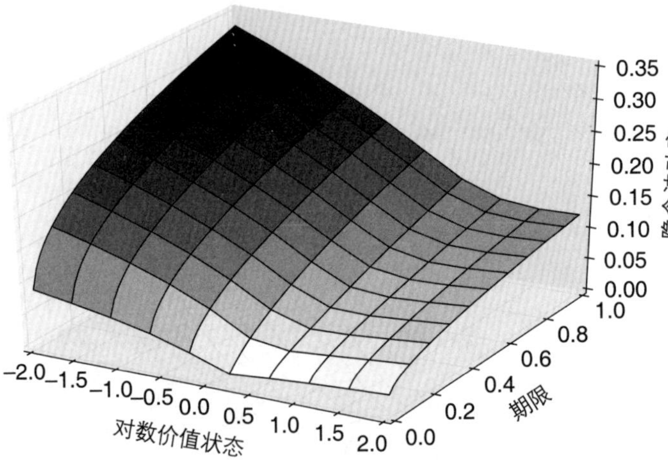

53 图15　波动率曲面图，标准普尔指数看涨期权：左轴为对数价值状态；右轴是到期时间

波动率呈现所谓的“微笑”曲面：对于平价期权（即价值状态$m = 1$，行权价等于远期价格），隐含波动率最小，并且当价值状态向任一方向偏离1时，它会增加。这种效应在短期期权中最为显著。期权研究的一个主要课题是开发BS模型修正或替代版，

使波动率曲面与实际情况更加吻合。最简单的方法是采用“局部波动率模型”，其中BS模型（10）中的常数σ替换成函数$\sigma(t, S_t)$，因此波动率不仅取决于标的物的水平，还取决于时间。布鲁诺·杜皮尔通过分析表明，如果已知整个波动率曲面，即对于所有T、K来说$\hat{\sigma}(T, K)$的值，那么可以计算出一个局部波动率函数$\sigma(t, s)$，当用于局部波动率模型时，就可以产生一个与$\hat{\sigma}$完全匹配的波动率曲面。实际上，我们只能得知有限数对(T_i, K_j)的$\hat{\sigma}$值，但是这些值可以插值从而得出完整的曲面（如图15所示）。这一结果被广泛用于风险管理的目的，以便根据当前数据给出各种期权一致的价格。理论上，我们可以使用这一模型推导类似于BS德尔塔的对冲策略，但实际上由于模型存在局限性，这样的策略根本不可行：我们可以根据当日市场数据推导出未来每一天所有时间t的波动率函数$\sigma(t, s)$，但在第二天以同样的方式再次推导时，就会得到不同的$\sigma(t, s)$。简而言之，这个模型只能用作某一天的一致性检验，但没有预测力。

具有预测力的是随机波动率模型，即波动率本身是随机的。通常，波动率用$\sigma(t, Y_t)$表示，其中Y_t是一个辅助随机过程。这类模型中最著名的是1993年提出的赫斯顿模型，其中$\sigma(t, Y_t) = \sqrt{Y_t}$，因此$Y_t$是增量方差$\sigma^2$。这就意味着$Y_t$必须为正
（可以取其平方根），而且为了用于现实，其方差应始终小于某 54
个最大值。因此，一个合适的模型，也是赫斯顿选择的模型，即CIR（考克斯-英格索尔-罗斯）模型，它是利率理论的早期模型之一（见第四章）。赫斯顿模型受欢迎的主要原因是，它有一种计算期权价格的有效算法（基于傅里叶变换），由此得出的波动率曲面并不完美，但足以满足许多目的。最近，引入了一种新的

建模方法，这种方法就是基于所谓的粗糙波动率，第八章将对此详细讨论。

美式期权

迄今为止，我们讨论的期权只能在约定的固定时间T进行行权，这被称为欧式期权。然而，许多期权合约允许在到期时间T之前的任何时间点行权，这些期权被称为美式期权。这些术语是保罗·萨缪尔森提出的，作为美国人，他们用美式期权这一术语来表示更为复杂的期权，因而得到公认。美式期权交易双方之间存在非对称性。期权买方（持有者）有权随时行权，而期权卖方（出售者）则有义务在买方选择行权时支付行权价。然而，需要注意几点。首先，美式期权的价值不会低于相应的欧式期权，因为买方的可能策略之一是可以等到到期时间T再行权。买方在这种情况下拥有额外的“选择权”，而这具有实际价值。其次，研究表明，在没有股息的情况下，欧式期权和美式期权的价值相同：美式期权持有者的最佳策略是在到期时间T行权，这样额外的选择权就没有价值。这是一个被广泛认可的事实，不仅局限于BS模型。因此，针对美式期权的研究主要集中在看跌
55 期权上，即使没有股息，也存在额外的选择权。

一般而言，美式看跌期权的持有者应该如何运作期权是非常清楚的。在时间t，行权价值为$[K-S_t]^+$，在时间t支付，因此持有者应该等到当前价格S_t低于行权价K时行权。因此，需要权衡是提早行权——现在就接受别人给的东西，以后再接受就没这么值钱了——还是继续等待可能出现更低价格。随着到期时间的临近，“现在就买入”越来越具有吸引力。最佳策略通常

如图16所示，图中的曲线表示“行权边界”，当价格轨迹达到该边界时，持有者应该行权。行权价为10，当S_t超过这一水平时，就不会行权。随着到期日的临近，边界迅速飙升到行权价，此时没有机会获得更多利润。

这背后的数学原理非常复杂。持有区的期权价值满足与欧式期权BS相同的偏微分方程，但是我们必须确定持有区和行权

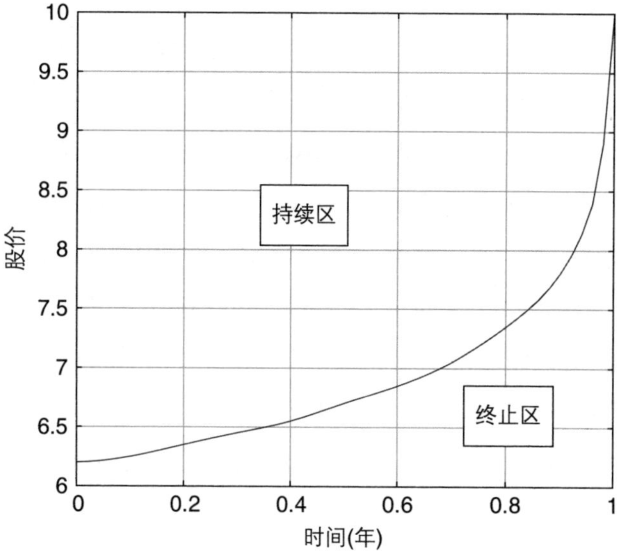

图16　美式看跌期权行权边界（期限 = 1年；行权价 = 10）　56

区的边界，这是由以下要求决定的：当期权在第一个边界到达时间行权时，期权收益的预期折现值应该最大化。这个要求最早是由麻省理工学院数学家亨利·麦基恩于1965年作为萨缪尔森的论文附录提出的。在随机微积分的发展历史中，麦基恩扮演了举足轻重的角色，他与伊藤有过直接合作。然而，1965年是前BS时代，直到20世纪80年代，A. 本苏桑和I. 卡拉查斯才最

终确立了美式期权的完整套利理论。

美式期权没有类似于欧式期权BS公式的定价公式，其解必须通过计算来得出。当以二叉树表示价格的演变时，存在一种非常简单的解法，这也是引入二叉树模型作为一个重要进展的原因之一。在二叉树中，我们从已知的行权价开始向后推。在二叉树的任意节点N上，期权价值是在风险中性概率q下，价格从节点N开始可能移动到两个子节点的价格折现平均值，这个平均值被称为节点N的“持续值”。看跌期权在节点N上的“即时行权值”为$[K-S]^+$，其中S为节点N的标的资产价格。

接下来，我们将节点N的持续值和同一时间步长的所有其他节点用即时行权值替换（如果即时行权值更大），并继续向后推。这种对算法的简单修改使我们能够在初始时间就计算出美式期权的价值。即时行权节点可以更好地确定行权区。正如之前所述，通过使用越来越小的步长构建二叉树，我们可以近似几何布朗运动，从而近似计算出BS美式期权的价格。实际上，虽然算法相同，但由于三叉树的校准具有额外的灵活性，所以逐渐
57 取代了二叉树，如图16所示。

资产定价基本定理

到目前为止，我们已经研究了多种情况。在二叉树中，风险中性概率q有一个唯一值，即如果以折现风险中性期望值$\mathbb{E}_q[G/R]$定价，那么收益率为G的期权就可以被完美对冲。根据一价定律，在任何其他值上都存在套利机会。在三叉树中，风险中性转换概率有很多种可能选择，因此没有唯一的期权价格。唯一性可以通过指定一个交易期权的市场价格来恢复，但一般

来说，期权确实会产生套利，除非它的价格是某种风险中性概率下的折现期望值。指定一个模型时，不需要考虑概率。至于BS模型，由于该模型基于布朗运动，因此需要考虑概率。然而，通过将起始漂移从m改为r（无风险利率），折现价格就成为一个鞅。并且，当期权以风险中性预期值定价时，期权可以被完美对冲，因此除非以这种方式估值，否则就会再次出现套利。

所有这些是否构成市场“大局”的一部分？所谓的“大局”就是也包括了更广泛的基础价格模型，例如取任意值的离散时间过程，而不仅仅是取有限数量的值（如二叉树或三叉树），或更复杂的连续时间过程。如果是这样，那么就应该有一个一般性定理，指出当且仅当在原概率修改下，折现价格过程成为一个鞅时，模型才不存在套利机会，这就是资产定价基本定理。BS公式的出现引发了人们的兴趣，开启了长达二十年的资产定价基本定理探索。最终资产定价基本定理源自德尔班和沙切尔迈耶于1994年和1998年发表的两篇著名论文。资产定价基本定理成立，但前提是对“套利”和“风险中性分布”的确切定义进行微调。在此我们可以分析其中的一两个要素，就不一一详述了。 58

经典的套利策略是“加倍”。假设反复抛掷一枚硬币，每次都有输赢。如果每次输钱时都将赌注加倍，那么最终一定会赢。例如，如果初始赌注为1，并且前四次投掷都输了，继续下注，这时已经输了$1+2+4+8=15$，但如果下一次下注16获胜，那么所有损失都将一笔抹销，并且净收益为1。这种策略被称为鞅，这一术语源于萨克雷的《名利场》（1848），书中用耸人听闻的语言描绘了在巴登巴登的赌桌上玩这种策略的英国花花公子的悲惨命运。然而，问题在于输钱的速度非常快，玩家很可能在期盼已久的胜利到来之前就输光了钱。我们可以使用鞅理论证明，只要玩家的损失不超过某个给定额度，就不存在套利策略。因此，在允许无限次下注的情况下，必须给对冲策略的价值设定一个下限。

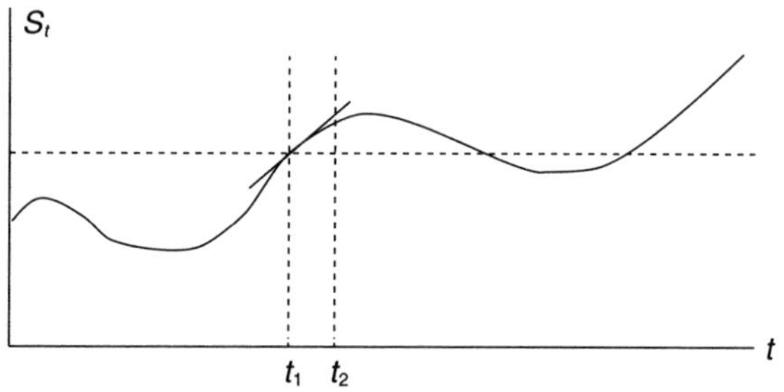

图 17　连续可微价格路径

在如图17所示的模型中，我们考虑一个假定的股票价格走势，该走势被假设为连续且可微分的。这意味着，在任意给定时间点（例如t_1），该价格路径都具有相应的切线，如图中所示。如果在该点处切线的斜率恒正，那么可以推断，t_1之后的某个时段
59 内，价格走势仍将保持上升趋势。因此总会有某个时间$t_2 > t_1$，使得$S_{t_2} > S_{t_1}$。交易者要做的就是在t_1时刻买入，然后在t_2时刻卖出，实现套利收益。然而，为了构建一个贴近实际的金融模型，此类无风险套利机会必须被排除，因为它不符合市场的真实运作情况。因此，如果我们追求一个连续的价格路径模型，该路径就不能是处处连续可微分的。诺伯特·维纳证明了布朗运动的路径是处处不可微分的，这表明任何包含布朗运动的模型——例如BS模型——都不会出现上述无风险套利现象。随

机微积分看似不可思议地满足了金融建模的需求，这是众多方面之一。后续研究证实，处处不可微分的性质对所有连续路径的鞅结构都是成立的，由此这些过程都适合作为资产价格模型，这也解释了为何在资产定价基本定理中鞅会出现。 60

第四章

利　率

凯恩斯曾说过，货币是连接现在与未来的纽带。在利率领域，这一说法一语中的。与利率挂钩的合约续期可以长达三十年甚至更长，其中交易最活跃的通常集中在五到十年的期限范围，据此可以窥探到未来的趋势。

在日常生活中，人们见过各种利率，如抵押贷款利率、信用卡利率、储蓄账户利率等。在商业领域，则有短期融资贷款利率、商业长期贷款利率和项目融资长期贷款利率等。市场条件（具体行业的市场竞争程度如何？）和信用风险（贷款人对贷款能得到偿还有多大把握？）催生了如此之多的利率。过去，利率是银行和客户之间的事情，但在21世纪，信用风险开始急剧膨胀，这在第五章将详细讨论。在本章，首先我们将讨论利率交易，重点关注银行间市场（即银行间交易），这里集聚了海量交易，也是大多数金融分析师的分析重点。数理金融在银行间市场发展中发挥了重要作用。这是一个令人满意的“纯粹”学科，因为对于任何一种货币来说，可交易资产都屈指可数，这与拥有

数千种可交易资产的股票世界形成鲜明对比。 61

让我们先明确一些基本术语。利率总是按年计算，并以对应的本金或“名义金额”百分比形式来表示。然而，实际的利息支付或者“票息”可能更为频繁，如每季度支付一次，在这种情况下，每期票息的实际支付将接近年利率的四分之一。在某些情况下，为了精确地计算支付款，会出现复杂的“倒计时”程序，这些细节超出了我们当前讨论的范畴，并常令金融分析师头疼。在此假设下，利率直接依据周期计算，因此在利率c的条件下，基于本金M的票息支付恰好等于$M \times c$。

债券是一种交易证券，由到期日、名义金额M和利率c决定。在到期日之前，持有人收取票息，在到期日，票息与名义金额一起支付。假设投资者以价格v购入一只债券，且债券距离到期日还有n期付息时，债券的到期收益率y定义为：如果以v作为初始存款并以这个到期收益率存入银行，这个账户在到期时将累积足够的资金，正好足以支付所有剩余的债券票息以及本金。具体来说，在支付y的账户中，初始存款q在k年后将值$q(l+y)^k$。届时，对于债券，将支付票息Mc，因此初始存款$q_k = Mc/(l+y)^k$将足以支付票息。现在将这些款项与所有息票和名义支付额相加，得到总的$q(y)$，并选择y使得$q(y) = v$，即债券的市场价格。这个y值就是收益率。事实证明，当$v = M$时，即债券价格等于其名义价格时，$y = c$。在这种情况下，债券就是平价债券。注意价格与收益率之间的反比关系：当价格上涨时，收益率下降。债券刚发行时通常为面值或接近面值，但在二级市场上的价格会随着时间的推移进行调整，以与现行市场利率保持一致。因此，如果利率下降，过去按面值发行的债券将支付

62 高于市场的票息；这是有价值的，因此其价格必然上涨，以使收益率与当前市场一致。

零息债券没有票息，但在到期日T支付1英镑。到期日之前某一时间t的价格为$p(t, T)$，并直接表现折现因子或“货币的时间价值”：a英镑在时间T的价值为$p(t, T) < 1$，在时间T交付非股息支付资产S的远期价格为$S_t/p(t, T)$。零息债券并不直接在市场上交易，但从概念上讲，它非常关键，尤其是对在不同时间付款的一篮子合约进行估值时，零息债券不可或缺。稍后将阐释如何从市场上交易的资产中推测出零息债券的价格。

银行间市场的关键数据是短期利率、利率期货和掉期利率。短期利率即伦敦银行同业拆借利率（LIBOR），由独立的公司洲际交易所（ICE）为各种货币编制，是银行对其他银行短期贷款收取的平均利率。价格每天公布一次，规定的期限从一天（“隔夜”）到一年不等。通过伦敦银行同业拆借利率，银行对资产进行折现估值。值得注意的是，利率总是提前设定并延时支付：利率是在相关期间开始时设定的（以便投资者知道收益），但是在期间结束时支付。三个月伦敦银行同业拆借利率是银行融资成本的标准“基准”，并且有一个关于该利率的期货市场，它的运作方式与第一章中的指数期货市场完全相同，只是合约结算的最终价格是三个月伦敦银行同业拆借利率（乘以指定的名义金额）。期货合约的到期时间可以是两三年之后。它们被广泛用
63 于对冲，通过其价格可以洞察更多关于当前利率的信息。

最后是掉期市场。在利率掉期中，双方交换两种名义金额、到期日和息票日相同的债券的支付。一种债券支付固定利率c，而另一种债券在每个息票日支付“浮动”利率，等于前一个息票

日设定的伦敦银行同业拆借利率。这两方被分别认定为“支付人”和“接收人”，支付人是支付固定利率票息的人。由于债券的名义金额相同，到期时最终名义金额交换相互抵消，因此整个过程只涉及票息交换；“名义金额”的含义是：本金自身永远不会发挥作用，而名义金额只是表示合约的规模。然而，从概念上讲，将掉期理解为债券的交换大有裨益。值得注意的是，单位名义浮动利率债券的价值为1，因为在交易开始时，我们并不知道以后的伦敦银行同业拆借利率是多少。注意，债券是按伦敦银行同业拆借利率折现来估值的，与其所支付的利率相同。如果最后一期的利率为L，则到期支付金额为$(1+L)$，名义金额加上最终利息款；按伦敦银行同业拆借利率贴现，该支付在最后一期开始时的价值为$(1+L)/(1+L)=1$。继续向后推导，可以得出结论，在任何息票日，在初始时间该值为1。这同样可以用来证明当固定利率债券的收益率等于票息时，固定利率债券按面值计算。由于掉期的浮动利率侧总是按面值计算，因此掉期的价值由固定利率侧的价值决定，等于所有支付额相加之和，按支付时的零息债券价值折现。掉期利率是固定侧票息c的价值，因此掉期在开始时价值为零。

掉期利率属于市场数据。掉期市场规模大、流动性强。在掉期市场中，交易无须预付款项，因此只有当固定侧利率是交易者所认为的实际掉期利率时才具有“公允价值”。实际掉期利 64
率通过谈判和“供求”来确定。掉期利率取决于到期时间，并且在任何一天，都会有一年期、两年期，直至十年期的掉期利率报价，十年期以上的报价则较少，最长可达三十年。零息债券价值并不属于市场数据。如果已知零息债券价值，我们就能够计算掉期利率。但实际的问题恰恰相反：给定掉期利率，我们能计算零息债券价值吗？答案是肯定的；执行这一计算的算法被称为收益率曲线计算程序。结果一般用零息票收益率来表示，即零息债券价值对应的利率。图18显示了2017年10月的一天三种货币的十年期收益率曲线。请注意，利率保持在很低的水平上：即使对于美国来说，十年期利率也低于2.5%，而欧元区利率实际上在短期内为负，这在十年前是难以想象的，第八章将详细讨论。图18仅以掉期利率为基础，不包括一年以下的期限。为了填补空头，商业收益率曲线计算程序将使用市场上的其他利率，

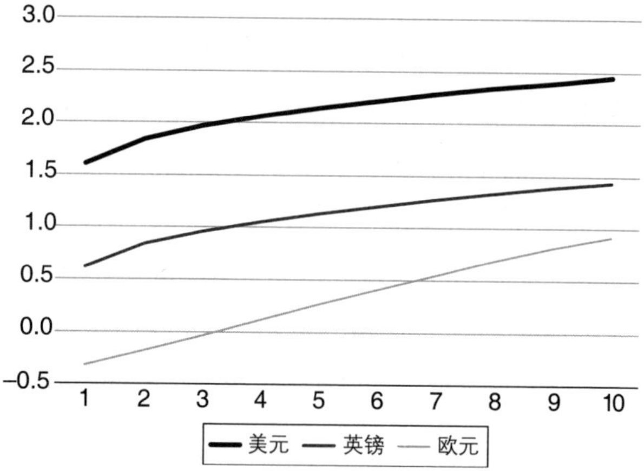

65 图18　三种货币的一至十年期收益率曲线(%)，2017年10月25日

包括伦敦银行同业拆借利率和期货利率。为了确定任意时间段的收益率曲线，该算法总是会涉及插值。考虑到可用数据的数量，不同银行所得出的收益率曲线会在精确度上高度吻合。计算收益率曲线是银行最基本的工作之一。

收益率曲线是一种随机曲线，它会随着时间的推移而移动。

我强烈建议大家访问网站https://stockcharts.com/freecharts/yieldcurve.php，观看从1999年至今美元收益率曲线变化的动画视频。这个视频中充满了多个戏剧化的转折点，足以入围奥斯卡奖。数理金融学的一个重要成就，就是建立有效模型来描述这些数据的变化规律。

利率方面的标准期权合约是上限期权和掉期期权。像其他期权一样，上限期权和掉期期权只有在收益价值为正的情况下才会行权，因此在签订这些合约时会收取一定的期权费。如果我们将支付的是伦敦银行同业拆借利率，就会面临利率可能上升的风险。上限期权通过指定最高利率K可以对冲这一风险，因此，如果在特定息票日伦敦银行同业拆借利率为L_k，则支付的金额（名义金额）为L_k和K中的较小值。除非另有说明，期权的收益为$[L_k-K]^+$，因此上限期权是伦敦银行同业拆借利率的看涨期权。事实上，它是一系列看涨期权，每个息票日k对应一个看涨期权。各个期权都是利率上限期权，逐一定价，上限价格只是各利率上限期权的总和。另一方面，掉期期权不会以这种方式分解。掉期期权是在未来某个指定时间T以现在设定的固定侧利率K进行掉期的权利。是支付人掉期期权还是接收人掉期期权，具体取决于所授予权利的执行是在固定利率侧还是浮动利率侧。仅当约定利率K小于行权时实现的掉期利率S_T时，支付人的掉期期权才会行权。由此，持有人收到浮动利率票息，但支付的利率要低于市场利率。掉期期权的一个主要功能就是提供一种退出掉期的机制。掉期就像远期合约：对任何一方来说，66
结果都可能有利，也可能不利。假设我是一个掉期合约的接收人，该掉期定于时间T_2终止，固定侧利率为K。然后，我可以以相同名义金额与支付人协商掉期期权，以在当前到T_2之间的某个时间T_1进入掉期交易，固定侧利率相同，期限从T_1到T_2。如果行权，第二次掉期抵消了第一次掉期的所有剩余现金流，因此效果只是取消了掉期。百慕大式掉期是一种更为复杂的合约，其中约定了名义金额和固定侧利率K，以及直至最终终止日T的一系列息票日，并且持有人有权在T之前的任何息票日进行掉期交易，并在T日终止。然后，持有人可以监控市场并在最有利的时间行权（如有）。这与美式期权类似，但美式期权一般可于任何时间行权，而百慕大式掉期期权仅可在有限时间内行权。利率掉期期权就像百慕大式掉期：介于美式期权和欧式期权之间，但更接近于美式期权。

至于利率的随机建模，要比股票、指数或外汇建模复杂得多，原因有二。第一，股票、指数或外汇的建模，模型化的是少量n种资产的价格（$S_t^1, \cdots, S_t^n$），因此模型在任何时候的输出都是一个n向量。在利率的建模中，模型化的对象是收益率曲线，收益率曲线是“无限维的”，因为它不能用有限的数字来准确表示。第二，对于股票，期权收益是价格的直接函数，而利率期权是从收益率曲线导出的数量的函数，如伦敦银行同业拆借利率，它们一般不是被直接模型化的。本章稍后讨论的伦敦银行同业拆借利率市场模型（LMM）是一个例外情况，这也是这个模型如此吸引人的原因之一。第二点的结果是，对冲参数也不是模
67 型的直接输出，并且有多种方法可以获得这些参数。至于应采用哪种方法，需要具体问题具体分析。总的来说，利率市场的对冲理论并不成熟，不是因为做不到，而是因为在实践中，只有非常简单的策略才是可实施的。

最古老也最传统的利率建模方法是为短期利率建模，这种方法源于连续复利。如果我们有一个起始金额为1英镑的银行账户，并以连续复利率r计息，那么t时的余额将为$\exp(rt)$。如果利率是随时间变化的，即$r = r(t)$，则余额为$\exp(\int_0^t (s)ds)$。短期利率模型假定$r(t)$是一个随机过程，即随时间随机变化。最著名的一个模型就是赫尔-怀特模型，赫尔-怀特模型假设$r(t)$满足的方程与BS模型中对数价格满足的方程非常相似，但两者之间存在一个巨大差异。股票价格可能会飙升到顶峰，而利率会“均值回归”：它们有时可能会上升到相当高的值，但会再次回落到0—10%范围内。简单改动BS模型，即可轻松算出这种均值回归，然后以封闭形式计算出零息债券价格。它们采用$p(t, T) = f_h(t, T, r(t))$的形式，也就是说，所有零息债券价格均由单个数字$r(t)$决定。模型里有一个时变参数$h$，可将其调整为$h_0$，以满足当日的收益率曲线，价格$p(0, T)$确实等于$f_{h_0}(0, T, r(0))$；该模型已根据收益率曲线进行了“校准”。此外，还有两个参数，即波动率参数σ和均值回归参数ℓ，可将模型校准为上限或掉期期权的市场价格（但不能同时使用，因为利率上限期权和掉期期权市场截然不同，并且没有任何模型可以同时校准这两个市场价格）。赫尔-怀特模型可以三叉树有效呈现（见第三章）。这在过去是不被认可的，因为短期利率呈正态分布，概率可能为负；但是现在市场确实出现了负利率（见图18 68
中的欧元利率），这实际上是一个优势。

短期利率模型有几个缺点。最主要的就是需要每天重新校准。在时间0选择h_0来匹配价格$p(0, T)$，但第二天发现新收益率曲线与模型并不完全吻合，因此必须调整参数h_0，例如调成

h_1。这类似于股权的BS模型，我们选取的隐含波动率仅匹配当天的期权价格，但第二天可能需要调整为不同的波动率。这两种情况反映了一个重要事实：模型不够丰富。为了深化这方面的理解，我们需要对现实中收益率曲线发生移动的范围与模型能够生成移动的范围进行研究。这通常涉及收集一段时间——比如一年以上——的每日收益率曲线数据，并运用主成分分析（PCA）等统计方法去识别收益率曲线移动的主导模式。如图19所描绘，主导模式是“平行移动”（a），即整体曲线上移或下移。这之后最重要的移动是“旋转”（b），这种情况下两端的收益率以不同方向移动。最终是不那么重要的“抛物线”型的移动（c），即曲线中段上升而两侧下降，或者相反。

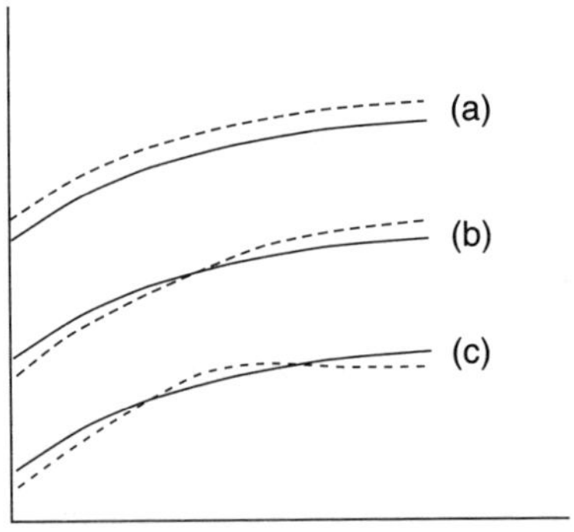

69 图19　收益率曲线移动：（a）平行移动，（b）旋转，（c）隆起；实线为原曲线，虚线是偏移曲线

回到短期利率模型，所有零息债券价值以及收益率都是一个参数短期利率$r(t)$的函数：当$r(t)$上升时，所有零息债券价值都会下降。这意味着输出曲线只能是时间0曲线的平行移动。这就是短期利率模型不够丰富这一说法的意涵。

图20给出了理想模型示例。它采用一条收益率曲线$C(0)$（当日曲线，真实数据）和噪声信号来提供一定的随机性，并生成随机收益率曲线$C(t)$（比如明日曲线）作为输出；$C(t)$是一个“随机变量”。将输出的支持度$\mathfrak{S}$称为收益率曲线的最小集合，使得$C(t)$属于这一集合的概率是1；$\mathfrak{S}$本质上是随机模型可以产生的所有可能曲线集合。那么$\mathfrak{S}$应该足够大，这样当明日曲线出来时，可以属于$\mathfrak{S}$；也就是说，这个模型足够丰富，可以涵盖实际市场下可能发生的各种情况。短期利率模型就无法做到这一点，因为只有平行移动是可能的，所以明日曲线很可能是模型中不可能出现的曲线。

1992年，希思、贾罗和莫顿提出了一个有影响力的全收益模型的方法；巴布斯则在英国独立发表了这一模型，现在它被普遍称为HJM模型，如图20所示。HJM模型理论是用瞬时远期利率来表示的，所以我们必须稍微绕个弯儿才能理解它的含义。

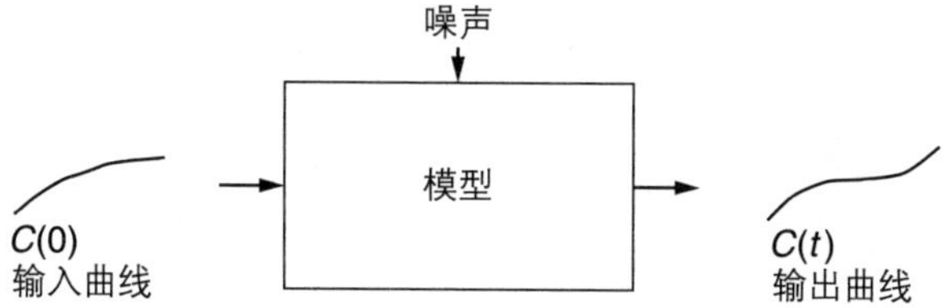

图20　全收益模型

70

给定时间$T<U$，通过$p(0, T)=e^{-r_T T}$，零息债券$p(0, T)$和$p(0, U)$分别定义从0到T和U期间的连续复利利率r_T和r_U。远期利率r_f是指在T前以r_T进行投资，然后从T到U期间转为以r_f进行投资，相当于从0到U以r_U进行投资。因此，$r_f=(Ur_U-Tr_T)/(U-T)$和$e^{r_f(U-T)}=p(0, T)/p(0, U)$，或者当$x=U-T$时，

$r_f=(\log p(0,T)-\log p(0,T+x))/x$。如果$x$很小，则这是“无穷小”短期利率$f(0,T)$的近似值，其中$f(t,T)=(d/dT)\log p(t,T)$。通过微积分，这意味着$p(t,T)=\exp(\int_t^T f(t,u)\,du)$。因此，$f(t,T)$和零息债券$p(t,T)$之间存在一一对应的关系；远期利率也决定了短期利率，即$r(t)=f(t,t)$。选择远期利率作为建模对象的原因是，如果不存在波动率，则无论t如何，$f(t,T)$都有相同的值$r(T)$。这是因为对于任何s和t，$\log p(s,T)=\log p(s,t)+\log p(t,T)$，因此对$T$求导，这时右边的第一项消失。模型将从初始条件$f(0,T)$开始，如图20所示，指定在未来时间$t$生成一系列随机值$f(t,T)$。不存在波动率，即没有噪声输入，$f(t,T)$根本不会发生变化——它始终等于$f(0,T)$。因此，这个模型的目的是描述，当存在波动性时，与常数值的偏差会如何演变。与BS一样，模型始终具有两个基本组成部分：“漂移”和“波动率”。HJM模型的主要结果是漂移完全由波动率决定，因此只需要指定波动率即可完成建模。然而事实证明，这是一项非常艰巨的任务。因为这个模型是“无限维”的，必须要计算从0到某个最终到期日$T_{\max}$的所有T值的解，所以在编写计
71 算机程序来实现这一模型时肯定需要一些相当复杂的近似值。于是，一个小产业应运而生，这个产业忙于发展适当的理论，识别HJM实际上是有限维的情况，并研究模拟计算方法。

然而，观念的转变打破了僵局，这在科学界司空见惯。事实证明，与对即时远期利率进行建模相比，最好是对远期伦敦银行同业拆借利率进行建模。不采用HJM模型，而是采用布雷斯、加塔雷克和穆西拉提出的BGM模型，也被称为LMM模型。假设票息日为$t_1, t_2, \cdots$，远期伦敦银行同业拆借利率合约涉

及三个时间$t < t_k < t_{k+1}$。在时间t_k设定的远期伦敦银行同业拆借利率与零息债券价值之间的关系为$p(t_k, t_{k+1}) = 1/(1 + L_k)$，因为1英镑累加至$(1+L_k)$英镑，因此$1/(1+L_k)$英镑累加至1英镑。因此，在时间$t_{k+1}$支付的$t_k$值是$p(t_k, t_{k+1})L_k = L_k/(1+L_k) = 1-p(t_k, t_{k+1})$。现在假设在时间$t$形成一个投资组合，做多一张$t_k$债券并做空一张$t_{k+1}$债券，其价值$S_t = p(t,t_k)-p(t,t_{k+1})$。在时间$t_k$其价值是$S_{t_k} = 1-p(t_k, t_{k+1})$，因为$t_k$债券已经到期至1，正好对冲伦敦银行同业拆借利率的支付。时间t的远期值S_{t_k}为$f_t = S_t/p(t, t_k) = 1-p(t, t_{k+1})/p(t, t_k)$，并且该值可换算成远期伦敦银行同业拆借利率$\mathcal{L}_k(t)$的“比率”关系，即$f_t = \mathcal{L}_k(t)/(1 + \mathcal{L}_k(t))$，得到$\mathcal{L}_k(t) = p(t, t_k)/p(t, t_{k+1})-1$。请注意，$1 + \mathcal{L}_k(t)$是债券价格的比率，是以$t_{k+1}$债券为“计价”资产单位表示的$t_k$债券的价值。在BGM和LMM模型选择计价单位时充分利用了这种灵活性。

LMM是一个随机模型，表示远期伦敦银行同业拆借利率$\mathcal{L}_0, \mathcal{L}_{t_1}, \cdots, \mathcal{L}_{t_{m-1}}$有限集合的变动。其中$0, t_1, \cdots, t_m$是例如在时间0开始并在$t_m$到期的上限期权的息票日。请注意，初始值$\mathcal{L}_k(0)$是由初始时间的收益率曲线决定的，并且$\mathcal{L}_0(0) = L_0$，即当时设定的伦敦银行同业拆借利率，因此不需要对$\mathcal{L}_0$建模，并且每个$\mathcal{L}_k(t)$在0到$t_k$之间的时间$t$是“活跃的”，其中远期利 72
率稳定在$\mathcal{L}_k(t_k) = L_k$。当设置最新伦敦银行同业拆借利率时，超过t_{m-1}时随机性将不存在。与每个分量$\mathcal{L}_k$相关的是布朗运动W_t^k（可能与其他W_t^j相关）以及漂移和扩散系数。和HJM一样，LMM的重点在于波动函数的选择。根据0到t_m范围内可用的任何到期市值利率进行校准。LMM模型比HJM模型简单，因为它不是无限维的；只有$m-1$个分量。不过，这个数字可能非常庞大；对于季度息票$m-1=19$的五年上限期权，可能需要大量计算才能求解。此外，和HJM一样，LMM模型中的漂移系数是由波动率决定的。詹姆希迪安推导出的将两者联系起来的公式，是数理金融文献中最简练的公式之一，涉及不同远期伦敦银行同业拆借利率（记账单位）的巧妙运用。LMM模型的另一个优点是，当波动率确定时（即非随机的），那么可以通过BS公式准确得出上限期权价格。

所有这些模型都可以用来计算欧式或百慕大式标准利率衍生品期权、上限期权和掉期期权合约价格，尽管如前所述，这两个市场需要单独校准。考虑到其复杂性，蒙特卡罗法是LMM模型唯一可行的计算技术。但是，这种应用也需要对蒙特卡罗法做出一些调整。回想一下第三章，在计算美式期权价值时，我们是从最终到期时的已知行权价值倒推的。另一方面，蒙特卡罗法本质上是一种从初始价格开始并模拟未来轨迹的前向算法。一个严峻的挑战是，提出以蒙特卡罗法为基础的算法能与提前行权特征相结合。

掉期交易的一个主要用途，以及其市场规模巨大的原因，是
73 可用作这些衍生品的对冲工具。比方说，一个掉期期权在任何时候的价值都取决于涵盖了该掉期期权到期之前那段时期观察到的收益率曲线。可迅速交易的掉期合约同样依赖于收益率曲线，因此可以用来对该掉期期权进行德尔塔对冲。

该交易的简易流程参见图21，其中T_4是掉期期权的到期日，我们想要在时间0设置一个初始对冲。我们的对冲工具为四个到期日如图所示的掉期合约。在到期日之前，每个掉期合

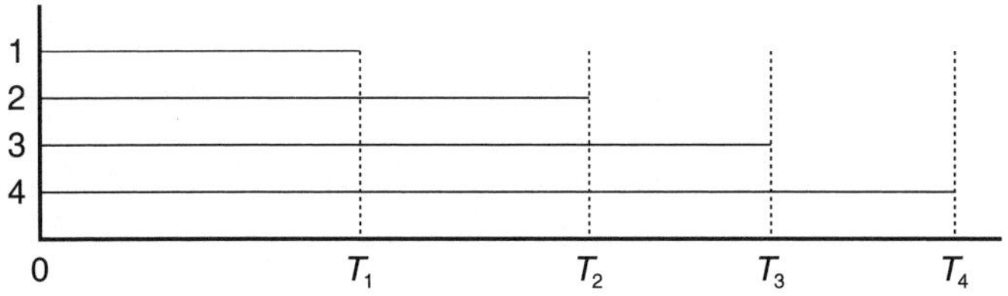

图21　四个对冲掉期工具的到期时间

约都取决于收益率曲线，因此从T_4开始，计算掉期合约的价值以及掉期期权价值对F_3（T_3的远期掉期利率）的敏感度。通过采用这一比率并交易T_4掉期合约的数量，形成一个对F_3波动不敏感的投资组合。倒退到T_2，计算出该投资组合对F_2变动的敏感性，并通过添加适当数量的T_2掉期合约来抵消敏感性。这样持续操作就可以得到一个对任何远期掉期利率都不敏感的投资组合。随着时间的推移和掉期合约交易的持续进行，在时间0设置的投资组合当然需要重新平衡。当然，掉期期权对冲远不止这些，但德尔塔对冲是最基本的要素。

最后我们讲讲2008年金融危机造成的利率市场混乱。过去的世界很美好，每种货币都有一条收益率曲线，建模主要由 74
LMM等格外简练的构念所主导。各种数值之间联系紧密，其中之一就是涉及远期伦敦银行同业拆借利率。在任何时间t，我们都可以观察到三个月和六个月伦敦银行同业拆借利率L_3和L_6。现在L_6已知，但是也可以通过签订一份三个月后L_3远期利率协议，从而在六个月后获得一笔基于伦敦银行同业拆借利率的支付。通过这种交易本不应该获得套利利润，这意味着三个月和六个月利率之间存在某种关系。金融危机过后，银行之间的信任破裂，因此承诺六个月后支付的风险比三个月后支付的风险更大，也就是说，信用风险已经出现。这导致了多条收益率曲线的出现，每条曲线代表不同的支付频率，这大大增加了估值的难度。它意味着利率世界不再与信用世界隔绝，这是第五章的主题。

除了信用问题，伦敦银行同业拆借利率在金融危机后也受到了密切监视，因为曝光了一些大型银行的交易员串通操纵利率的行为。这导致了银行操作流程的全面审查和收紧，同时也促使市场寻找伦敦银行同业拆借利率的替代指标，以作为新的银行间基准利率。尽管在本文撰写时尚未决定最终的替代指标，但已有几个潜在的候选者。这是一个极其复杂的转变，因为基于伦敦银行同业拆借利率的衍生品合约数量非常庞大，若完
75 全废弃伦敦银行同业拆借利率，所有这些合约都需要重新协商。

第五章

信用风险

第一章对债券进行了初步介绍。债券是由公司或其他实体发行的，目的是为了筹集资金而不必发行新的股份。商业借贷的概念可以追溯到数个世纪前，比如莎士比亚的《威尼斯商人》中就有描述。然而，现代债券本质上是一种可交易资产。债券发行人在发行日获得本金，承诺定期支付利息（即票息）给债券持有人，并在债券到期时支付最后一笔利息和归还本金。那么，是什么因素决定了债券的票面利率呢？票面利率肯定会反映发行人的“信用价值”，这通常由专业的评级机构来评估和确定。全球有数家评级机构，其中最知名的包括标准普尔和穆迪。以标准普尔为例，它会基于规模的考虑给予公司从AAA（最高级，代表最低风险）到C或D（违约状态）不等的信用评级，详细信息见表5，公司的财务状况、交易记录、股市表现以及其他相关因素都会影响公司的信用评级。公司的信用评级直接影响其借贷成本，即发行债券时需要支付的利率。通常，由于政府债券被视为无风险资产，任何公司发行的债券的利率都不会低于同期限 76

表 5　2016年标准普尔全球评级过渡矩阵

从/至	AAA	AA	A	BBB	BB	B	CCC/C	D	NR
AAA	81.25	12.50	0.00	0.00	0.00	0.00	0.00	0.00	6.25
AA	0.00	90.11	6.50	0.00	0.00	0.00	0.00	0.00	3.39
A	0.00	0.82	91.02	4.01	0.00	0.00	0.00	0.00	4.15
BBB	0.00	0.00	2.62	87.70	3.23	0.17	0.06	0.00	6.23
BB	0.00	0.00	0.00	3.12	80.37	6.07	0.23	0.47	9.74
B	0.00	0.00	0.00	0.00	3.84	74.00	5.55	3.68	12.92
CCC/C	0.00	0.00	0.00	0.00	0.99	14.36	40.59	32.67	11.39

的政府债券利率，而AAA级公司的债券利率通常只会略高于政府债券利率；然而随着信用评级的降低，公司债券的利率与政府债券的利率差距会迅速扩大。实际的利率值会在债券发行后的几天内，根据市场的需求情况确定。一般而言，债券在发行时的价格会设定为面值或接近面值。例如，面值100英镑的债券会以100英镑的价格发行。但是，随着时间的推移，二级市场上债券的价格可能会上下波动，最终使得具有相同信用评级的不同债券的收益率趋于一致。

信用评级会定期更新。"评级过渡矩阵"揭示了市场上发生的情况，例如表5所示的2016年矩阵。要构建这个矩阵，须先列出所有在2016年1月1日被评为AA级的公司，然后列出这些公司在2017年1月1日的评级。表中AA行的数字是过渡到相应评级的公司的比例（以%表示）。从中可以看到，90.11%的AA公司保持AA级，6.5%的公司降级为A级。最后两列中，D代表违约，意味着公司已经破产，NR代表未评级，意味着公司不再评级，通常是因为已与另一家公司合并或被另一家公司接管。2016年，没有出现AA级企业违约，到年底，3.39%的AA级企业不再评级。事实证明，表中的数字连续几年都相当稳定。一些分析师更倾向于取平均值，比如五年平均值，以得到更稳定的数字。

令人惊讶的是，1980年美国有60家AAA级公司，而到2018年只剩两家——微软和强生；第三名埃克森美孚在2016年因石油市场不稳定而自1949年以来首次被降级。

至于信用违约掉期，参见第一章。一份CDS合约是基于XYZ公司发行的特定债券而非基于整个XYZ公司，而且违约的概念与前文中的评级公司违约截然不同。对于信用违约掉期来 78

说，“违约”是指任何违反债券合同条款的行为，不论何种违反。合约条款规定在特定日期支付确切数额的票息和本金。从这个意义上说，XYZ公司当然可以因某种意外而出现违约，但它仍然是一家持续经营的企业。当发生违约时，CDS立权人（或“保护卖方”）ABC必须向持有人（保护买方）支付债券面值与其“回收价值”之间的差额，“回收价值”本质上就是债券违约后的市场价值。这意味着，从广义上讲，持有XYZ公司债券加上在该债券上设置的CDS就相当于持有无风险债券，因为要么不存在违约，要么CDS持有人在违约时将收到等于债券面值的金额，因此从经济角度来看，后果就是债券提前到期。因此，保护买方支付的CDS保费必须接近债券的“利差”，利差是债券票息超过无风险政府债券的金额。

信用风险建模与分析

交易或持有债券或CDS涉及两大类风险：市场风险和信用风险。市场风险关注的是债券的票息支付与当前市场利率之间的关系。在二级市场上，债券的价格需要调整，以反映其收益率与市场利率的一致性。例如，若一种债券在高利率环境下发行，因此支付了较高的（固定）票息。如果随后市场利率下降，该债券的票息支付相对于市场而言便显得过高，导致债券价格上升超过其面值，直至其收益率降至与市场利率相匹配的水平。这种现象的分析详见第四章，其中讨论了利率理论和市场波动率。信用风险则完全不同，它主要涉及对违约时间的
79 建模，这些是离散的事件，与市场波动率无直接关联。以CDS为例，模型应能够在任何时间点上评估随后的票息支付日或到

期日的违约概率。

在其他资产类别中，信用风险模型通常需要两种：一种是统计性描述市场中所观察到的价格演变的“真实世界”模型，二是用于定价的“风险中性”模型。通常，风险中性模型是首要的，而“真实世界”模型与之相同，但会加入一个额外的条件来反映所谓的风险的市场价格。

信用风险模型可以分为两类：“结构形式”和“简化形式”。前者是由罗伯特·默顿——就像数理金融学中的很多东西一样——在1974年发表的论文中提出的，其影响一直延续至今。它与公司的债务相关，并实例化这样的观点：当公司的资产价值不足以清偿其到期负债时，公司将面临违约。例如，如图22所示，在到期日T有一笔债务需要支付；图中展示了公司资产价值V_t的两种可能路径，其中实线表示资产价值在到期时低于负债K，从而导致违约。从图中可以明显看出，违约风险是对公司价值的看跌期权：在时间T，公司无法支付的债务金额为$[K-V_T]^+$，即看跌期权的行权价，并且，如果该期权是价内期权，则债务将无法全额支付。完成模型的一种简便方法是，假设公司价值遵循对数正态扩散（BS模型），在这种情况下，违约概率仅为$N(d_2)$。

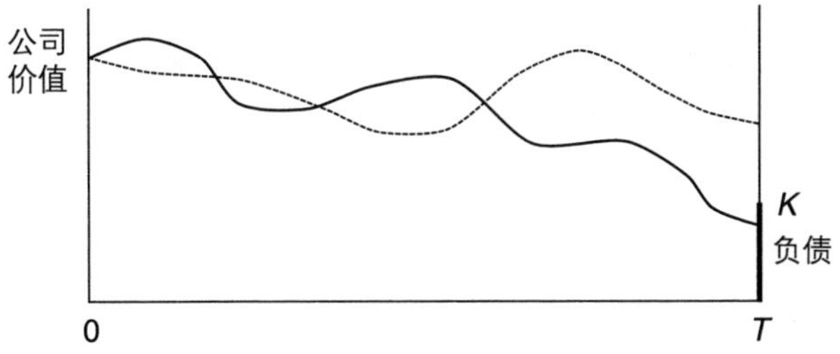

图22　公司价值的演变　80

公司价值模型不能直接用于实践，因为公司价值不是可观测数据，和市值（股价乘以股票数量）完全不是一回事。公司价值也不是一种交易资产，因此建立一个以无风险增长率为目标的风险中性公司价值模型，没有任何意义。然而，默顿的观点在概念上还是很有价值的，因为它体现了信用风险的本质。

结构形式模型。实用的结构形式模型摒弃了公司价值解释，将 V_t 视为一个抽象的因素。根据布莱克和考克斯1976年的一篇论文，认为在第一个时间 t_D 发生违约，此时 V_t 达到某个低界限水平 L，如图23所示，而不是像图22默顿模型那样仅查看某个支付日的价值。

如果用这个模型为CDS定价，首先需要校准模型，也就是说，选择模型参数，使模型预测的价格与市场上交易的CDS合约的当前价格相匹配。在这种情况下，“价格”是保护买方支付的保费（以年化费率表示）。CDS合约的执行过程如下：要么不发生违约，在这种情况下，买方在合约有效期内向卖方支付保费票息，而不支付其他款项；要么XYZ公司在合约到期前的某个时间违约，那么买方支付的票息只到违约时间为止，卖方支付XYZ公司债券违约后未收回的价值，即其违约后市场价值低于面值

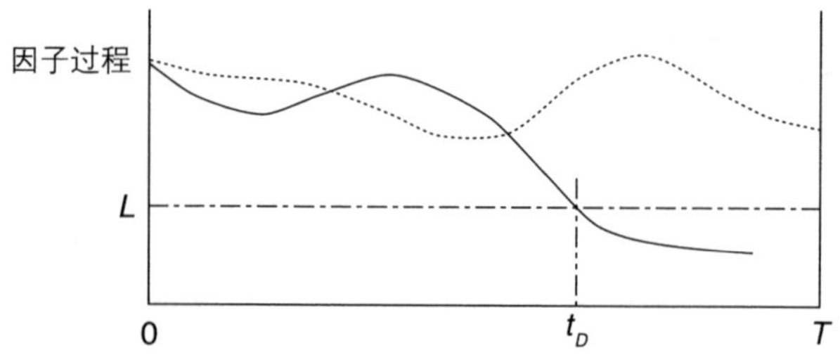

81 图23　界限违约模型，有两条因子过程轨迹，其中之一在时间 t_D 违约

的金额。当票面利率公平，即票面付款的预期贴现值与卖方违约后付款的预期贴现值完全吻合时，模型就得到了校准。从数学角度来看，所有这些值都是用随机违约时间t_D的分布来表示的，因此校准任务可以归结为指定一个过程V_t和一个界限水平L，从而使t_D呈现指定的分布。目前已经提出了几种完成这一任务的方法，而寻找最佳方法仍是一个研究热点。这里面可能盘根错杂，尤其是当违约与利率变动相关时。如何指定回收价值则是另一个有争议的问题，但这是一个统计学问题，而不是数学问题。

图24给出了一个高度简化的模型示例，大大方便了阐明校准过程。假设两个CDS合约以XYZ公司的同一标的债券进行交易，期限分别为$T_1 = 1$年和$T_2 = 2$年，保护买方每年提前支付票息c。因此，对于一年期CDS，买方在时间T_0支付单笔票息$c = c_1$。如果XYZ公司在第一年发生违约，买方将收到一笔支付U_1，即在T_1支付债券违约后未回收的价值。对于两年期CDS，

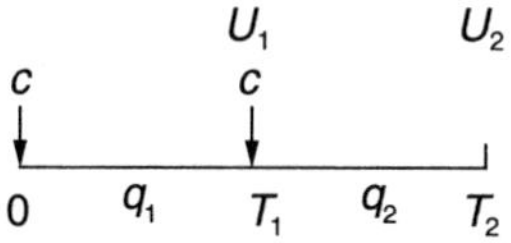

图24　CDS校准示例　82

在时间0支付票息$c = c_2$，如果XYZ公司在此之前或当时没有发生违约，则在T_Y支付第二笔票息c_2。如果XYZ公司在第一年发生违约，买方将收到一笔支付U_1；如果在第二年发生违约，买方将收到支付U_2，即第二年未收回的价值。票面利率c_1和c_2是在时间0设置的市场数据。假定U_1和U_2是已知常数，并且不存在利率波动，因此可得零息债券值$p_1 = p(0, T_1)$和$p_2 = p(0, T_2)$。

我们的模型指定（虽然是间接的）违约时间t_D的风险中性分布，显然，在本例中，只须知道q_1和q_2，即第一年和第二年违约的风险中性概率即可。由于要求每份CDS合约的现金流净贴现值为零（公平合约），因此这些概率是固定的。对于一年期合约，如果t_D小于或等于T_1，则在时间0支付c_1并在T_1收到支付U_1，这种情况发生的概率为q_1。期望贴现值为零的条件是$0 = c_1 - q_1p_1U_1$。对于两年期CDS，违约发生在第一年、第二年或根本不发生的概率分别为q_1、$(1-q_1)q_2$和$(1-q_1)\times(1-q_2)$。在第一种情况下，现金流与只有票息c_2的一年期CDS完全相同。在第二种情况下，支付两份票息并在T_2收到支付U_2；在第三种情况下，只支付两份票息。写下净贴现值条件，用方程来求解q_2；读者有兴趣的话，可以仔细研究其中的细节。

实际情况要复杂得多，尤其是，回收支付和利率是随机的，可能存在相互关联，也可能与违约事件相关。但是原理相同。

在完成校准之后，模型可以用来为新合约定价，并计算价
83 格对诸如利率变动的敏感性，这类信息对于对冲而言至关重要。模型还可以调整用于风险管理目的的“真实世界”模型，引入统计数据，例如表5的违约过渡评级。

简化形式模型。现在我们来看看第二类违约模型，即简化形式模型，它基于违约强度概念：假设一家公司今天仍然存续，那么它明天违约的概率是多少？这只是条件概率，受贝叶斯公式控制。贝叶斯公式表示，在另一个事件G已发生的情况下，事件H的条件概率，表示为$\mathbb{P}(H|G)$，$\mathbb{P}(H|G)=\mathbb{P}(H,G)/\mathbb{P}(G)$。因此，假设有一个随机违约时间$T$，密度函数为$f$，如图25所示。在给定时间$t$之后的时间$T$发生违约的概率是右侧密度函数下方的面积，在

图中为$B+C$，因此T在t之后的较短时间间隔a内发生的条件概率为$B/(B+C)$和$B\approx f(t)a$。对于较小的a，如果定义$\ell(t)=f(t)/(1-F(t))$，则$B/(B+C)\approx L(t)a$，那么面积A等于分布函数$F(t)$。我们称$\ell(t)$为违约强度。指定违约强度相当于指定分布；事实上，$1-F(t)=\exp(-\int_0^t \ell(s)ds)$。请注意，如果$F$是指数分布$F(t)=1-\exp(-ct)$，则$\ell(t)\equiv c$。违约风险模型的简化形式最终是规范违约强度，它可以是随机的。更一般的情况下，可能存在多个违约时间，而且还有其他随机因素影响每次违约的情况。例如，如果存在以XYZ公司和UVW公司为标的的两个CDS，我

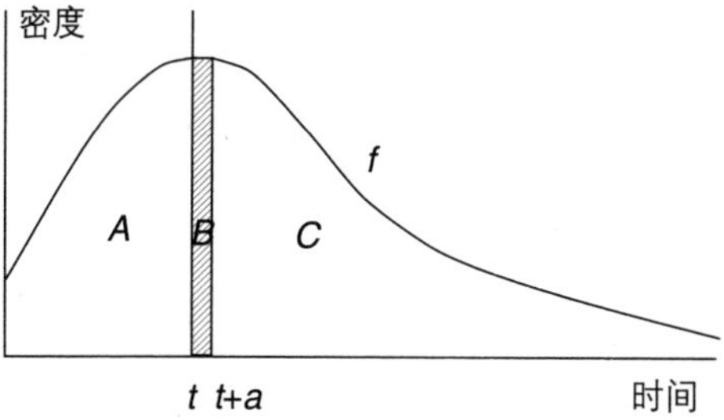

图25　违约时间分布密度 84

们不知道哪个会先违约，那么简化形式模型将指定第一个违约时间T_1的强度，如果XYZ公司先违约，则变量I为0，如果UVW公司先违约，则变量I为1。

基于类似原理的模型广泛应用于统计学和应用概率。事实上，任何应用中的随机性都是由“点事件”——随机事件发生的随机时间序列——所组成的。一个经典例子是排队理论：顾客在随机时间提着需要不同处理时间的购物篮到达收银台。到达率类似于违约强度。其他应用例子包括保险（索赔发生率）和

医疗统计（疾病发生率、事故和紧急服务需求等）。当然还有信用风险。

所有这些应用的基本构建要素是泊松过程N_t。取独立随机变量$S_1, S_2, \cdots$，每个都是带有参数c的指数分布，因此$\mathbb{P}[S_k > t] = e^{-ct}$，并且对于$n = 1, 2, \cdots$，设$T_n = S_1 + S_2 + \cdots + S_n$。设$T_k$表示"事件"的时间，因此$S_k = T_k - T_{k-1}$，表示"到达间隔时间"。对于任意时间$t$，泊松过程$N_t$的值等于$t$之前或$t$发生的事件数，因此样本路径是一个阶梯函数，如图26所示。事实证明，N_t具有泊松分布，参数为ct。指数分布是"无记忆"的：如果T呈指数分布，则

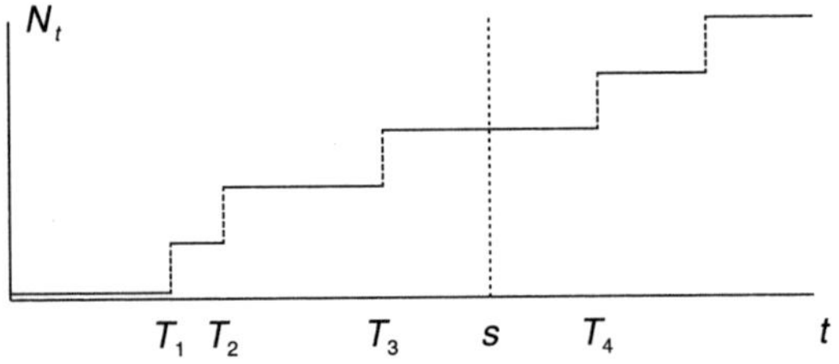

85 图26 泊松过程样本路径

$\mathbb{P}[T > s + t | T > s] = e^{-ct}$：未来等待时间的分布并不取决于到目前为止已经等待的时间。因此，在图26中，固定时间s和下一个到达时间（在本例中为T_4）之间的间隔与任何S_k具有相同的分布；因此，过程在s处重新开始，即过程$N_t - N_s$，$t \geqslant s$是另一个泊松过程，与s之前发生的情况无关。N_t的期望值是$\mathbb{E}[N_t] = ct$，因此$M_t = N_t - ct$，期望值为零，并且根据无记忆的性质，这个值为鞅，$\mathbb{E}[M_{t+s} | \mathcal{F}_t] = M_t$，其中$\mathcal{F}_t$表示$t$之前。

"补偿泊松过程"M_t在点事件建模中扮演的角色，与布朗运动W_t在连续随机轨迹中扮演的角色类似，它们都是独立增量过

程，并且可以用作构建更复杂模型的“输入值”。特别是，可以直接根据其他随机因素用随机过程 $\ell(t)$ 替换泊松“速率”参数 c，并创建与每个跳跃时间 T_k 相关的随机“事件”。这涵盖了前文所述的多个CDS合约的应用。

例如图27所示的“菱形违约模型”，它适用于两家公司可能违约的建模。其中有四个参数 $c_1, \cdots, c_4$。开始时，XYZ公司和UVW公司的违约强度分别为 c_1 和 c_2；第一次违约时间的违约强度为 $c_1 + c_2$，XYZ公司先违约的概率为 $c_1/(c_1 + c_2)$。如果XYZ公司先违约（上移，如图所示），则守约方UVW公司的违约强度

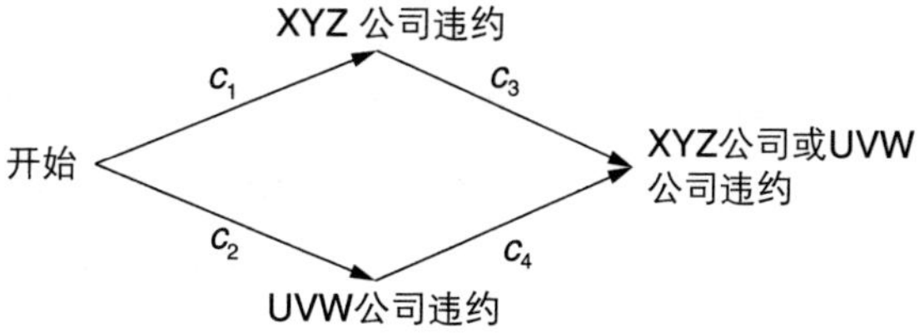

图27 菱形违约模型 86

为 c_3，这时可以模拟XYZ公司违约对UVW公司的影响。同样，如果下移，则UVW公司先违约，XYZ公司的违约强度为 c_4。如果两家公司互不相关，那么可以设置 $c_3 = c_2$ 和 $c_4 = c_1$，从而XYZ公司和UVW公司的违约强度为 c_1 和 c_2，无论对方是否违约。$c_3 > c_2$ 意味着XYZ公司的违约对UVW公司有负面影响，而如果 $c_3 < c_2$，则是正面影响——UVW公司可能会接管XYZ公司的一些市场份额。这个简单模型很容易用各种方式推广。例如违约强度没有理由必须设置成常数，同样可以是随机的，只是这样一来会增加计算成本。例如，可以让违约率取决于两家公司当前市场的CDS评级。

这个例子指出了信用风险建模中存在的一个普遍问题，即虽然可以通过校准过程设置一些参数，但通常还有一些参数的可用数据不足，这时只能做一些有根据的猜测。在XYZ公司违约之前，如何知道XYZ公司违约对UVW公司产生的影响？查看过去的类似违约情况和/或详细检查XYZ公司和UVW公司的商业模式，最多给出一个粗略估计，也就是“真实世界”的估计。定价所需的风险中性估计只能依赖于交易合约的市场价格数据，并且通常没有相关可用数据。数据不足意味着，信用风险建模永远不会成为一门像前几章介绍的期权定价或利率分析一样层次的精确科学。

诸如菱形违约模型这类模型的另一个应用与信用价值调
87 整（CVA）有关。自2008年金融危机以来，金融监管机构强制要求所有合约定价必须考虑交易对手违约的可能性。这大大增加了信用风险评估的工作量。信用价值调整是合约无违约的价值与允许交易对手违约的价值之间的差额，或者，也可以说是对忽略违约问题的传统定价方法进行的必要“调整”。2008年之前，在银行间交易中，这种风险可以忽略不计。

要了解信用价值调整的含义，首先来说一下普通利率掉期，如第三章所述，其中在N年的半年息票日，一方（支付方P）支付固定利率票息K，而交易对手（接收方R）支付伦敦银行同业拆借利率L。在时间0，掉期利率设为K，因此根据定义，该掉期合约在开始时的价值为0。在到期日，即最后一次交换票息后，由于不再有现金流，该掉期合约的价值仍然为零。然而，在这两个时间之间，该掉期合约的价值一般不为0。掉期利率上升至$K' > K$，则对支付方P有利，因为此时支付方可以免费作为接收方参与新的掉期交易；这样一来，伦敦银行同业拆借利率的支付抵消，支付方将在剩余交易时间按正净利率$K' - K$收取票息。同样，掉期利率的下降对接收方R有利。现在从支付方P的角度考虑信用价值调整。如果接收方R在第k个息票日违约，那么支付方P将停止支付票息，因此支付方P也失去了进行反向交易并获得$K' - K$净值的机会。如果$K' > K$，则损失值为正，等于贴现票息价值之和。但如果$K' < K$，则支付方P实际上会因接收方违约而获利，因为实际上当交易对支付方不利时，交易就被取消了。这两种情况有时被称为"错向风险"和"正向风险"。如今，除了信用价值调整，还有各种各样的其他调整，统称为XVA（自行选择X），它们之间旨在提供更严格的风险控制，但大大增加了公司因计算调整而产生的成本。 88

多资产信用风险

当进行多种（几十种到几千种）有息证券合约的信用分析时，我们会面临一个核心问题：如何评估不同时间点、不同债务方（在本文中统一称为"债务人"）的现金支付风险。如果每个债务人都有信用评级，我们就可以单独评估每个债务人的违约概率。但是，问题在于如何处理这些债务人之间的相关性。对于n个随机变量的向量，存在$n(n-1)/2$个相关系数，这意味着当$n = 10$时有45个相关系数，而当$n = 50$时有1225个。由于通常缺乏足够的数据来估计这么多的相关性，因此必须采用特殊的方法来处理。本文将主要讨论两种方法。

第一个方法由风险分析公司"明晟"（MSCI）的子公司"风险度量"（RiskMetrics）提出。它涉及既有信用评级又在证券交易所上市的公司。简单起见，只考虑两家这样既有信用评级又上市的公司，并假设评级等级分为A、B、C、D四级（默认为D级）。假设类似于表5的评级过渡矩阵是可用的。公司1和公司2最初评级分别为B级和C级。现在令X_1和X_2为一对随机变量，每个随机变量具有标准正态分布$N(0,1)$和相关性r。参考图28，将x轴划分为区间D、C、B、A，其$N(0,1)$概率由评级过渡矩阵的B行给出。使用C行而不是B行对y轴做相同的操作。取一个样本(X_1, X_2)，其落入的方格决定了公司1和公司2的评级过渡，每一个都与评级过渡矩阵中的概率一致，但其联合分布取决于假定的r值。r值表示两家公司股票价格在一年或三年期间收益的样本相关性。这一步骤是基于人为判断，因为没有硬性规定这一相关性必须与违约相关性相吻合；然而，股票的高度相关性证明了两家公司的财富是相关的（正相关或负相关），因
89 此至少这一步骤会使答案偏往正确的方向。

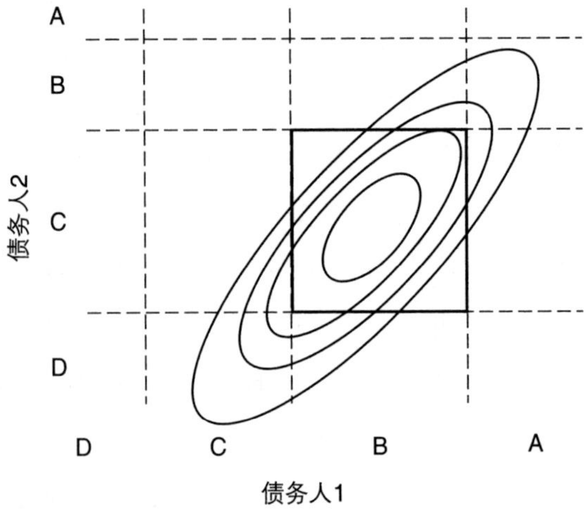

图28　信用度量二元评级过渡模型

请注意，为了计算新的违约概率，我们必须对决定新信用评级特定配置的每个单元格上的多元正态分布密度进行积分。对于债务人而言，这一计算工作量极其庞大，因此最理想的方法是采用蒙特卡罗技术。

穆迪公司基于多元评分的理念，开发了一个更为简便的方法，即穆迪二叉树扩展技术（BET），这适用于债券投资组合中所有公司的信用评级相近的情况。该方法将公司归类到32个行业类别中的一个，如航空航天、能源、消费品包装等。然后计算投资组合中某一行业仅有一家公司的实例数，接着是有两家公司的情况、有三家公司的情况，等等。穆迪定义的多元评分标准是：单企业为1.0，双企业为1.5，三企业为2.0，依此类推。因此，如果一个投资组合规模为10，包含3个单企业、2个双企业和1个三企业组合，那么多元性得分为$3\times1.0+2\times1.5+1\times2.0=8.0$。集中度越高意味着多元性越低；只有当每家公司都是其行业中唯一的代表时，多元性得分才等于初始投资组合的规模。 90
在计算违约风险时，可以将一个由10只债券组成的初始投资组合简化为8只债券的假设投资组合，每只债券的面值等于初始投资组合总面值的1/8。这8只债券的违约是相互独立的，其违约强度等于初始债券违约强度的加权平均。因此，如果某个时期的隐含违约概率为q，那么在$n=8$的假设债券中有k只违约的概率可以通过二项分布$(n!/k!(n-k)!)q^k(1-q)^{n-k}$来计算。这意味着我们只需要对一个违约强度过程进行建模，就可以评估整个投资组合的表现。这种方法粗糙但有效吗？答案是肯定的，且在实践中必须如此。在任何数学建模任务中，模型越复杂总是意味着参数越多，除非能够准确且可靠地估计这些参数，否则模型的复杂性往往会降低其实用性。在信用风险评估领域，这一点尤为突出，正如前文所述，许多关键领域都面临数据不足的问题。

担保债务凭证（CDO）。多资产信用风险模型主要用于担保债务凭证定价和风险分析。多资产信用风险模型相当复杂，目的是从一些付息证券组合中获利，以满足潜在投资者的胃口。担保债务凭证看起来有益无害，但若管理不当，可能产生严重的后果，典型例子是引发2008年金融危机的美国住宅抵押贷款支持证券（RMBS）市场。这将在第八章详细讨论。

担保债务凭证的常规结构如图29所示。为了担保债务凭证交易，需要成立一家“特殊目的公司”（SPV），它是一家在法律上独立于发起交易的银行的注册公司。证券投资组合（“债券”）的所有权转移给特殊目的公司，由特殊目的公司接收票息
91 支付，如图中箭头所示。特殊目的公司在几个不同的国家发行自己的债券，债券分为几个不同的“层级”（图中显示三个层级，分别为优先层、中间层和权益层，还可能有更多其他层级）。除权益层外，所有层级的息票日相同，均按合约规定的利率支付固定票息，如图29所示。支付票息所需的资金来自资产组合的票息收入，这些资金通过图30所示的“瀑布式结构”流出。

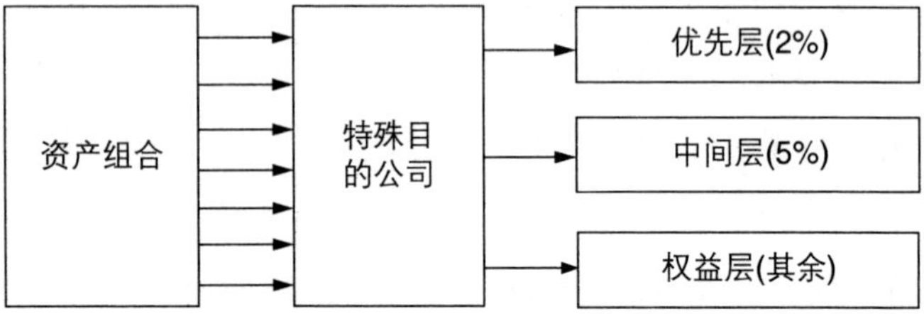

图29　担保债务凭证结构

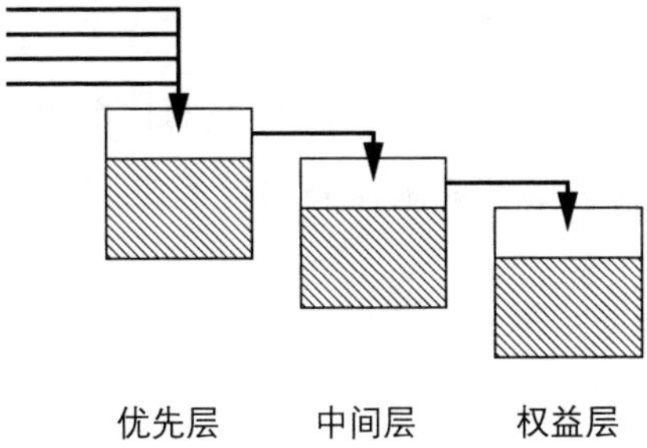

图30　现金流瀑布

在图29右侧的债券的息票日之间，从左侧投资组合收到的票息由特殊目的公司保存。在息票日，现金流向优先债券持有人，直到应得票息全部付清，所以优先层债券的桶是满的。然后，现金流向中间层债券的桶，桶填满后，剩余部分现金流向权益层债券的桶。因此，权益层债券没有固定票息，只是支付的 92
“剩余收益”，因此对权益层债券的投资更像是投资股票而不是投资债券，因为没有收入保证，因此命名为权益层债券。

给定资产组合，设计担保债务凭证意味着要决定分为几个层级、每个层级的规模（即发行债券的总面值）以及将支付的票息。制约因素是需要从评级机构获得每个层级债券的信用评级，以吸引投资者。这是一个漫长的过程，而且可能以失败告终。

评论家有时会嘲笑担保债务凭证“徒有其表”，因为投资组合中的资产可能评级不高于B级，却能变成AAA级债券。这似乎并不公平。如果比作瀑布，假设我的房子首先得到供水，而我邻居的房子只有在我的需求得到满足后才能得到供水，那么很明显我比我的邻居处于更有利的位置，因为她将首先遭受短缺。没有贱金属可以转化成黄金。更严重的指控是，担保债务凭证发行人和评级机构狼狈为奸。在评级过程中，担保债务凭证发行人付钱给评级机构。如果评级机构的标准过于严格，那么它的市场份额可能被那些弄虚作假的评级机构夺走。更多讨论详
93 见第八章。

第六章

基金管理

基金管理是一个体量非常庞大的行业。英国投资协会的一项调查表明，2016年年底其成员在英国管理的资产总额高达6.9万亿英镑，其中代表英国投资者在英国管理的资产升至1万亿英镑。1952年，诺贝尔经济学奖获得者哈里·马科维茨发表了论文《投资组合选择》，为基金管理奠定了科学基础，论文开头如下：

> 选择投资组合的过程可以分为两个阶段。第一阶段首先是观察和累积经验，然后是关于现有证券未来表现的信念。第二阶段是关于投资未来表现的信念，然后是投资组合选择。本文研究的是第二阶段。

事实上，第一阶段要困难得多，而且从来没有明确的解决方案。在大多数情况下，预测未来困难重重，尤其是金融市场的资产价格是出了名的不稳定。事实上，被一些经济学家接受的“有

效市场假说”就假定，所有与系统预测相关的信息都已被“当日
94 市场定价了”，未来只剩下“白噪声”。另一方面，交易者试图利用市场异常现象来套利，这在有效市场是根本行不通的。

第一阶段存在困难，并不意味着第二阶段什么也做不了。对未来表现的信念包括接受未来的不确定性，通过建立有适当波动度的数学模型来处理未来的不确定性，然后可以采用成熟的原则来缓和不利情况下的风险并利用有利情况。

其中一项原则就是多元投资，即“不要把所有鸡蛋放在一个篮子里”。假设我们有1英镑可以投资两种证券，每种证券的价格为1英镑，这两种证券将分别产生回报X和Y，其中X、Y具有相同的均值$m>1$和标准差$\sigma=1$，并且是相关的，相关系数为r。我们决定将a英镑投资于第一个证券，将$(1-a)$英镑投资于第二个证券，给出一个“投资组合”$Z=aX+(1-a)Y$。

无论a如何，Z都有均值m。然而，Z的标准差取决于a，如图31所示，其中a在横轴，投资组合标准差在竖轴。不同的线对应不同的r值。如果$r=1$，则$X=Y$，并且不存在“投资组合效应”。然而，如果$r<1$，则方差会显著减小，所以当X和Y的50/50混合方差为0时，$r=-1$，从而确定利润为$m-1$。所以，组合抵消风险是有效减少标准差、降低损失概率的有效方法。

马科维茨方法确定了均值与回报、方差（或标准差）和风险。这并不简单，因为尽管损失的概率随着方差而增加，但如果不了解更多关于回报分布的信息，就无法精确地量化回报。此
95 处存在的争议类似于围绕风险价值（VaR）的争议，参见第七章。优点在于只有两个参数，投资组合均值m_p和方差σ_p^2。有效投资组合的定义是，对于某个指定最大水平c，在$\sigma_p^2<c$的约束下

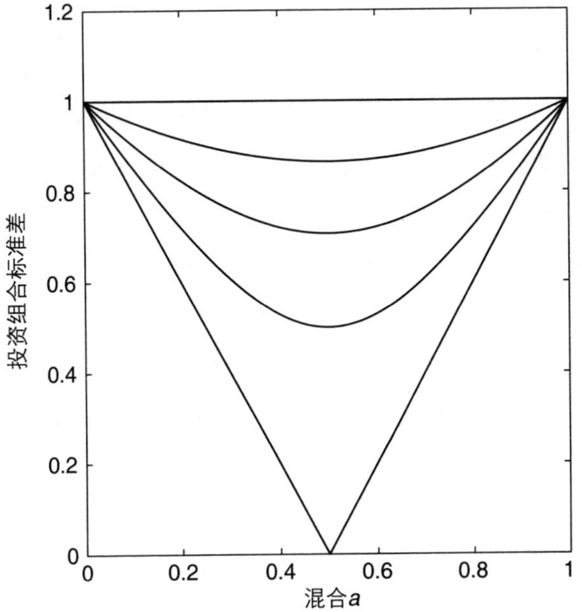

图31 混合的标准差对相关性的依赖性。相关系数分别为1、0.5、0、−0.5、−1（从上到下）

最大化m_p。显然，在这个框架中，无效投资组合不可能是最优组合。

马科维茨的均值-方差优化方法，在“传统”基金管理领域已经延用了相当长的时间。在涉及n种资产的组合中，这种方法需要估计一个n维均值向量和一个$n \times n$协方差矩阵。尤其是均值向量往往难以仅通过统计方法来估计，也可以考虑使用其他更多定性的信息。费雪·布莱克（BS公式的共同发明者） 96
和罗伯特·利特曼开发了一种融合这两类信息的算法（卡尔曼滤波算法），这种算法至今仍被广泛应用。

然而，马科维茨方法的一个主要局限性在于，它仅解决了一次性的投资问题：在第一天投资，在第二天获得回报，随后便结束了。虽然我们可以在第二天重复这一过程，但若每日都进行调整，就会导致过度交易，并且缺乏长期最优策略的概念。实际上，投资是一个随时间推移而不断调整的持续过程。动态投资组合理论探讨了在这种情况下的策略，包括现实世界的各种约束和问题。追求财富最大化并非投资者的唯一目标，还有可持续支出的考量。例如，如果你负责管理伦敦数学学会的捐赠基金，目标可能是在保持基金本金的同时，尽可能多地拨款以支持数学研究，确保学会的可持续发展。传统的“耶鲁模型”建议学会应投资于增长最大的资产类别，并每年从基金本金中拨出约4%用于捐赠。但这是不是最优策略？这不仅涉及投资决策，还涉及对冲策略。保险公司有义务根据签订的退休金和人寿保险合同进行支付，它们进行资产负债管理，以确保能够履行这些合同义务，并同时保持偿付能力及为股东创造回报。

动态策略的数学研究始于20世纪50年代贝尔实验室的约翰·凯利所发表的一篇独树一帜但很有启发意义的论文。该论文探讨了在有利赔率下（因此投注者期望积累财富）重复独立投注的策略。规则非常简单：在每一轮，投注者宣布赌注额X，然后抛掷一枚硬币，正面出现的概率$q > 1/2$；如果正面朝上则
97 赢得X，反面朝上则输掉X。假设下注者的初始金额为V_0，经过N轮下注后的财富为$V_N = V_0 \times 2^{NG_N}$。这里$G_N$代表截至第$N$轮所实现的财富增长率。例如，如果$G_N = 1$，则下注者平均每轮的财富都会翻倍。报告投资业绩的标准方式：年度报告记录基金在过去一年中增长了5%，在过去两年中增长了3.5%（意味着每年增长3.5%），等等。凯利表示，下注者的目标是最大限度地

提高长期增长率。为此，他选择每一轮下注当前财富的固定份额f，这样，在每一轮，他的财富在赢时乘以（$1+f$），在输时乘以（$1-f$），因此$V_N=V_0(1+f)^N(1-f)^L$，其中W、L分别是截至第N轮赢和输的次数。相应的增长率G_N为

$$G_N=\frac{W}{N}\log_2(1+f)+\frac{L}{N}\log_2(1-f)。$$

采用大数定律（见第二章）：样本均值W/N，并且L/N接近于相应均值，分别为q和$p=1-q$，因此长期平均增长率$G=q\log_2(1+f)+p\log_2(1-f)$。当$f=2q-1$时，$G$值最大化，最大增长率$G^*=1+q\log_2 q+p\log_2 p$。但无法通过采用不同的策略（例如在每一轮改变$f$）来提高这一数值。这个例子主要“输出”的是，最好将蛋糕分成若干份，并对每份采取不同的投资策略（在本例中，下注或不下注）。这一领悟可用到更复杂、更现实的问题中。

1969年，罗伯特·默顿发表了一篇关于BS价格模型下最优投资的论文：有n种风险资产（股票），每种风险资产都用BS建模，具有给定增量均值和方差参数，以及相关n个布朗运动，因此我们最终必须指定（与马科维茨模型相同，但解释不同）均值的n维向量和$n\times n$协方差矩阵。此外，还有一种“无风险资产” 98
（现金），即支付固定利率的银行账户。

在这个框架中，可能研究出最优增长策略，但默顿采取了截然不同的策略，在固定时间范围内或从长远角度让“预期效用”最大化。消费也包括在内，所以投资者的目标不一定只是为了财富。预期效用的概念可以追溯到1738年，当时丹尼尔·伯努利结合所谓的圣彼得堡悖论（当时的赌博难题）提出了这一

概念。这个概念的核心是投资者“厌恶风险”，他们的风险厌恶程度取决于财富，换句话说，额外1英镑的边际价值是财富的递减函数，因此价值$U(w)$与财富w之间曲线图的斜率始终为正（越多越好），但斜率随着财富的增加而减小；例如$U(w)=\log w$、$\sqrt{w}$、$-1/w$或任何幂w^p/p，其中$p<1, p\neq 0$。具有这些属性的函数是效用函数，投资者将寻求具有随机收益W的投资组合，以最大化$\mathbb{E}[U(W)]$。结果是，风险投资永远不会产生高于确定收益的结果，除非预期回报高于确定收益。风险中性投资者的效用函数是线性函数（斜率恒定）。这类投资者只通过比较他们的预期回报来比较投资。第三章中介绍的风险中性分布是通过预期对一切进行定价，因此从风险中性投资者的角度来看，这些价格是“公平的”。

回到默顿的问题，投资者从财富$x>0$开始，并在时间间隔$[0, T]$内进行交易。在最简单的情况下，未提取任何款项用于消费，或在此过程中将任何外部资金添加到投资组合中。换句话说，投资者正在管理一个自融资投资组合，其中购买资产的资金必须来自出售其他资产。交易是“无摩擦交易”，这意味着可
99 以相同的价格买卖任何数量的股票。这样做的目的是最大化预期效用$\mathbb{E}[U(V_T)]$，其中V_T是时间T的最终投资组合价值。

值得注意的是，对于提到的任何效用函数，最佳策略是在每只股票中保持投资组合价值V_t的固定份额$f_1, \cdots, f_n$，剩余价值f_0V_t为现金，其中$f_0=(1-f_1-\cdots-f_n)$为现金。份额$f_0, \cdots, f_n$不必为正或小于1：允许卖空和使用杠杆。这表面上看起来与凯利问题非常相似，实际上，在$U(w)=\log w$的情况下，两者密切相关。只有当所有股票拥有与现金相同的平均增长率时，投资

者才会将所有资金以现金留存（$f_0 = 1$）——那么投资股票就是在承担风险而没有任何预期回报。否则，所有平均增长率大于或小于现金增长率的股票就会出现多头或空头。实际上，做空比较麻烦：从股票持有人那里借入股票，然后立即以100英镑的价格卖出。在以后的某个时间，在市场上回购股票，并还给原来的股票持有人。如果价格跌至90英镑，那么投资者就赚了10英镑。因此用经济学术语来说，他是这只股票的“空头”。期货市场的情况要简单得多，做多或做空的机制完全相同。

默顿问题的解决方案说起来轻而易举，但做起来困难重重：因为股票价格一直在波动，所以需要不断地重新平衡，才能保持比例不变。为了得到更切合实际的结果，必须要考虑交易成本（即买卖差价），这使得分析更加错综复杂。但是，在单一股票$n = 1$的情况下，解决方案很简单：对于股票来说，与其保持固定的份额f_1，不如执行最少交易，以将这一份额保持在包括f_1在内的极限f_1^-和f_1^+之间。当观察到份额严格处于极限范围内时，没有交易发生。这种分析有助于交易者判断投资组合距离理想的 100
比例有多远才值得去重新平衡。

继默顿的早期研究之后，学者们对动态投资组合管理进行了大量的研究，拓宽了模型范围，并提出了一个一般性理论。然而，这个理论对实际投资界的影响，远不及BS理论和后续发展对期权交易世界的影响，期权交易与BS理论齐头并进。原因显而易见：模型过于程式化，结果依赖于难以估算的参数。业内的基金经理不计其数，每个人都有自己的投资“风格”，这一事实表明，对于最优投资行为并没有达成共识。事实上，如果存在最优投资共识，那么市场将会截然不同。有一个领域的理论与实践趋于一致，那就是现代电子交易平台中采用的短期交易（“最优执行”）算法，这将在第八章详细讨论。

人们曾多次尝试构建更接近真实市场行为的资产配置数学模型。如前所述，存在的基本问题就是市场总是变幻莫测、难以预料。有没有不变的东西，即总是相同的，或者是以可预测方式缓慢进化的？罗伯特·费恩霍尔茨发现了一个非常显著的现象，如图32所示。

以纽约证券交易所的所有上市公司（目前约为3000家）为例，按市值降序排列（市值 = 股份数量 × 股价）。现在用每家公司的市值除以所有公司的总市值，得出市值比例，并在对数标度上绘制一个图表，其中x轴是排名，y是相对市值，如图32所示，
101 其中的曲线涉及20世纪20年代至今的不同历史时期。令人吃惊的是，一百年来，前一百多家公司的市场份额几乎没有任何变化，而曲线在小盘股一端散开的唯一原因是，随着时间的推移，上市公司的数量大幅增加。所有上市公司的市值都以几乎相同

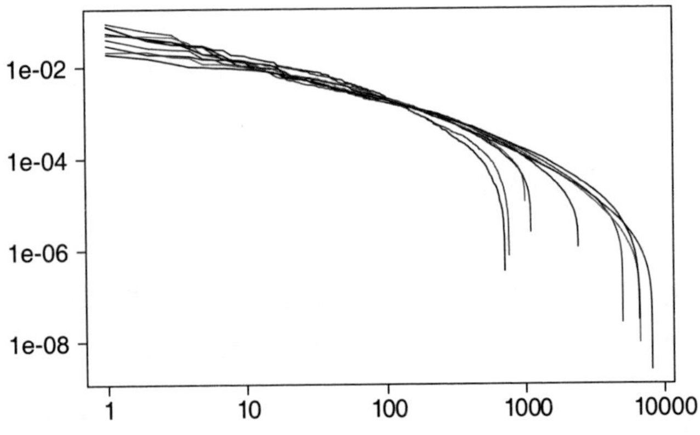

图32　纽约证券交易所的市值分布

的方式下降，前十家公司的市值不会超过总市值的15%。

多种股票价格的标准模型并未显示这一特征。例如，在多维BS模型中，很有可能在某个时候，一小部分股票占总市值的很大一部分，因此很明显模型遗漏了一些东西。有人认为，不同市值区间的增长率存在显著差异，可以设计投资策略来利用这一特征。要做到这一点，我们需要一个排名模型，尤其是影响增长率的模型。然而，这并非易事，因为这意味着每当A的排名超过B时，股票A和B的增长率就必须改变，反之亦然。这导致了一个全新的数学理论——等级依赖扩散理论。这是金融学中出 102
现的问题导致新的概率论研究的众多实例之一。

迄今为止所描述的资产配置问题涉及至多几年的投资期限。在养老和人寿保险等领域，资产负债管理面临的长期对冲问题该怎么解决？这些领域的负债可能会延续五十年或以上。这种预测实际上是“奈特式不确定性”：正如凯恩斯所说，任何概率模型都没有科学依据。但商业必须持续下去，事实上数百年来一直如此，但现代金融发展日新月异并且变得愈加复杂，这就要求方法推陈出新。基本思想是更专注于避免灾难，而不是追求利润最大化。由于缺乏可靠的未来动态模型，只能采用完全站得住脚的“假设”方法进行分析。公司应拟定一系列未来可能出现的情景来制定战略，使公司即使在最不利的情况下也有很大的生存机会。

表示场景的一种方法是采用“情景树”的形式，如图33所示。（该图纯粹用于说明——真实数字会大得多。）时间0表示当前时间，1、2、3表示未来时间，时间间隔不均匀；0到1的间隔可能是六个月或一年，间隔时间越长，所涵盖的总时间就越长，比如说三十年。未来越遥远，就越模糊。出于同样的原因，在拥有准确信息的0点，节点的分支数会很多，而越往后分支数越少。在图33中，总共有30个场景：从左到右的每一条可能路径。在每个节点上，列出了各种经济变量值、股票指数水平、利率、债券收益率、经济增长数字等，以及必须支付的债务。每个节点的可
103 能分支的概率以尽可能合理的方式指定，图中有21个节点。在每个节点上，都规定了对未能履行债务的惩罚。现在有一个数学优化问题：在可能的资产分配中，最大化预期利润减去罚金。事实证明，解对概率的分配并不太敏感；如果惩罚足够严厉，那么只有在很大程度上避开惩罚状态的策略才是最优的，即使这些状态的概率很低。主要的决定因素是明智地选择情景。

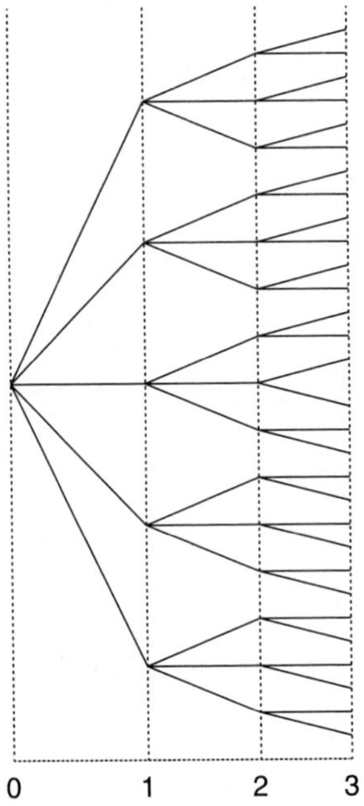

图33　长期资产/负债管理的情景树

当计算出最优解时，在市场中建立与时间0对应的最优分配。其余决策则永远束之高阁。当需要重新考虑资产配置时， 104
重复整个过程，重新考虑的时间变为“时间0”。“情景树”方法已广泛用于各种目的。当然，它既是一门艺术，也是一门科学，但当时间跨度远远长于市场上现有合约的到期时间时，也是不可避免的。 105

第七章

风险管理

金融公司的风险管理职能是监控公司面临的一系列风险，如市场风险、信用风险、流动性风险、操作风险（内部错误风险，如“胖手指综合征”）、声誉风险、法律风险等。其中一些风险与监管要求有关，而另一些则是内部程序，旨在协助管理公司的资产和负债。风险管理的课题非常广泛，本章只关注数理金融发挥重要作用的领域。第五章讨论了信用风险；本章将讨论市场风险，即评估公司交易账户的价值对其账户内资产市场价格预期变动的敏感程度。评估是从单个交易部门到整个公司的各个层面进行的。

市场风险管理是现实世界和风险中性概率的奇妙结合。假设我们持有某项标的资产的看涨期权，期权从现在起六个月后到期，它现在的价值是100英镑。一周后它的价值是多少呢？获取价值的过程包含两个阶段：首先，我们需要提前一周预测标的资产的价值和期权的隐含波动率。但是在做了这些预测之
106 后，期权的价值是通过BS公式算出，其中加入了这些预测，即风

险中性预期。当期权是通过公式定价时，人们几乎不会注意到这一点，但是当整个计算是通过统计模拟完成时，这就成了一个现实问题：这时需要按照现实世界的分布随机生成标的资产的一周价格路径，然后再切换到风险中性分布。

在这种情况下，点预测无济于事，合适的做法是计算一周前数值的（真实世界）分布，但这一任务非常艰巨，需要精心挑选统计数据，以直截了当但数据丰富的方式总结风险概况。在前几章中，特别是在最优投资方面，风险的传统表示是标准差。然而，这混淆了收益和损失，而从“风险”的角度来看，后者的相关性显然更大。分位数的信息量更大，一个分布的y分位数q_y是分布函数穿过y水平的值，因此相应的随机变量小于q_y的概率等于y。参见图34。

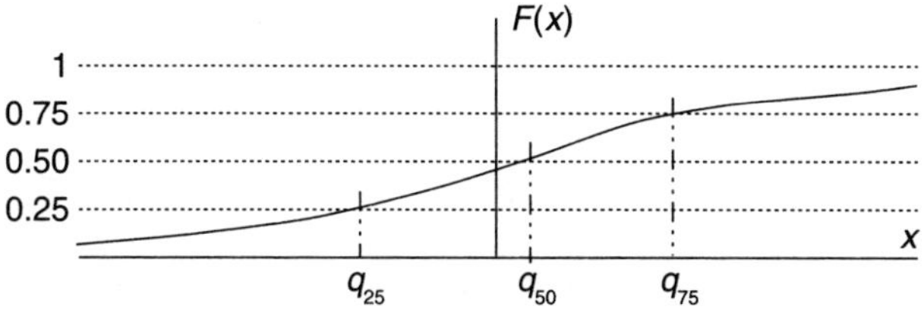

图34　分布函数F的25%、50%和75%的分位数

估算分位数，然后观察实际结果，是一种判断风险管理算法是否校准良好的非常直观且信息丰富的方法。典型结果如图35所示，其中x轴是以日（营业日）为单位的时间，y轴是投资组合 107
价值。在每一日，垂直实线代表一周前预测的投资组合收益分布的5%和95%分位数之间的区间（分位数间范围），灰色圆圈代表过去一周的实际收益。由于分位数间范围拥有90%的概

率，我们预计10%的收益将在这一区间之外，如图所示的情况也是大致如此。此外，真实收益在整个区间范围内的分布相当均匀。如果它们都更接近区间范围的中心，那就表示预测模型校准错误，因为预测范围应该更小。预测模型是否在发挥作用，一目了然。

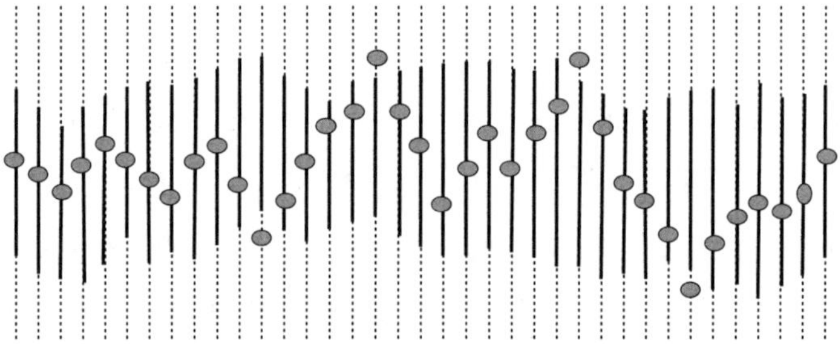

图35　预测的分位数区间范围和观察到的投资组合收益

可以考虑采用上述监测过程，但是它有一个缺陷，即隐含地假设未来与近期一样，没有发生太大变化。没有考虑到偶尔的突发“冲击”，可能造成重大损失。必须采取单独措施来防范冲击，特别是注意投资组合的构成，以便总体上进行良好的对冲。

预测收益分位数可以通过多种方式完成。其中之一是使用计量经济模型，如第二章所述，如果需要更保守的估计，则参数是根据近期数据和/或历史上各个“紧张”时期数据估算的。校
108 准模型后，可以通过分析或借助蒙特卡罗法计算预测收益。或者，查看过去收益的经验分布，使用一种更加基于数据的方法计算预测收益。

谈到银行业的监管要求，这些是位于巴塞尔的“银行家的银行”（国际清算银行，也称为巴塞尔委员会）制定的。它颁布了

一些规定，要求银行根据其交易仓位的风险程度持有一定的资本缓冲。与前文描述的监测程序相反，这些规定的目的是确保银行避免危及生存的损失，因此，参考图34，它们完全是针对收益分布的最左端。问题是银行需要计算哪些风险度量，即统计数据。自20世纪90年代实施以来，在很长一段时间内，这个问题的答案都是“风险价值”，即一个以货币度量的量，比如美元，定义如图36所示。

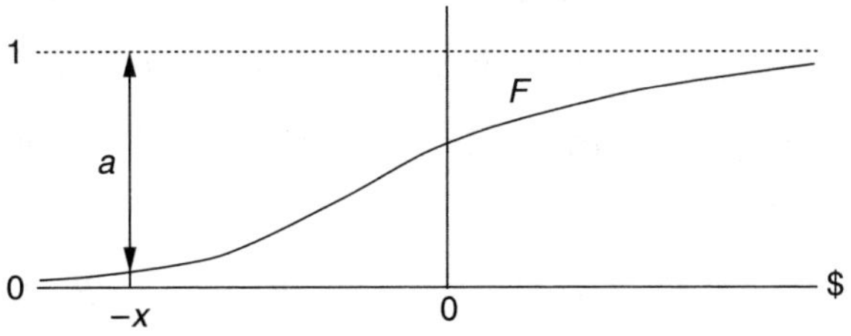

图36　投资组合价值变化的分布函数F

函数F是X的分布函数，即投资组合美元价值（而非收益）在给定持有期内的变化。因此，如果$X > 0$，则投资组合盈利；如果$X < 0$，则投资组合亏损。在a水平的风险价值表示为VaR_a，是满足$F(-x) = 1-a$的x值。这里的a是一个接近1的数字，通常写为百分比，如a = 99%，因此$\text{VaR}_{99\%}$ = 100万美元，有99%的概率损失不会超过100万美元。 109

风险价值并非没有争议。首先，如何在99%这样的极端水平上估算它绝非易事。与图35的监测过程不同，人们不能仅仅观察例外情况（分位数区间范围之外的点）并检查它们是否以适当的频率发生：在极负的端点处，期望发生例外情况。根本原因是，风险价值忽视了风险价值范围以外的损失程度。这可能是一些真正巨大的损失潜伏在概率略低于风险价值阈值的地方。当然，这种可能性应该加以考虑。

在1999年一篇极具影响力的论文中，阿尔茨纳、德尔班、埃贝尔和希思提出了一个风险度量应该满足的公理标准。在公式中，风险度量为每个随机投资组合X附加一个以美元为单位的数字$R(X)$，表示为投资组合价值。具体公理标准是：

（1）$R(0)=0$；

（2）如果$X_1<X_2$的概率为1，则$R(X_1)>R(X_2)$；

（3）对于任何常数a和投资组合X，$R(X+a)=R(X)-a$；

（4）对于任意两个投资组合X_1和X_2，$R(X_1+X_2)<R(X_1)+R(X_2)$；

（5）对于常数$a>0$和投资组合X，$R(aX)=aR(X)$。

公理（1）表示退出市场就没有风险；（2）表示如果投资组合X_2总是优于X_1，则X_2的风险低于X_1；（3）表示将风险以现金度量的观念形式化，即如果我给你1美元，那么你的风险就减少1美元；（4）表示“多元化”公理，即如果合并两个投资组合，那么新的大投资组合的风险不可能大于各个风险的总和；（5）概括了“扩展性”，即投资组合规模加倍，风险加倍。风险度量满足所有这些条件即视为一致性风险度量。

前四个公理是没有争议的。公理（5）较有争议，因为它显
110 然忽略了流动性问题：一个巨大的投资组合可能会招致与该资产难以在市场上实现其价值相关的额外风险，而较小的投资组合可能会更具流动性。后来学者们用一个凸性条件代替了公理（4）和（5），以允许包括流动性风险。在此基础上增加公理（5）意味着前后一致，也就是说，公理（4）也得到了满足。

虽然$R(X)$被定义为随机变量X的函数，但在几乎所有的应用中，它仅取决于F_x，即X的分布函数，正如风险价值一样，因此我们可以将$R(F)$作为风险分布为F的投资组合。

事实证明，风险价值并不是一个一致性风险度量；有可能找到不满足多元化公理（4）的例子，尽管这些例子是有些人为的，并且许多人认为，对于现实的投资组合分布而言，公理（4）通常是满足的。尽管如此，因为不一致和超出风险价值的损失，促使人们寻找更合适的替代方法。现在焦点转向了所谓的预期损失（ES）风险度量，这是一个一致的且确实包含了不可能发生但损失巨大的影响。预期损失被定义为超出VaR_a的条件预期损失，如图37所示：ES_a是VaR_a加上图中所示的“看跌期权”价值，条件是看跌期权处于盈利状态，后者等于$1/(1-a)$乘以看跌期权的收益预期值。

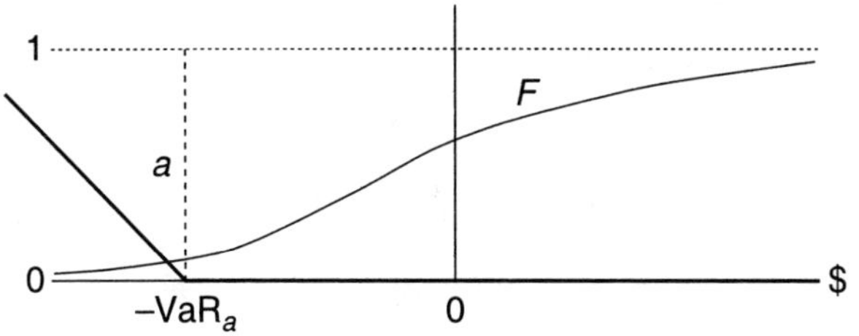

图37 预期损失 111

根据定义，ES_a永远不会小于VaR_a。读者可以自行核实，仅当VaR_a的损失概率为正$(1-a)$且出现更大损失的概率为0时，两者才能相等。这是最乐观的超出VaR_a损失的可能发生方式。ES_a允许较大损失分散到更大范围内。

近年来，国际清算银行大力规定用预期损失代替风险价值作为风险度量，但也出现了一些反弹。人们提出了一些反驳意见，但在此我们将主要讨论其中的一个：计算预期看似简单，实际难度很大。预期损失的另一个且等效的定义是

$$\mathrm{ES}_a = \frac{1}{1-a}\int_0^{1-a} \mathrm{VaR}_s ds。\tag{12}$$

要计算出结果，需要知道0到$1-a$之间所有s水平的VaR_s，但是没有多少数据可供使用，因为随着s接近0，VaR_s增加到无穷大，因此在估算大额损失分位数出现的任何错误，都会导致预期损失估算出现重大错误。综上所述，预期损失计算对我们无法实际观测的东西高度敏感。那么可以采用什么办法呢？统计学家和计量经济学家做了大量工作来解决这个问题。其中一些方法如下：

（1）建立计量经济模型，如第二章所述的GARCH模型，输入值为“噪声变量W_k”，其分布应反映现有数据的经验分布。然后，根据所考虑的投资组合数据对模型进行校准，并通过蒙特卡罗法模拟（或偶尔通过分析）计算预期损失，由此得到答案。但
112 这里存在一个默认假设，即观察到的数据推断是可靠的。

（2）采用“极值理论”，这是统计学的一个分支，最早可以追溯到1928年，是罗纳德·艾尔默·费希尔和伦纳德·蒂皮特提出的。现在有大量关于这方面的文献。回想一下第二章所述的CLT，如果我们取一个独立同分布随机变量的适当归一化总和的序列，那么该序列中各项的分布将收敛于正态分布。在CLT中，对于第n项，归一化包括减去均值并除以$\sqrt{n}$。在极值理论中，“总和”被替换成了“最大值”，并且问的是同样的问题。

费希尔-蒂皮特定理断言，如果存在适当的范数序列，则极限分布一定属于三个类别之一，每个类别由一个单参数分布族组成。然后，对于三个类别中的每一个类别，可以解开是哪些独立同分布变量的分布函数导致了该类别中的极值分布。这有助于对投资组合模型中的极端损失分布进行分类。

（3）更激进的方法是完全放弃预期损失，而是采用预期中位数损失（EMS），其中不采用条件损失的均值，而是采用条件中位数。但是$EMS_a = VaR_b$，其中$b =（1 + a）/2$，所以计算预期中位数损失只需要风险价值。

归根结底，计算预期损失的要点是估算预期损失和风险价值之间的差距，以便量化应对风险价值以外损失所需的额外资本缓冲。由于估算这些小概率预期中位数损失存在很大的不确定性，因此在更高置信水平上，它似乎与风险价值相等。

这引出了下一个问题：确定了计算风险度量的算法后，我们如何判断答案是否正确？通过一次计算，得到一个风险度量值，然后观察投资组合价值X；无论X值如何，我们都无法判断风险度量计算是否正确。但是，通过一系列计算和结果，我们可以评估过程是否妥善校准，如图35所示。风险价值有一个决定性优势，它取决于一个众所周知的结果即概率积分变换（PIT）：如果X是一个具有连续分布函数F的随机变量，那么随机变量$U = F（X）$在单位区间上均匀分布，也就是说，它是一个计算意义的“随机数”。另外，$X < q_a$与$U < 1 - a$相同。参见图34：X落在q_{25}到q_{50}区间的概率为0.25，这就是$U = F（X）$介于0.25和0.5之间的概率。因此，U位于任意区间的概率等于该区间的长度；这就是均匀分布。现在假设我们观察投资组合价值$X_1, X_2, \cdots$，

随着时间的推移，在每个时间$k-1$，我们预测q_k对应于下一个观测值X_k的VaR_a分位数。然后，如果X_k超出风险价值阈值，则随机变量B_k为1，否则为0。这是一个“伯努利”随机变量，取值只为0或1，并且根据PIT，如果计算正确，则$B_k=1$的概率为（1-a），并且所有的B_k都是独立的。所以正确计算意味着已经生成了一个独立同分布的伯努利随机变量。在统计文献中有一系列检验是否接受或拒绝伯努利序列独立同分布的假设。通过这些检验，可以判断出风险价值计算过程是否有充分的依据。

没有任何其他一种风险度量方法能够如此有效地验证答案的正确性。预期损失等涉及预期的风险度量，可以设计出只要预测正确就能满足的标准，但这些标准不如PIT检验那么通用，也不符合标准统计检验。这是反对预期损失而支持风险价值的
114 一个绝佳理由。

从本章可以看出，风险管理与前几章的“经典”数理金融内容大相径庭。原因在于，风险不关注定价，而是关注结果。结果发生在现实世界中，而不是风险中性世界中，因此评估风险管理需要采用统计和计量经济学技术。同时，“评估”和“结果”是同
115 一枚硬币的两面，从整体的角度来看这两面才更有意义。

第八章

银行业危机及其后果

本章将探讨2008年及之后发生的事情。银行业危机是一场灾难性事件，深刻影响了世界上大多数人的生活。我们在此不会讨论银行业危机的广泛影响，而是分成两个部分重点讨论两个问题：银行发生了什么？给数理金融带来了什么后果？

2008年的银行业危机

我们经常可以看到宏伟壮观的银行大楼，它们以史诗般的规模建造，其中穿插点缀着希腊圆柱门廊等复古元素。一个引领潮流的银行大楼就是英格兰银行，由约翰·索恩爵士以新古典主义风格设计。1788年，约翰·索恩爵士被委以重任，担任英格兰银行大楼的建筑设计师，在接下来的四十五年他把心血都扑在这座大楼上。这些奢侈华丽的建筑有什么意义？显然，这是为了树立银行的形象，在一个变幻莫测的世界中银行是一个稳定、可信和可靠的磐石。然而，事实与此相差甚远。银行是一个不生产任何有形东西的组织，而且由于部分准备金制度的存

在，银行无法按要求随时向储户付款。每个银行家都害怕2007年9月14日发生在北岩银行的情况，大量客户拥挤在银行门口
116 排队，纷纷要求取钱。这是自1866年以来英国首次出现银行挤兑。在美国，银行破产倒闭则要多得多，主要是大萧条时期的小型地方银行。事实上，富兰克林·德拉诺·罗斯福总统在1933年3月12日就职八天后的第一次广播节目“炉边谈话”中就谈到了银行业危机，总统用简单易懂的话给听众解释，当储户把钱存入银行时，银行不是仅仅将钱存放在金库中。

由于部分准备金制度，银行是高度“杠杆化”的，即负债远远超过权益。这意味着即使负债发生相对较小的变化，也会对银行的净头寸产生较大影响。为了保持平衡，银行开展同业拆借；制定了完善的程序，快速发放短期贷款（从隔夜到几个月）。用银行业的行话来说，银行间市场的流动性很高。LIBOR，即第四章中讨论的伦敦银行同业拆借利率，只是银行间相互拆借利率的平均值。2008年金融危机是银行间市场失灵导致的“流动性危机”。原因在于次级抵押贷款市场的混乱，迈克尔·刘易斯的著作《大空头》或同名电影详细揭露了其中血淋淋的内幕。

第五章中讨论了担保债务凭证。将资产捆绑在一起，所得收益按不同类别分流给债券持有人，最高级别为“优先级”，评级为AAA，这意味着这部分债券的安全性仅略低于政府债券。当资产是住房抵押贷款时，担保债务凭证亦称为住房抵押贷款支持证券，因此支付给特殊目的公司的票息是房主归还的抵押贷款，在任何一个住房抵押贷款支持证券中，都有数百位房主。

此处就不一一赘述了，但简而言之，大概情况是这样的。20
117 世纪90年代和21世纪10年代，美国国会出台措施，推广“保障

性住房”。为了实现这一目标，抵押贷款提供商必须增加发放的次级抵押贷款的比例，这意味着向因收入和/或信用记录不合格而无法获得普通抵押贷款资格的人们发放更加昂贵的抵押贷款。然后，抵押贷款被打包成次级抵押贷款支持证券，为投资者提供丰厚的回报，因为上层证券仍被授予最高信用评级，它们被大量推销给世界各地的投资者。2006年，美国全国房价暴跌，抵押贷款市场陷入混乱，抵押贷款持有人陷入负资产的旋涡，住房抵押贷款支持证券迅速贬值。美国住房抵押贷款的一个怪癖是，持有人对自己的房子有“看跌期权”，即持有人有合法权利将钥匙交给银行，然后一走了之。这一行为在当时司空见惯。

第一家倒下的银行是纽约的贝尔斯登银行，它推出了两只住房抵押贷款支持证券的对冲基金。2007年7月16日，贝尔斯登银行宣布这两只基金的价值几乎损失殆尽，最终于2008年3月，在美联储的短暂干预下，贝尔斯登银行以每股2美元的价格卖给了摩根大通。此时，世界各地的银行推出了五花八门的证券，没有人知道如何估值，但肯定的是它们并不值钱。银行间信任萎缩，银行间拆借市场冻结。最引人注目的是雷曼兄弟公司，由于深入参与住房抵押贷款支持证券市场，命运开始急转直下。2008年9月，雷曼兄弟公司因无法从其他银行借款，并且美联储拒绝介入，9月15日美国历史上最大的金融破产事件之一由此诞生。此时，金融危机在全球肆虐，银行因生存能力受到质疑而无法从商业渠道借贷资金，只能依赖政府救助。

背后的根源是管理不善、误判和彻头彻尾的欺诈。责任可
以说是众说纷纭，量化分析师也不能完全摆脱责任，尽管可以说 118
评级机构应该承担更多责任，给任何住房抵押贷款支持证券授

予AAA评级，显然是个错误。如前所述，只有少数真正的公司获得了AAA评级。然后，成千上万的担保债务凭证和住房抵押贷款支持证券也获得了这一评级。每个档次证券的违约风险都与强生公司相当，这真的可信吗？

第五章概述了如何设立担保债务凭证。在这一过程中，评级机构和交易部门之间的共生关系是造成错误的主要原因。但这是一个技术问题。归根结底，管理公司的责任在于董事会，而事实证明，大多数首席执行官都无法抵御在音乐响起时跳舞的诱惑。他们应该先检查一下舞台是否牢固。

危机后的数理金融

自2008年以来，以下三个因素一直在发挥作用，它们彻底改变了金融业的运作方式：1. 监管环境的变化和其他旨在防止银行业危机再次发生的措施；2. 新技术的快速发展，催生了以金融科技为总称的全新行业；3. 超低利率的长期存在，导致当前和未来之间的平衡发生重大变化。第3点不在本书讨论范围内，本书探讨了第1点和第2点，它们极大地影响了数理金融的目标和范围。

为了应对危机，银行业的监管框架开始大幅收紧，以确保银行不会资金告罄。这意味着从量化分析的角度来看，许多量
119 化分析师已经把重点从创收的交易平台转移到风险管理的成本中心。他们的工作是计算一长串的价值调整，或第五章中概述的“XVA”。这一变化的后果是扼杀了任何精心设计回报的“奇异期权”市场：价值调整到位后，即使普通的看涨期权也被视为“奇异期权”。现在的重点是高效交易。

2008年银行业危机是由银行间贷款冻结引起的。危机过后，一个新的研究领域应运而生，它重点关注银行网络的稳定性。艾森伯格和诺伊于2001年发表了一篇极具影响力的论文，对一组银行的结算过程进行了建模。这些银行都有资产，可能有从其他银行支付或接收资金的未决合同，然后有人打响了发令枪，要求必须清偿债务。如果一家银行的净负债超过其资产，它就会倒闭，关键是这种情况可能是间接发生的。银行A可能会因为银行B未能履行支付承诺而破产，而这是因为银行C未能向银行B履行支付承诺。艾森伯格和诺伊的论文提出了有序结算条件。从那时起，许多研究调查了银行网络一个节点出现问题后将随着时间传播到一定距离之外节点的条件，以及“安全”网络的特征。这揭示了危机后数理金融的另一个特征。网络理论是一门成熟的学科，应用范围广，从交通运输到生物学均包括在内。一般来说，数理金融领域从业人员的研究范围要比其他科学家广得多。

谈到交易，如第三章所述，波动率是任何涉及期权合约定价的关键因素。在加瑟拉尔引入所谓的“粗糙波动率”后，大大推动了这一领域的研究。回想一下，为了避免套利，资产价格模型
必须是半鞅。然而，波动率并不是直接交易的资产，而且各种非 120
半鞅过程可以非常成功地建模，很容易校准到市场隐含波动率曲面，如图15所示。

交易的另一个因素是价格敏感性。经典理论忽略买卖差价，并假设价格不受交易影响，而现实情况却与之相反。如果一个人试图一次性卖出大量股票，那么根本不可能以交易前的价格卖出。阿尔姆格伦和克里斯在2001年提出了一个简单但高

效的方法来解决这一问题。他们假设交易以有限速度进行，价格影响是价格下降与卖出速度成正比。然后，指定在固定时间（比如一天）内卖出一定数量股票的最优策略。在这几年里，随着当今计算机技术的发展，交易的性质发生了翻天覆地的变化，特别是：（1）交易频率增加了几个数量级，因此在一些市场中，价格可能在微秒时间范围内发生变化；（2）绝大多数交易是通过算法执行的，阿尔姆格伦和克里斯算法就是早期模型之一；（3）更多样化的信息来源，例如从社交媒体获得的信息。我们偶尔会看到市场出现“闪崩”，价格突然大幅下跌，但二十分钟后就会飞速逆转。这种现象肯定与竞争算法的相互作用有关，但具体机制尚不清楚，有待更多研究。研究人员可能还会考虑超快速交易的社会效益：在某种给定交易方式下，是否速度越快越好？

研究交易的一种方法是研究“市场微观结构”，即实际价格形成机制。在许多市场中，这是一个限价委托簿，如图38所示。玩家可以将买入（买入方）或卖出（卖出方）订单作为“限价”
121 或“市价”订单发布。在第一种情况下，会标明价格，而限价委托簿则记录了未执行的限价订单。图中的条形代表以该价格下订单的资产单位数量（价格被量化为“最小报价单位”的倍数，在美国市场通常为1美分）。两边永远不会重叠，因为如果买入价高于卖出价，则订单立即执行。市价订单总是以最优价格立即执行，而限价订单只是添加到限价委托簿中。最优报价和买入价之间的差距就是买卖价差。限价订单也可以取消。我们可以通过观察限价委托簿来了解价格影响。市价订单将以最高买价执行，直到价格库存（图表买价侧最右边的条形柱）被消耗殆尽，然后订单移至下一个较低价格。

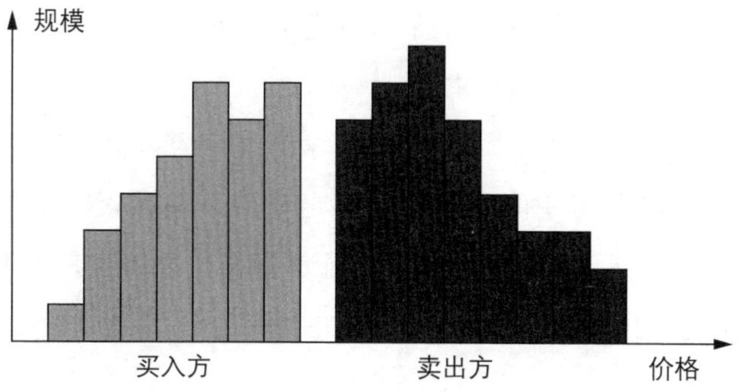

图38　限价委托簿

显然，可以对限价委托簿的变化进行动态建模，并在此基础上推导出最优策略。由于限价委托簿的变动与离散事件（即来单）相对应，因此适当的建模框架似乎应包括点过程，与第五章讨论的简化形式信用风险类似，尽管时间尺度截然不同。然后，可以考虑中心极扩大，以获得全局视角。要将这些想法变为现实，无疑是一项挑战。 122

在最优交易中，可以通过机器学习技术处理限价委托簿和其他问题。机器学习是一种在金融界日益广泛使用的技术。粗略地说，机器学习是一套技术，其中输入的数据会根据有限数量的参数，通过类似网络的结构进行处理，然后输出结果，例如对未来数据的预测。一组“训练”数据被用于估算参数。网络结构的依据可以追溯到代数中的一个基本定理，被称为柯尔莫哥洛夫-阿诺德表示定理。这表示任何n个变量的多元函数f都可以写成单变量连续函数与加法的有限组合；具体表示形式为

$$f(x_1,\cdots,x_n)=\sum_{q=0}^{2n}F\left(\sum_{p=1}^{n}g_{q,p}(x_p)\right)。$$

这个结果非比寻常，它证明了将变换$y=f(x)$分解是合理可行的，这正是机器学习所做的。

在限价委托簿的背景下，机器学习技术的运用意味着我们有能力挖掘出那些可靠预测股价走势的关键因素。所谓“可靠”，是指这些预测在多数情况下能够指导盈利的交易决策，并且基于这些预测所开发的执行算法能够在低交易成本的前提下实现盈利。

从快速角度来看，现代世界的进步要求量化分析师装备更
123 全面的“工具箱”来完成概念理解、数学技术和计算技能等方面的分析工作。这些挑战无疑是多方面的，与20世纪围绕资产定价基本定理等核心难题相比，呈现出不同的特点和难度。同时，金融领域已不再是少数几家大型投资银行的专属赛场。从对冲基金到加密货币市场的新兴玩家，都在积极利用新技术进行竞争和创新，这种技术波及的领域不仅限于金融，更扩展到了交通、医疗保健等非金融行业。今日之金融格局，已远远超越了历
124 史的框架！

索　引

（条目后的数字为原书页码，
见本书边码）

D

E

F

G

H

I

J

K

L

M

N

O

P

Q

R

S

T

U

V

W

Y

Z

Mark H. A. Davis

MATHEMATICAL FINANCE

A Very Short Introduction

Contents

Preface

Mathematical finance (MF) is a body of mathematical, statistical, and computational techniques that by now are ubiquitous in the world of finance for valuing and managing the risks of financial contracts and the mechanisms by which they are traded.
Until recently MF was tightly focused on questions of 'arbitrage' (the availability of riskless profit) and on financial derivatives—contracts whose value is 'derived' from the value of some underlying asset such as a stock price or foreign exchange rate. Nowadays, in response to the financial crisis and to rapid developments in technology, the range of questions is much broader, with increased emphasis on the mechanisms by which prices are determined as well as new angles on, for example, algorithmic trading.

MF is rooted in five disciplines: financial economics, statistics, probability theory (or 'stochastic analysis'), numerical analysis, and computer technology. For a long time, and somewhat counter-intuitively, the latter three were the dominant ones. The subject got going as a specialized topic in financial economics, but as it developed the mathematical aspects took over as they proved to be the relevant ones for the study of financial options. Statistics were always used, but in quite conventional ways. The use of sophisticated statistical methods has massively increased in recent years, and financial economics has enjoyed a modest resurgence in

MF, while the emphasis on the traditional topics of option pricing and hedging has somewhat declined; the reasons for these trends are the subject of the final Chapter 8.

Today's MF began with the systematic study of option valuation initiated by economist Paul Samuelson and others at MIT in the 1960s. Samuelson, who was awarded the economics Nobel Prize in 1970 for 'raising the level of analysis in economic science', had picked up on much earlier work by Louis Bachelier (details in Chapter 3) and realized that stochastic analysis was the key 'tool' that he needed. 'Stochastic' is just another word for 'random', and use of the term 'stochastic processes' to denote the mathematical study of random motions such as stock prices or weather patterns was set in concrete by J.L. Doob's highly regarded 1953 textbook of that title. Of particular interest to Samuelson was the 'stochastic calculus' introduced by Japanese mathematician Kiyosi Itô. It is a curious fact that the mathematical theories relevant to finance came from the purest of pure mathematics rather than what we normally think of as applied mathematics. In the early 1960s only a few *aficionados* had ever heard of Itô calculus. Now everybody who has taken a Master's course in MF knows all about it.

The option pricing problem was finally cracked by Fischer Black and Myron Scholes (1973), who derived the Black–Scholes formula, the most famous formula in financial economics. An independent derivation in much the form found in modern textbooks was given in the same year by Robert Merton of the MIT group. The result led to an explosion of activity developing the theory and trading in the markets.

One by-product of this expansion was that, increasingly, PhD scientists (mostly physicists at first) were sucked into the markets forming a breed of 'quants' (quantitative analysts) who were able to handle the technical complexities of the subject. At the same time, there were rapid advances in computer technology, without which options markets could not have functioned. Over time, universities started offering specialist courses in this area, but it is still true that students and professionals from a wide range of science and engineering disciplines find their way into the markets.

Turning to the contents of the book, Chapter 1 describes the playing field: the world of money, banking, and financial markets. It outlines the assets that are traded as well as some of the trading mechanisms such as futures markets, and basic definitions of options, with some standard terminology. Without this information, you will not understand the purpose of the theory. Chapter 2 covers probability theory and its *frequentist* and *subjectivist* interpretations. The latter is included because of its close connection with the so-called Fundamental Theorem of Asset Pricing (FTAP), the single most important and far-reaching result in 'classical' MF, which is covered later, in Chapter 3. The reader is not expected to have previous knowledge of the topics in Chapter 2 beyond a familiarity with basic ideas in statistics (mean, standard deviation, the normal distribution ...), standard mathematical items such as logarithms and exponentials, and a little calculus. Much of the content is accessible without all of this background.

It is beyond the scope of the book to attempt an explanation of Itô calculus, but, also in Chapter 3, the reader is introduced, in an intuitive manner, to Brownian Motion and to Einstein's explanation of why, for Brownian Motion, the ordinary rules of calculus cannot work. Our approach to the Black–Scholes formula is via the so-called binomial tree, for which there is a self-contained option pricing theory. This topic is covered in detail, and it is worth the effort of following these details because the concepts are there in a framework that is easily grasped. What comes later is arguably just 'technicalities' covering more complex cases but using the same ideas. In addition, the binomial tree can be interpreted as a computational method for calculating the Black–Scholes formula, which provides us with a justification for the latter.

Option pricing in its simplest form concerns options on assets such as stocks, where the price is just one number that moves over time. Equally important are options on interest-rate-related contracts, where the underlying asset value at any one time is not just a number but a whole curve, the so-called *yield curve*. This is the much more complicated, but arguably much more interesting, problem that is the subject of Chapter 4. The next chapter broaches the subject of *credit risk*, the risk that your counterparty might default on future obligations. Trading in credit risk increased from next to nothing to a huge volume in the early part of this century, and matters related to it were in no small part to blame for the financial crisis of 2008.

Chapter 6 moves on to discuss an apparently very different subject, namely fund management where the objective is to form portfolios of assets so as to maximize the investment return. Here, an MF-oriented approach was kicked off by Robert Merton in 1969. Fund management is a huge industry—and has become much more technical with the emergence of hedge funds deploying sophisticated strategies—so such studies are important, even though the impact of theory on practice in this area has been much less than in the topics covered in previous chapters. There are also new insights, uncovering features of the stock market that had hitherto passed by unnoticed.

In every finance house there will be a trading floor, where traders do deals and, on the next floor up or down, a 'risk management' department whose job it is to monitor the trades and make sure the house is not taking on too much risk, and is complying with financial regulations. All financial institutions operate within a legal framework which imposes regulatory requirements. The rules have expanded in scope and tightened considerably in the post-crisis era, leading to a large increase in the risk management function and consequent deployment of quant effort. All of this is the subject of Chapter 7. This is an area where statistics plays the primary role.

The final chapter concerns the 2008 crisis and its aftermath. The year 2008 was a watershed moment for finance in many ways. For MF it has meant a complete re-orientation. The traditional topics of pricing and arbitrage theory live on and have not declined in importance. However, they are no longer the sole focus of research since fundamentally the theory is complete, and also because most of the more 'exotic' contracts have become unviable in the new regulatory environment. On the other hand, a whole raft of new questions concerning the behaviour and interaction of markets have opened up, and the implications of new technology, now generally known as FinTech (financial technology), must be taken on board.

Largely omitted from this book is discussion of numerical analysis and computation. This may seem absurd when the quants spend 80 per cent of their time developing algorithms and writing code, but it is impossible to do the topic justice within the confines of a VSI. And arguably much of it is generic, covering a much wider range of applications in science and engineering than just MF. I have preferred to concentrate on the conceptual content of topics that are specific to MF. Algorithms deserve a volume of their own.

I have learnt so many things from far too many people to acknowledge adequately here. But specifically I would like to mention Eugene Wong, from whom I took my first course in stochastic processes at Berkeley (how would I know where that was going to lead?) and Johan Beumée who taught me how to be a quant at Mitsubishi Finance. Elena Medova and Michael Dempster have been companions for much of the way, constant providers of ideas, inspiration, and encouragement. Finally, thanks as ever to my wife Jessica for her support and forbearance as I am tied up yet again in a writing project. At least this was a Very Short one.

Mark Davis
London, September 2018

List of illustrations

List of abbreviations

ALM	asset/liability management
ATM	at-the-money
BET	Moody's Binomial Expansion Technique
BGM	Brace, Gątarek, and Musiela model
BIS	Bank for International Settlements
bn	billion
BS	Black and Scholes
CDO	Collateralized Debt Obligations
CDS	credit default swaps
CIR	Cox–Ingersoll–Ross model
CLT	Central Limit Theorem
CVA	Credit Value Adjustments
DBA	Dutch Book arguments
DBT	Dutch Book Theorem
EMS	expected median shortfall
ES	Expected Shortfall
EUR	Euro, €
Fed	Federal Reserve Bank, New York
FRA	forward rate agreement
FTAP	Fundamental Theorem of Asset Pricing

FTSE100	total market capitalization of the biggest hundred firms traded on the London Stock Exchange (scaled)
FX	foreign exchange
GARCH	A commonly used econometric model
GBP	Pound Sterling, £
HJM	Heath, Jarrow, and Morton model
ICE	Intercontinental Exchange
i.i.d.	independent, identically distributed
IPO	initial public offering
LIBOR	London Interbank Offered Rate
LMM	Libor Market Model
LOB	limit order book
m	million
MIT	Massachusetts Institute of Technology
OTC	over-the-counter
PCA	Principal Components Analysis
PIT	probability integral transform
RMBS	residential mortgage-backed security
S&P	Standard and Poor's rating agency
S&P500	Standard and Poor's index of the biggest 500 firms traded on the New York Stock Exchange
SPV	special purpose vehicle
tn	trillion
USD	United States Dollar, $
VaR	Value at Risk
XVA	value adjustments (X being variable, dependent on VA being considered)
ZCB	zero coupon bond

Chapter 1
Money, banking, and financial markets

Money

Finance is about money and, when you think about it, money is an elusive concept. It is even more so in the era of contactless cards and mobile phone payment systems where money ceases to have any physical instantiation, and there is unresolved debate whether cryptocurrency payment systems such as Bitcoin qualify as money at all. In the commercial world, money is most of the time just numbers on a spreadsheet, and often these numbers are hard to relate to, being quoted in enormous units, millions (1m = 1,000,000), billions (1bn = 1,000m), or even trillions (1tn = 1,000bn). It is not uncommon to find monetary amounts in billions erroneously quoted in press reports as millions; that one-character typographical error makes quite a difference.

The need for a *medium of exchange* has been recognized since the earliest times. The original medium was *commodity money*, in which a fixed quantity of some specified commodity such as rice, olive oil, or copper is used as a currency unit, in terms of which prices of other things—be they other commodities, manufactured goods, or labour rates—are determined. A major conceptual and practical advance was the introduction of *fiat money* in which the value of any commodity is expressed in abstract units, say dollars, so that the exchange rate between any two commodities is simply the ratio of their dollar prices. To turn this idea into reality individuals must be able to store and exchange the dollars themselves, which was achieved by the introduction of coinage. Fiat money is built on trust: purchasers must be sure that if an item is priced at $10 and they hand over $10-worth of money they will receive the goods, and conversely the sellers must be sure that the money they receive is the real thing, not some home-produced fake. Trust can only be achieved by having some monetary authority, generally an arm of government, that issues currency, regulates the amount in circulation, and acts to limit counterfeiting. There are of course many instances in history where trust has broken down. Initially made from precious metals, coinage has evolved over time to a point where the physical value of the coin is a small fraction of its monetary value, so in practical terms it is equivalent to paper money, which was introduced in China during the Song Dynasty, AD 960–1127. (The West had hardly discovered paper, let alone paper money, at the time). It took a surprisingly long time for paper money to evolve into the pure fiat money we know today: right up to the First World War and beyond paper money was generally backed by gold, for which it could in theory be exchanged. Indeed, UK banknotes are still signed by the Chief Cashier of the Bank of England under the statement 'I promise to pay the bearer on demand the sum of £10'. Understandably, this commitment appears in a smaller and smaller font with each successive redesign of the note.

In addition to its role as a medium of exchange, money acts as a *store of value*. We get it today, but we don't have to spend it today. You could store it in a safe at home—an increasingly popular option in Japan after decades of near-zero interest rates—or you can open a current account at a bank. In the latter case it is clear that the balance in your current account is money no less than cash itself. The total value of current account deposits greatly exceeds the value of cash in circulation. In econometrics, 'narrow money' M_1 denotes the total value of cash and current account deposits. Its value in the UK in August 2016 was £1.62tn, of which £67.8bn was banknotes and a further £4bn was coins, implying that the value of bank deposits is more than twenty times that of notes and coins, a number that can only increase as electronic payments take over. For comparison, the gross domestic product (GDP) of the UK in 2015 was about £1.9tn. The *transactions demand for money* is the amount required to underpin the current rate of transactions taking place in the economy as a whole, and the central bank will supply sufficient notes and coins to support that fraction of the transactions that involve cash.

So far we have discussed money only in its role in day-to-day transactions. However, the longer term picture is at least as important, if not more so. As John Maynard Keynes put it 'the importance of money essentially flows from its being a link between the present and the future'. This link is formed in various ways by the activities of banks and financial markets.

On the simplest level, a bank operates by taking in deposits from account holders and making a profit by making loans, backed by the deposits, to individuals or companies, for which the bank charges interest. It was realized long ago that it is not necessary to limit the value of the loans to the value of the deposits; a 'reserve ratio' of say 10 per cent will provide adequate liquidity, that is, ability to service the day-to-day needs of account holders. So starting with £1m the bank could make loans of £9m. The recipients of the loans will, in the first instance, pay them into their current accounts, at which point the loans become money and contribute to M_1. In this way the 'fractional reserve' system hugely increases the money supply. The money supply is reduced again when the loan is repaid, but taking the economy as a whole there will always be a large number of outstanding loans. Bank loans are the simplest way in which resources can be brought back from the future to be used now, for diverse purposes such as developing a new product, buying a house, or paying student fees. In all cases the borrower's future resources are reduced by the amount needed to pay off the loan and the lender has taken on the risk that the borrower may default.

Central banks do not directly control the money supply but have various indirect ways to influence the activities of the banks, all of which are regulated by the central bank in the jurisdiction in which they are operating. For example, the Bank of England sets a 'base rate', the rate at which it will lend money to commercial banks. This influences the rates at which those banks can lend to customers, which in turn affects the amount of lending that will occur.

Financial markets

The financial markets as a whole provide a myriad of mechanisms for raising funds and managing and trading the attendant risks, providing opportunities for investors, fund managers, and speculators. (Legendary investor E.O. Thorpe once remarked that the difference between gambling and investment is that the latter sounds so much more dignified.) In this section the main mechanisms are described in outline; this is by no means an exhaustive list.

Equities. Issuing stock (or shares) is one of the main mechanisms by which firms raise money for future investment. For a start-up, an IPO (initial public offering) document is drawn up and investors are invited to subscribe share capital at a price set shortly before the IPO goes live. Having committed themselves the investors receive an allocation of shares, and the total amount subscribed is the share capital or equity of the firm. The firm is owned by the shareholders, who expect to receive dividends over time and to participate in the rising value of the shares as the business is built. Post-IPO, the shares are listed with a stock exchange, where they can be traded, invariably on some electronic trading platform; one trading mechanism, the *limit order book* (LOB), is described in Chapter 8. This secondary market is unconnected with the firm itself in that money just passes hands from one investor to another, but it does determine the market value of the firm (equal to the number of shares times share price) and the views of the shareholders are relevant to strategic decisions such as take-over bids. The essence of equity investment is that there are no guarantees beyond the 'limited liability' rules under which the value of a share can never be negative. Purchasers of shares are betting on the success of the firm and, as in most betting, could lose their entire investment (but not more).

Bonds. Another way companies can raise money is by issuing bonds. Purchasers of bonds are lending money (the 'face value') to the company for a fixed period of time, say five years. The company pays 'coupons', generally annually or semi-annually (every six months) which are interest rate payments at an agreed rate, either at a 'fixed' rate, meaning that the rate is fixed at, say, 5 per cent per annum for the lifetime of the bond, or 'floating' if the rate follows current market rates in an agreed way. At maturity the company makes the final interest payment and repays the face value. Once issued, a bond is a tradable asset that can be bought and sold on trading platforms at current market prices. The mechanics of bond valuation are discussed in Chapters 4 and 5. In issuing bonds the company is committing itself to making the scheduled payments on time and in full, regardless of its commercial success. If it fails to do so its credit rating will suffer, and raising further funds will be more difficult and more expensive. The purchaser receives a predictable income stream while he holds the bond but may be able to profit by selling it at an opportune time when market rates are favourable. If the company defaults, the outcome for the purchaser is highly uncertain—he may receive something not far short of the face value or, in the worst case, nothing at all. In short, the 'risk profile' of a bond is very different from that of stocks.

Credit risk. In view of the uncertainties surrounding corporate defaults it seems natural to expect that holders of bonds might wish to insure against this eventuality. Technically, *default risk* is the risk that a bond issuer will not carry out the terms of the bond, that is, fail to make an interest payment, or repayment of the principal amount, on time and in full. Since the mid-1990s, investors have been able to obtain insurance through the mechanism of *credit default swaps* (CDS). In a CDS contract on the default risk of XYZ plc, the investor pays some third party, say ABC, a regular premium over the life of a bond issued by XYZ, based on the perceived credit-worthiness of XYZ. ABC will pay nothing if the terms of the bond are fully carried out, but otherwise pays the investor the difference between the face value of the bond and its post-default recovery value. In this way, holding the XYZ bond plus a CDS contract is almost equivalent to holding a bond with no default risk. It sounds simple, but it is not. To start with, it all hinges on ABC being a much better risk than XYZ. Then there is the size of the market: from modest beginnings it mushroomed to a maximum size (the total face value specified in all active CDS contracts) of $62tn in 2007 but fell out of favour after the financial crisis and is now around a tenth of that size (still a sizable number!). Like the bonds themselves, CDS contracts are tradable assets—this is the difference between them and ordinary insurance—and they violate the cardinal principle of insurance that one should not be able to insure something one does not own. If I can insure my neighbour's house, I have every incentive to burn it down. If other people have insured the same house, they will claim too. Something of the latter sort actually happened in 2005 when the US car parts manufacturer Delphi defaulted, resulting in claims to CDS writers exceeding ten times the face value of Delphi's bonds.

Foreign exchange. The foreign exchange ('FX', 'Forex') market is the largest and most liquid market in the world. Unlike the stock and futures market that are housed in central physical exchanges, the FX market is an OTC ('over-the-counter') decentralized market housed on electronic trading platforms accessible worldwide. The US dollar is involved in 85 per cent of FX trading volume. The Euro is second with 40 per cent, followed by Japanese yen with around 20 per cent. With volume concentrated mainly in these three currencies, FX traders can focus their attention on just a handful of major pairs. The volume of trading is truly extraordinary. In 2016 the average *daily* volume was about \$5tn, roughly 90 per cent of it being generated by currency speculators capitalizing on intra-day price movements. By way of comparison, the daily volume in futures markets was \$450bn, equities \$200bn, the NY Stock Exchange \$30bn. The annual GDP of the USA in 2016 was about \$18.6tn.

Forwards, futures, and options. Now we come to derivative contracts, or just 'derivatives', which are ubiquitous in finance and the focus of much of the academic and practitioner research into correct pricing. 'Derivative' means that the value of the contract depends on, or is 'derived from', the value of one or more *underlying assets* such as stock prices or FX rates.

The simplest such contract is a 'forward'—an agreement to exchange a unit of asset at a specified future time for a price agreed now. Suppose that I am committed to delivering 1,000 shares in Rolls-Royce plc to some counterparty, six months from now. The share price is £9.13 now. I could just wait and purchase the shares on the day, but of course I do not know what price I will have to pay. Another strategy is this. I borrow £9,130 from the bank at an agreed six-month rate of 2 per cent, and buy the shares now. When the delivery time comes, I hand over the shares and clear the loan at the bank by paying $£9,130 \times 1.02 = £9,312.60$, which is the price I agree with my counterparty. Effectively, I have fixed a *forward price* of £9.31 for the shares. Could some more subtle strategy result in a lower effective price? We will see in Chapter 3 that the answer to that question is 'no'. In this calculation any dividend payments have been ignored. Since I own the shares, I will receive such payments, so I don't need to borrow quite as much from the bank, reducing the forward price by an amount which, over such a short period, can be accurately estimated. The main point here is that the forward price depends only on the current price, the interest rate, and the dividend. We don't need any kind of model describing the movement of prices to calculate it. It is a 'model-free' result in current jargon.

A common application for forward pricing is to fix FX rates. If the item to be delivered in six months is foreign currency, say €10m for a UK-based company, then an extra ingredient comes into play, namely the Euro interest rate. Instead of purchasing €10m now, I purchase an amount that will accrue to €10m in six month's time when deposited in a Euroland bank. The foreign interest rate plays the same role in the FX case that the 'dividend yield' plays in domestic transactions. The dividend yield is a conventional way to represent dividend payments, in which they are assumed to be paid continuously over time at a rate equal to a fixed fraction q of the current price.

There is no organized market in forward transactions; any existing ones will be bilateral agreements between the parties, and there is an obvious problem: default risk. To continue the Rolls-Royce example, I have agreed to buy shares at £9.31. But suppose that when the moment arrives, the spot price is £9.20—then my best interests would be served by tearing up the forward agreement and buying the shares on the open market. The forward contract, however, specifies that I have the right *and the obligation* to buy at the higher price. A mechanism that preserves the payoff structure of a forward while eliminating the 'walk away' risk is the futures market. In contrast to forwards, futures are exchange traded: the exchange is the counterparty in all transactions and prices are determined by supply and demand. The mechanism is as follows. All participants must open so-called margin accounts at the exchange, which must contain a certain minimum balance. A futures contract at the exchange specifies the asset that it relates to and what the final maturity date T is. Note that the asset need not itself be directly traded. Indeed, some of the biggest futures markets relate to stock indices such as the

S&P500 or FTSE100 indices. While one could in theory trade the index by buying all its component stocks in the right proportions this is totally impractical; trading in the futures contract is an indirect but effective way of trading the index. To simplify exposition, let us just consider once-a-day trading with trading days $0, 1, \ldots, N$ where 0 is the start time of the contract and N corresponds to the maturity date T. Futures prices f_k are published on each day k, and S_k will denote the spot price of the underlying asset. An investor is said to be *long* an asset if the value of her investment portfolio goes up when the price of the asset increases, and *short* if her value goes up when the asset price goes down. The rules of the futures market are

1. To get into the contract on day k_0, the investor simply announces that she is joining and states the number n of units of the contract she wishes to invest in and which side of the market, long or short, she wishes to take. No payments are made by her or the exchange at this point.
2. On each day after k_0, say day j, the investor's margin account is credited with a payment $n(f_j - f_{j-1})$ if on the long side or $n(f_{j-1} - f_j)$ if on the short side. There will be a 'margin call' if the balance ever falls below the minimum allowed level.
3. On the final maturity day N the futures price f_N is *by definition* equal to the underlying asset spot price S_N.

Ignoring the fact that the margin payments are made at different times we see that the total payment per contract, if on the long side, is

$$(f_{k_0+1} - f_{k_0}) + (f_{k_0+2} - f_{k_0+1}) + \cdots + (S_N - f_{N-1}) = S_N - f_{k_0}.$$

(All the other terms cancel out.) This is equivalent to buying one unit of the underlying at price f_{k_0}, the futures price at the time the contract was entered. On the short side the net payment would be $f_{k_0} - S_N$, equivalent to a sale at the same price. The ability to go long or short at the flick of a switch is a key property of a futures market. If one wishes to get out of a futures contract before maturity, one simply enters another contract on the opposite side of the market.

Valuation of futures prices is, in contrast to forwards, not model-free and requires some sophistication. It turns out that the difference between the fair futures price f_t and the corresponding forward price $F(t, T)$ is negligibly small except for futures on very long-term interest rates. In all other cases, forwards and futures are essentially the same thing from an economic point of view.

Finally, options. These deal with the flaw in forward contract mentioned earlier, that the investor has the obligation to follow through with the contract even when it is disadvantageous to do so. An option is a contract between two parties, the holder (buyer) and the writer (seller). Take the simplest example: a call option on a stock with price S_t. This is specified by an *exercise time* T and a *strike price*, or just *strike*, K. The holder pays a fee, the option *premium*, to the writer at inception of the contract and then has the right *but not the obligation* to purchase the stock at time T at price K. The writer, having accepted the premium, has the obligation to deliver one unit of the stock in exchange for a payment K, should the holder wish to make this exchange. The option will be exercised if $S_T > K$, because then the holder is buying the stock for less than it is worth; in principle he could immediately sell it in the market, making a profit of $S_T - K$. (Often, options are 'cash settled': on exercise the writer pays the holder $S_T - K$ in cash.) On the other hand, if $S_T < K$, the holder will not exercise and the option expires worthless. A *put option* is the right to *sell* at price K; it will be exercised when $S_T < K$ with profit $K - S_T$. We write the call and put exercise values as $C(S_T) = [S_T - K]^+$ and $P(S_T) = [K - S_T]^+$ respectively, where $[X]^+$ denotes the greater of X and 0; these are the 'hockey stick' shapes shown in Figure 1.

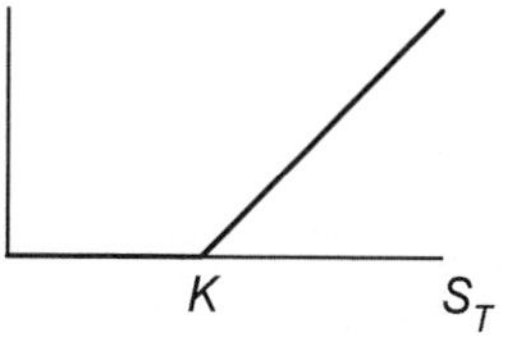

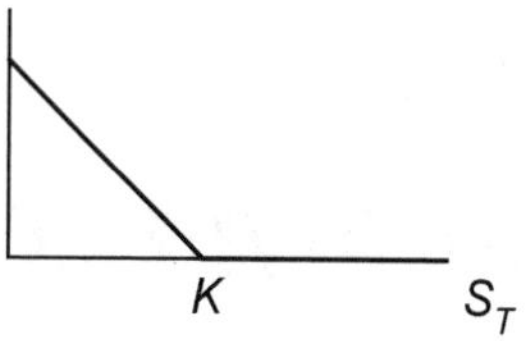

1. Call (left) and put (right) exercise values.

It is far from obvious what constitutes a 'fair premium' for a call or put option, a question that was not settled until the decisive results of Black and Scholes (BS) in 1973, which lead to an explosion of activity both in mathematical research and market trading. Once seen as little more than a curiosity, options of various sorts are now an integral part of most financial markets.

Chapter 2
Quantifying risk

As we have seen in Chapter 1, a large part of the purpose of the financial markets is to manage, and indeed profit from, risk—the uncertainty surrounding future events, any event, in fact, that affects the views of investors as to the value of securities.

Figure 2 shows a typical financial price series, in this case weekly values of the FTSE100 stock index over a twenty-year period including the dot-com bubble of 2000–2 and the crash of 2008. The upper chart shows the index levels (say $I_1, I_2, \ldots$) and the lower chart the corresponding returns $R_2, R_3, \ldots$ where $R_k = (I_k - I_{k-1})/I_{k-1}$, the fractional change in the index level. The *market capitalization* of a firm is the total value of its shares (number of shares issued times share price). The FTSE100 index is the total market capitalization of the biggest hundred firms traded on the London Stock Exchange, scaled so that its value when the index was initiated in January 1984 was 1,000.

All financial data looks qualitatively the same, at any time scale (we could have plotted daily or hourly data): erratic and apparently non-stationary behaviour, with 'bursty' volatility (relatively quiescent periods separating periods of more violent moves). A traditional explanation is that price changes are caused by news, that is, occurrence of external events. However, this explanation does not survive analysis: there just isn't enough news to warrant

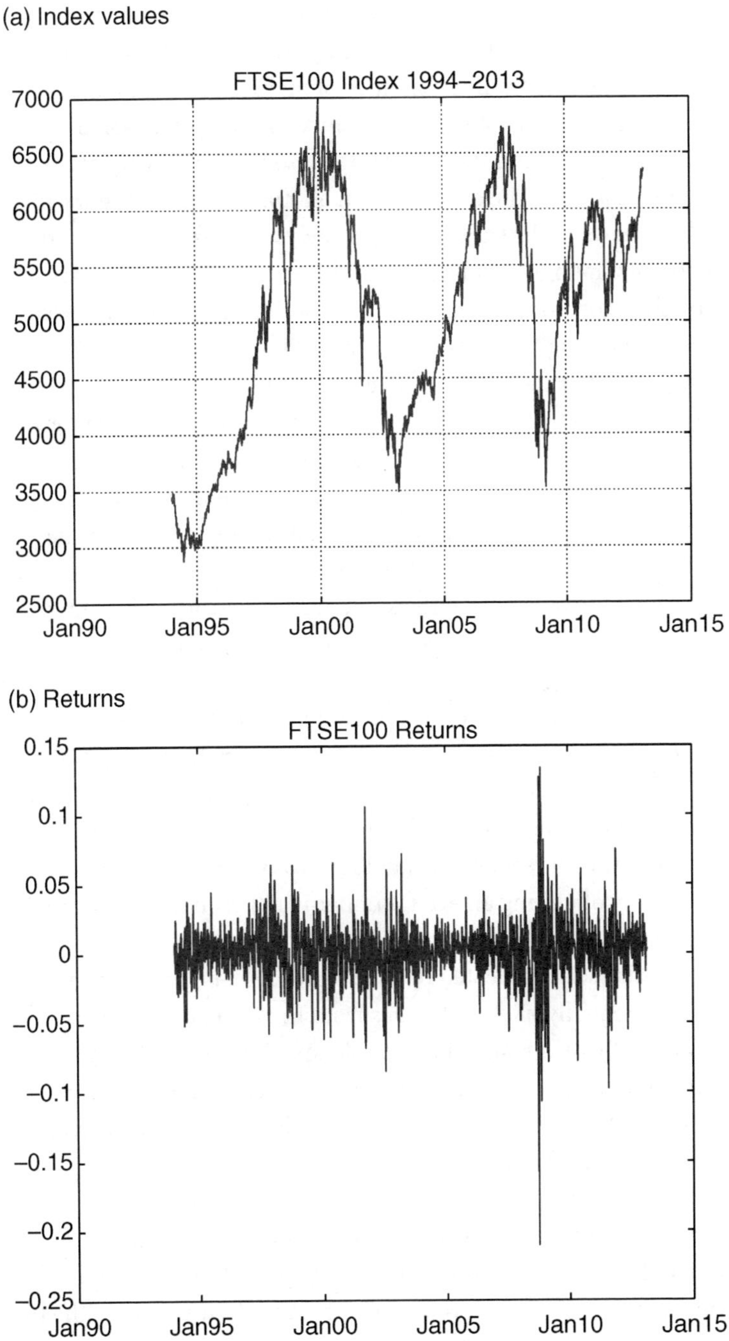

2. FTSE100 index: weekly values, 1994–2013.

price changes at the frequency we observe. So it must be the case that the 'volatility' of prices is in large part internally generated, that is, due to the trading activities of market participants themselves. This is not surprising since market prices are the result of trading, and traders will react to the actions of other traders. It is not to be expected that all market participants will react to news in the same way, and each trader is acting according to her own instincts and agenda. Increasingly, the 'traders' are actually algorithms which, if not well designed, may cause perverse effects including the recently observed 'flash crashes'. In Chapter 3, we will see that there are more fundamental reasons why prices have to be erratic in a well-functioning market and in Chapter 8 we describe the LOB, one of the main trading mechanisms for generating prices. In Chapter 3, specific mathematical models for stock prices will be introduced. Invariably, these are stochastic models, that is, based on probability theory which, since at latest the 17th century, has been the standard framework for dealing with uncertainty. In this chapter we review the main ideas.

The simplest setting, and the one that got probability theory started, is analysis of games of chance. Take die throwing. No-one will contest the idea that, on symmetry grounds (and ignoring manufacturing defects) the chance ('probability') of getting a six or any other specific score on a single throw is 1/6, or that the probability of getting an even number is 1/2. Equally, it is agreed that on two throws the chance of getting a double-six is 1/36: the second throw is unaffected by the result of the first so there are thirty-six equally likely outcomes from throwing the die twice, only one of which results in a double-six. The basic rules of probability follow from this example. We list all the 'elementary events' (in this case, the thirty-six possible ordered pair scores) and assign a probability to each elementary event. The probabilities are numbers between 0 and 1 that add up to 1. 'Events' are just collections of elementary events, and the probability of an event is the sum of the probabilities of the constituent elementary events. In our example, 'the sum of the two scores is at least 9' is an event consisting of ten elementary events, so its probability is 10/36. It is clear that if we have two mutually exclusive events (i.e. they contain no common elementary event) then the probability that one or other occur is the sum of the individual probabilities. A further concept is *independence.* We say that two events are independent if the probability that both occur is the product of the individual probabilities. That is how we got 1/36 as the probability of double-six. In summary, we have the *basic rules of probability*:

(i) Each elementary event is assigned a probability, a number between 0 and 1.
(ii) The probability of any event is the sum of the probabilities of the elementary events comprising the event.
(iii) Something must happen: the sum of the probabilities of all elementary events is 1.

A *random variable* is a rule that associates a number with each elementary event. We could, for example, envisage a game in which a die is caste twice and a player loses £1 if the sum of the scores is less than nine and wins £2.60 otherwise. The corresponding random variable takes the value 2.6 on the winning set {36, 45, 46, 54, 55, 56, 63, 64, 65, 66} and –1 on the remaining elementary events, of which there are twenty-six. The *expected value* (or *mean* or *expectation*) of a random variable is obtained by summing the value times the probability over all the elementary events. In the example the probability is 1/36 for every event, so the expected value is $2.6 \times 10/36 - 1 \times 26/36 = 0$. This is a *fair game*, encapsulating the idea that betting on an unlikely event should yield a large reward if that event occurs.

Now for 'continuous' random variables, that is, analysis of quantities such as weight, height, or stock exchange prices which take values in a continuous range of numbers. Actually, stock exchange prices are technically speaking not continuous, because the values are always quantized to some minimum price move, known as a 'tick'; for the S&P500 stock index in New York the tick size is 1 cent, so all prices are integer numbers of cents, but for most purposes it is far too cumbersome to consider them as such, and much more convenient to analyse them as continuous variables. The most convenient way to represent probabilities for continuous variables is through *density functions*. For example, the formula for the density function of the *normal distribution* $N(m, \sigma)$ is

$$f_{m,\sigma}(x) = \frac{1}{\sigma\sqrt{2\pi}} \exp\left(\frac{(x-m)^2}{2\sigma^2}\right). \tag{1}$$

It has two parameters, the *mean* m and the *standard deviation* σ (the Greek letter sigma, by long-standing convention). The mean, or *expectation*, is the 'centre of gravity' of the density function and the standard deviation measures how widely around the mean the density is dispersed. Figure 3 shows two normal density functions, both having mean $m = 0$ while the standard deviations are $\sigma = 1, \sqrt{2}$.

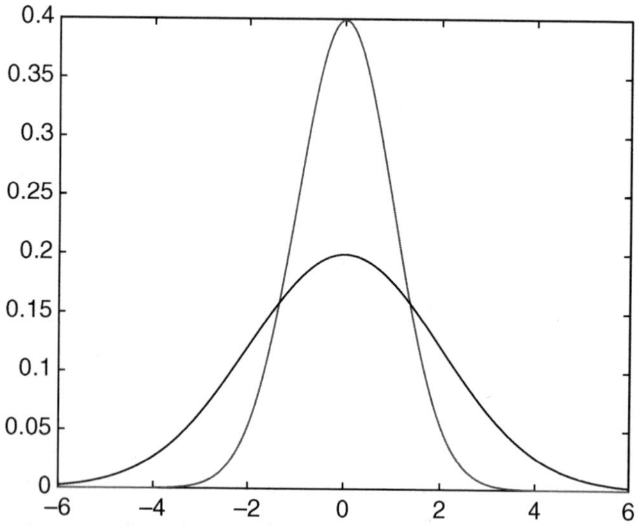

3. Normal density function with variance 1 (narrow shape) and 2 (wide shape).

If, in general, X is the value of some random quantity with density function f then for any numbers $a < b$ the probability that X lies in the interval between a and b is by definition the area underneath f between those two values. In particular the total area under the density function must be 1. The probability that X is exactly equal to a specific number c is zero, because this probability cannot be more than the probability that X lies in the interval between a and b for any a, b such that $a < c < b$, and the area in question shrinks to zero as the distance between a and b is reduced. This means that we cannot compute expectations by summing values times probabilities as before. The right formula for the expectation of a random variable with density function $f(x)$ is

$$\mathbb{E}[X] = \int_{-\infty}^{\infty} x f(x) dx.$$

Not every random variable has a density function but each has a *distribution function* F whose value at a point a is the probability that the corresponding random variable X is less than or equal to a. If X has a density function then $F(a)$ is just the area under the density function to the left of a. Figure 4 shows the distribution function for a single-die throw, where X is the score obtained.

The standard deviation for a general random variable X with mean $\mathbb{E}[X] = m$ is defined as follows: let $Y = (X-m)^2$, the square of the distance from X to m. Then $\sigma^2 = \mathbb{E}[Y]$, the 'mean squared deviation from the mean'. As in the case of the mean, not every random variable has a standard deviation. We see from (1) that a

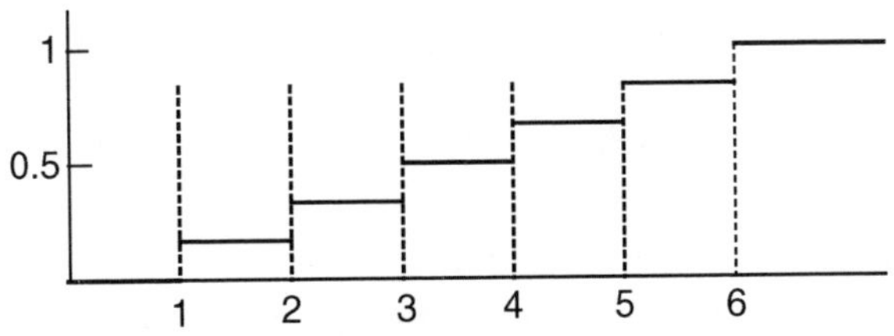

4. Distribution function for one-die throw.

normal distribution is completely specified by giving its mean m and standard deviation σ.

Given two random variables X_1 and X_2 with means m_1, m_2 and standard deviations σ_1, σ_2, the *correlation* between X_1 and X_2 is $r = \mathbb{E}[(X_1 - m_1)(X_2 - m_2)]/(\sigma_1\sigma_2)$. This is a number between -1 and $+1$; if $r > 0$, X_1 and X_2 are generally moving in the same direction while if $r < 0$ they tend to move in opposite directions. They are 'uncorrelated' if $r = 0$. Independent random variables are always uncorrelated, but the converse is not generally true. Uncorrelated normal random variables, however, are independent.

Probability theory may seem esoteric, but it has a clear connection with observable reality through two of its most basic results, the *strong law of large numbers* and the *Central Limit Theorem* (CLT). These were uncovered in the 18th century by de Moivre and Laplace but, perhaps surprisingly, the final versions were not arrived at until the 20th century, following development of the now universally accepted mathematical theory of probability by A.N. Kolmogorov in 1933. Both concern the behaviour of i.i.d. (independent, identically distributed) random variables such as the scores in successive throws of a die. Denoting these random variables $X_1, X_2, \ldots$ the assumptions are that they all have the same distribution, with common mean m, and are independent. Let Y_n denote the average of the first n variables: $Y_n = (X_1 + X_2 + \ldots X_n)/n$. Then Kolmogorov's strong law of large numbers states that with probability 1 the sequence Y_n converges (i.e. gets closer and closer) to the mean m. Note that each Y_n is a random variable but m is a fixed constant. Figure 5 shows the behaviour of Y_n when the X_k's correspond to die throws; here $m = 3.5$.

For the CLT we need additionally to assume that the random variables X_k have a (common) standard deviation σ. Define $Z_n = \sqrt{n}(Y_n - m)$, which amounts to 'centring' the X_k by subtracting the mean and then dividing the sum by $\sqrt{n}$ rather than n. In this case the Z_n sequence does not converge to a

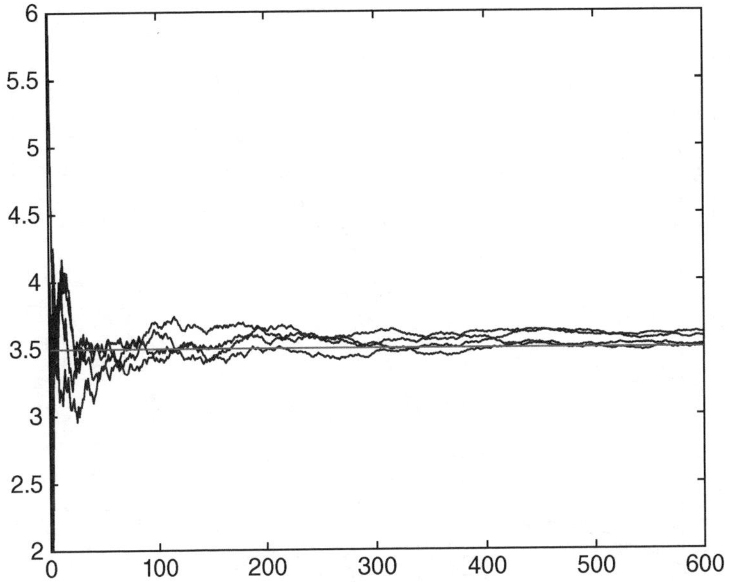

5. Cumulative averages of the scores on 600-die throws (four samples).

number, but 'converges in distribution' to the normal distribution with mean 0 and standard deviation σ. This means that, given any number a, for large n the probability that Z_n is less than a is close to the value predicted by the normal distribution with mean 0 and standard deviation σ. Figure 6 demonstrates the effect when the random variables are die throws. We simulate 150-die throws and compute Z_n for $n = 150$ as before. Then we repeat the process twenty times, giving twenty independent samples of Z_n, and for a range of numbers x between -3 and 3 we plot the proportion of these samples whose values are below x, giving the dotted curve in Figure 6. Increasing the number of samples to fifty gives the dash-dot curve, and increasing it further to hundred gives the solid curve. The normal distribution function is also shown. As can be seen, the hundred-sample curve is getting pretty close to the normal distribution in the central region, although more data would be needed to capture the left and right ends where only a small proportion of the samples lie.

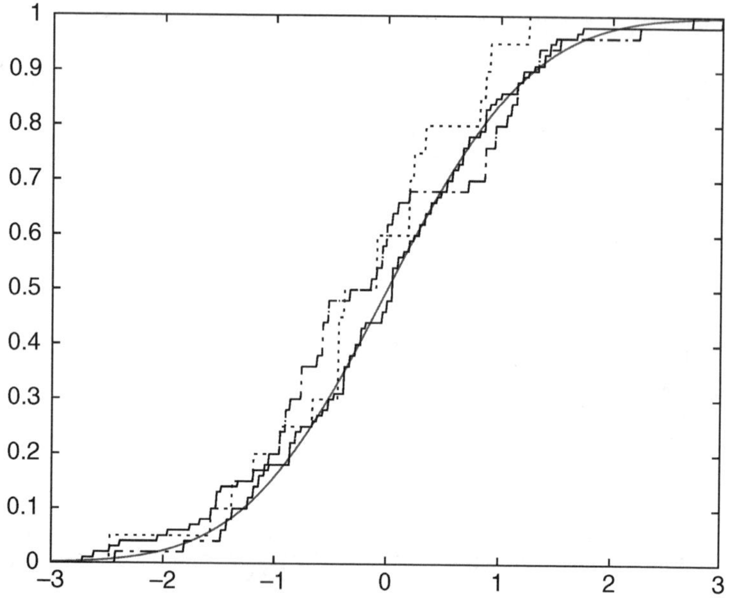

6. The central limit theorem in action.

The *frequentist approach* to probability and statistics relies on the two basic results we have discussed: the law of large numbers and the CLT. It is applicable when the data is in the form of repeated independent trials, for example in analysis of insurance claims for car accidents, or medical trials where randomly selected patients are given treatments or placebos. There are, however, many other situations where the necessary conditions of repeatability and independence are not met. Examples range from weather forecasting (estimating the probability of rain tomorrow) to political questions such as the probability that a particular candidate will win a presidential election, to financial questions such as estimating the probability that the issuer of a bond will default on the payment of coupons or principal. In such cases the interpretation of probability is more controversial. There is an apparently simple way out: the subjectivist point of view that assignment of probability is just an expression of the investigator's opinion and not an objective truth to be shared by everybody. This raises, however, obvious questions. If I predict that the probability of rain tomorrow is 25 per cent, and rain the next day 60 per cent, then I am, at a minimum, asserting that rain tomorrow isn't particularly likely but rain the next day much more likely. But what is the quantitative significance of the actual numbers, and why do I need a sophisticated mathematical theory such as Kolmogorov's to back them up?

An answer to these questions was provided in 1926 by Frank Ramsey, an astonishingly precocious researcher in the circle of Keynes, Russell, and Wittgenstein who tragically died aged 27 in 1930. Similar ideas were independently introduced, and developed in much greater detail, by Bruno De Finetti in the 1930s. Their ideas are extremely close to central topics in mathematical finance developed from the 1970s onwards, although this connection has been largely overlooked in the mathematical finance community. They relate to gambling strategies. To get started, consider the odds displayed in Table 1 for a horse race at the Tipperary track in Ireland in 2016. The odds on Now or Never are 6 to 5, meaning that a €5 bet pays €6 plus return of the stake if Now or Never wins. If the odds are x to y then x is the net payoff on a win, on a stake of y; see Table 2.

Table 1 Betting odds for the 5.40 Tipperary, 25 August 2016

Horse	x	y	Imp prob	Stake	Net win
Now or Never	6	5	0.455	45.45	100
Creggs Pipes	7	4	0.364	36.36	100
Tanaza	11	2	0.154	15.38	100
Lina de Vega	10	1	0.091	9.09	100
World of Good	125	1	0.0079	0.79	100

Table 2 Payments on an x/y bet

	Before race	After race	Net payoff
Win	$-y$	$x+y$	x
Lose	$-y$	0	$-y$

Are the odds quoted for Now or Never 'fair'? Betting on Now or Never is like flipping a coin and winning €6 on heads while losing €5 on tails. This is fair if the expected loss equals the expected gain, which will be the case if the win probability is 5/11 and the loss probability 6/11. The extra euro on the win side is compensated by a win probability slightly less than 1/2. We call 5/11 the 'implied probability', and its value for each of the horses is shown in the fourth column of Table 1 (algebraically, its value is $y/(x+y)$). We say that the odds are *consistent with probabilities* (or just 'consistent') if these implied probability assignments obey the basic rules of probability as enunciated earlier.

At the racetrack, exactly one horse must win and 'Now or Never wins' is an elementary event. But the sum of the implied probabilities in Table 1 is 1.0719, so the odds are *not* consistent. An interesting property of the implied probabilities is that if one places bets proportional to them then the amount paid out on a win will be the same whichever horse wins. This is shown in the last two columns of Table 1, where the stakes are a hundred times the implied probabilities. Placing all these bets guarantees a payout of 100 at the end, but unfortunately the total stake is 107.07, guaranteeing a profit of 7.07 to the bookie. Note, however, that if Lina de Vega were to be taken out of the race and the bookie failed to adjust the odds on the remaining horses then the strategy guaranteeing 100 payout would cost 97.98. In finance, this is called an *arbitrage opportunity*—the existence of a strategy that wins for sure, with no possibility of loss. A market is *arbitrage-free* if there are no arbitrage opportunities.

Now let us turn to the theories of Ramsey and De Finetti, analysing 'subjective probability' or probability as *degree of belief*. These are based around so-called Dutch Book arguments (DBA—nobody seems sure how this terminology arose) which concern the existence or otherwise of arbitrage strategies. Their reasoning is as follows: if a person ('the bookie') has beliefs about future outcomes, then he should be prepared to accept bets from others at odds consistent with those beliefs. But then we have the *Dutch Book Theorem* (DBT): if the implied probabilities corresponding to these odds do not satisfy the basic rules of probability then the bookie can be 'Dutch booked', meaning that, at these odds, bets can be placed that guarantee a loss to the bookie. Hence the bookie is being irrational in offering these odds; a rational person must adhere to the tenets of probability theory.

Debate rumbles on in philosophical circles as to the merits of DBA; a lengthy discussion can be found in the online *Stanford Encyclopedia of Philosophy*. One technical point is that validity of the theorem depends on the ability to place both positive and negative bets at the same odds, contrary to the practice in any real market. In the Tipperary example there would indeed be a Dutch Book strategy were negative bets allowed: just reverse the sign of the strategy given in Table 1, so that the bookie pays out €107.07 in advance and collects the 'winnings', always equal to €100, after the race. Our purpose here, however, is not to follow up technicalities but merely to point out that the classic DBA, translated into financial terminology, is saying that the bookie is creating an arbitrage opportunity by offering inconsistent odds. The DBT is in fact a special case of the central result in mathematical finance, the so-called Fundamental Theorem of Asset Pricing (FTAP), which is discussed in Chapter 3. A key feature of the result is that *all bets under consistent odds are fair*, that is, the expected payoff of the bet is zero. This is another fact that plays a key role in financial applications.

Table 3 Revised fair odds: Lina de Vega quoted at 49 to 1

Horse	x	y	Implied prob
Now or Never	6	5	0.455
Creggs Pipes	7	4	0.364
Tanaza	11	2	0.154
Lina de Vega	49	1	0.020
World of Good	125	1	0.0079

In our example there are only five elementary events, corresponding to each horse being the winner. In the case of fair odds, it is easy to see how to propose fair odds for a wider range of bets. By way of illustration, let us revise the odds on Lina de Vega to 49 to 1 (see Table 3), so that overall the odds are consistent: the implied probabilities sum to 1. Suppose we want to offer a place bet on Now or Never (i.e. bet that Now or Never comes in first or second). There are many ways to do so. We now have twenty elementary events, as there are four possible horses in second place for each of the five possible winners. If we arbitrarily assume that, for each winner, all four second-placers are equally probable, then the probability that Now or Never places is $0.455 + (1 - 0.455)/4 = 0.591$, corresponding to odds of roughly 4 to 5. The bookie could not be Dutch booked if these odds were offered. This kind of question comes up frequently in finance: we have some contracts priced such that there is no arbitrage. If we wish to introduce another contract, what range of prices can we quote such that the market is still arbitrage-free when the new contract is included?

Stochastic modelling

Stochastic modelling means specifying a set of random variables that accurately represents some data presenting unpredictable features. Look at the FTSE100 Index series in Figure 2(a), for example. As presented, this is a once-a-week sampling of values that are recomputed many times during trading hours, based on prices that change on a second-by-second basis. There is a basic distinction in stochastic modelling between models that represent the evolution of prices continuously over time and those that represent sampled values at some specified frequency ('discrete-time models'). In finance, the former are generally used in option pricing and the latter in econometrics and risk management. We hope, in this chapter and the next, to unveil why this is so.

Let us start with the discrete-time weekly returns $X_0, X_1, \ldots$ of Figure 2(b). The simplest model would be to state that these are i.i.d. random variables, but this does not seem credible in the current instance, since it appears that at the very least the variance is not constant. If we reject the i.i.d. hypothesis then almost invariably the approach to developing a more general model is as shown in black-box form in Figure 7.

The inputs are the initial value X_0 and a sequence of i.i.d. random variables $W_1, W_2, \ldots$ with zero mean. The variable W_k represents the 'surprise' at time k—the part of X_k that cannot be predicted from prior observations. At time 1, W_1 is input and the black-box algorithm—depending on some parameters $b_1, \ldots, b_n$—spits out a value for X_1. At each subsequent time the next W_k is input and the corresponding X_k, which may also depend on previous data stored in memory, is computed. To get the picture, consider a simple

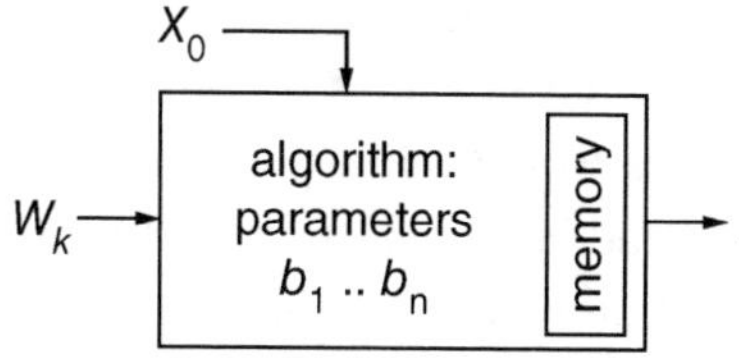

7. Time series modelling.

example, the *first-order autoregression* AR(1) with the W_k being i.i.d. $N(0, 1)$ random variables and X_0 is $N(m, \sigma^2)$. The model is

$$X_k = b_1 + b_2 X_{k-1} + b_3 W_k, \quad k = 1, 2, \ldots \qquad (2)$$

The coefficient b_3 is the *volatility*. In this equation, $X_1 = b_1 + b_2 X_0 + b_3 W_1$, which is a sum of normal random variables, and it is a property of the normal distribution that such sums are also normal. Similarly, all the X_k are normal, so to get the distribution we only have to compute the mean m_k and variance σ_k. Taking expectations in (2) we see that $m_k = b_1 + b_2 m_{k-1}$, $m_0 = m$, and similarly $\sigma_k^2 = b_2^2 \sigma_{k-1}^2 + b_3^2 \sigma^2$, so m_k and σ_k can be computed recursively. In the 'stable' case $|b_2| < 1$ we see that, for large k, $m_k \approx b_1/(1 - b_2)$ and $\sigma_k \approx b_3 \sigma / \sqrt{1 - b_2^2}$. So for large k the X_k all have the same distribution; the output is 'stationary'. The big thing that the extra structure brings us is *correlation*. In fact the large-k correlation coefficient between X_k and X_{k-1} is just b_2 and we can easily work out the correlation between any two X_j, X_k.

In finance, the purpose of the model is usually either (a) to compute the distribution of X_k, or some statistic of the distribution such as the variance or a quantile (see Chapter 7), or (b) to compute the expectation of some function $Y = f(X_k)$, as in option pricing, Chapter 3. In simple cases such as (2) one can calculate the distribution of X_k mathematically and then compute directly the required statistic or expectation. Most models are, however, too complex for this, and the universal fall-back option is simulation or 'Monte Carlo'. Standard numerical software such as Excel or Matlab will generate independent samples of the normal distribution. Plugging these samples into (2) as values of W_1, $W_2, \ldots$ gives us a random value for X_k. Repeating this process 100,000 times gives us 100,000 independent samples of X_k, enough to give us a good idea what the distribution of X_k is and, by the Law of Large Numbers, what the expectation $\mathbb{E}[Y]$ is. Is (2) a good model for the FTSE return series? No, because the wide variation in the size of the returns suggests that the volatility should not be a constant. To allow for this we can use the very widely applied volatility model known as GARCH(1,1), in which the volatility parameter b_3 in (2) is replaced by the time-varying parameter σ_k satisfying

$$\sigma_k^2 = b_4 + b_5 X_{k-1}^2 + b_6 \sigma_{k-1}^2. \tag{3}$$

Thus the volatility at any time depends on the volatility and the actual return at the previous time. No extra 'noise' is introduced. Further modifications of the model may be made by choosing different distributions for the random inputs W_k. A huge amount of material dealing with methods for estimating the parameters $b_1, \ldots, b_6$, and with 'significance' tests aimed at determining whether or not a proposed model is an acceptable description of the data, can be found in the econometrics literature.

In Chapter 3 we address problems of option pricing, and here the approach to modelling is quite different. As will be seen, option prices are expressed as discounted expectations of the option payoff. The most basic requirement of a model is that it correctly prices market-traded options whose prices—arrived at by 'supply and demand'—are available market data. A model is *calibrated* if it meets this requirement. Calibration is an optimization procedure: if there are M options with prices $p_1, \ldots, p_k$ and $b = (b_1, \ldots, b_n)$ are the parameters of some stochastic model such that the model price for the jth option is $p_j^M(b)$ then calibration is achieved by minimizing over b the total pricing error $\sum_{j=1}^{k}(p_j - p_j^M(b))^2$. If the minimum is not extremely close to zero then the model is inadequate and a rethink is called for. It turns out that a pricing model does not necessarily have to be particularly accurate in econometric terms. For example, the model used by BS would not survive any statistical tests for adequacy in representing data such as the FTSE index in Figure 1, but nonetheless it is a cornerstone of option pricing theory; we explain why in Chapter 3. It is, however, true that different models, all calibrated to the same data, will give different prices for a putative new option.

In the aftermath of the 2008 financial crisis studying the effect of model error became a hot topic of research. Many participants in this endeavour describe the risks posed by relying on inadequate models as *Knightian uncertainty*, referring to ideas of Frank Knight in a famous book entitled *Risk, Uncertainty and Profit* published in 1921 and still in print, even though the first sentence in the book is: 'There is little that is fundamentally new in this book'. But in fact his ideas are far more radical. He set out to solve a puzzle in economics: why is it that in a competitive market prices are not driven down to the cost of production, leaving no profit at all? Knight's answer is in three parts.

(i) If we are in a static economy where there is no risk and no technological progress, the prices will indeed be driven down in this way.

(ii) If there is mild randomness in the form of business risks and random but evolutionary technological progress then entrepreneurs can hedge against these factors, leaving themselves in the same position as Case (i).

(iii) Therefore the only way entrepreneurs can consistently make profits is by taking a series of unquantifiable risks by launching new products. The perfect example is the Apple iPad. It was not just a new product; it was a new *category* of product. There was nothing to compare it with and no significant amount of market research could be carried out without destroying the essential element of surprise.

The same point was taken up in 1937 by John Maynard Keynes:

> By 'uncertain' knowledge, let me explain, I do not mean merely to distinguish what is known for certain from what is only probable. The game of roulette is not subject, in this sense, to uncertainty; nor is the prospect of a Victory bond being drawn. Or, again, the

> expectation of life is only slightly uncertain. Even the weather is only moderately uncertain. The sense in which I am using the term is that in which the prospect of a European war is uncertain, or the price of copper and the rate of interest twenty years hence, or the obsolescence of a new invention, or the position of private wealth-owners in the social system in 1970. About these matters there is no scientific basis on which to form any calculable probability whatever. We simply do not know.

It could be argued that the failure to distinguish between risk and uncertainty was a factor in the financial crisis. As we discuss in Chapter 5, a major problem in credit risk is lack of data, and it seems clear in retrospect that models were built, and prices offered, in situations where there was 'no scientific basis'. At the same time, it is also true that companies offering long-term contracts of life insurance and pensions have survived for centuries. The secret? Adequate reserves and hedging—see Chapter 6.

Chapter 3
The classical theory of option pricing

The ‘classical period’ of mathematical finance began on 29 March 1900 when Louis Bachelier defended his PhD thesis and ended on 15 September 2008 when the Wall Street bank Lehman Brothers filed for Chapter 11 bankruptcy. During this period a more-or-less complete theory of *arbitrage pricing* was developed, explanation of which is the subject of this chapter. The underlying idea is closely related to the DBA described in Chapter 2 but brings in a new factor: prices in financial markets evolve over time and participants are able to trade at any time, instead of just taking bets and awaiting the result as at the Tipperary racetrack. In addition to the general theory, pricing models and methods have been developed for specific markets—FX, interest rates, credit—and some of these are discussed in subsequent chapters.

Louis Bachelier’s thesis was entitled ‘Théorie de la Speculation’ and his inquisitors were a jury of eminent mathematicians at the Sorbonne in Paris. The topic of the thesis was the valuation of financial options, which to the jury was, to say the least, an extraordinary choice. They passed him with the grade of *honoré*, apparently the highest that could be awarded for a thesis that was deemed to be essentially outside mathematics and to include arguments that were not rigorously justified. They under-estimated Bachelier: his thesis was ahead of its time, and he introduced several constructs in probability that are now known by the names of better known scientists who independently rediscovered them later.

Call options were defined in Chapter 1. The purchaser pays a premium now for the right, but not the obligation, to purchase at some later time T one unit of a certain traded asset, the 'underlying asset' S_t, at the strike price K. The option holder will exercise only if $S_T > K$, so the exercise value is $[S_T - K]^+$, the 'hockey stick' payoff function of Figure 1.

Bachelier was the first person to come up with an evaluation of the premium. His analysis was based on the idea of market balance: in any transaction on the market, there has to be a buyer for every seller, so market prices cannot consistently favour one over the other. Bachelier summarized this in an impressive-sounding dictum

> L'espérance mathématique du speculateur est nulle

('The speculator's expected gain is zero'). This is exactly the same as the concept of 'fair odds' or 'consistent pricing' that we were examining in Chapter 2. Since the underlying asset is itself traded, its expected price at some later time must coincide with today's price. In the case of an option, the purchaser has already paid the premium and the payoff on exercise is always either zero or some positive amount, so the fair premium must balance the expected value of that payoff, so that the holder has *espérance nulle*. The remaining question is: under what probability distribution should we take the expected value? So far we just know that its expected value is equal to today's price. Bachelier introduces assumptions that amount to saying that the market 'looks the same' all the time: price moves over non-overlapping time intervals, say this week and next week, have the same distribution, and are independent. He then concludes that the price moves must have the normal distribution with mean 0 and variance proportional to the length of the interval. This leaves only one parameter to be determined, the constant of proportionality, or volatility, which can be estimated from historical price data. Then the option value can be calculated simply by integrating the option payoff function of Figure 1 against the normal density, and this is Bachelier's option pricing formula. Given Bachelier's price model, his formula is correct—but not for the reason Bachelier thought it was. Note that Bachelier's is a continuous-time model: his arguments depend on considering price moves over arbitrarily short time intervals.

In 1905, Albert Einstein came up with exactly the same model as Bachelier, in a different context but using mathematical arguments that closely paralleled Bachelier's. Einstein was analysing the irregular movements of microscopic particles suspended in a liquid, originally observed in 1827 by Scottish botanist Robert Brown. Einstein was looking for direct evidence for the molecular theory of heat. He showed that random motions similar to those observed by Brown were consistent with this theory, and that the random displacements over non-overlapping time intervals would be independent. He also concluded, just as Bachelier had, that the mean square displacement of a particle in an interval of time is proportional to the length of the interval. However, in the physics context this conclusion has an unexpected consequence: if the mean *squared* displacement is proportional to time, then the mean *absolute* displacement is proportional to the *square root* of the time; see Figure 8 where the curve is the square root function. The average *speed* of the particle is distance/time. Points A and B on the curve correspond to times 0.25 and 0.56 and the corresponding average speeds are the slopes of the lines, also shown, joining A and B to the origin. As can be seen, the average speed increases as the time is reduced, and there is no limit: for any given speed—such as the speed of light—there is some time below which the average speed exceeds that number.

Einstein explains that his analysis is based on assumptions that cannot be valid below some minimum time or space threshold.

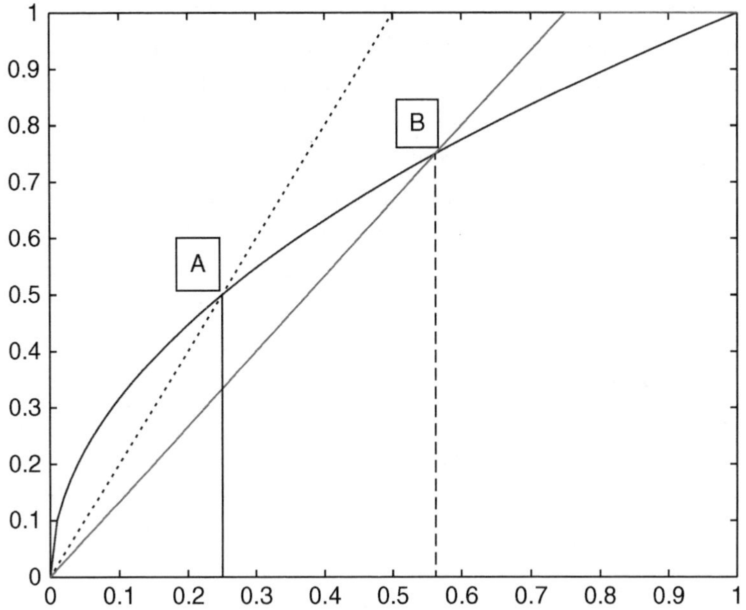

8. Mean displacement (vertical axis) vs time (horizontal axis).

That is satisfactory for him, but for the finance application, where physical constraints are irrelevant, it is important to know whether it is possible to specify a mathematical model for prices in which the prices increments over arbitrarily short time intervals are normally distributed and exactly independent. A positive answer to this question was given was given by Norbert Wiener in 1923; the term 'Brownian motion', also known as the 'Wiener process', now usually refers to this mathematical construct rather than the phenomenon observed by Brown. Wiener's result is a cornerstone of modern finance, as we shall see.

Fellow mathematicians were aware, and appreciative, of the mathematical innovations contained in Bachelier's thesis and subsequent work, but the economic side of his work languished, totally unrecognized. Options markets were small and specialized, his approach would have been too abstract to be appreciated by traders, and running an options market on any scientific basis requires technology that was not available. All of this changed in the 1960s when the scale of trading started to expand and economists became more interested in the operations of financial markets. This is where Paul Samuelson comes into the picture. The catalyst for igniting his interest in Bachelier was L.J. ('Jimmy') Savage, a leading mathematical statistician of the day. Savage had read Bachelier, and sent postcards to his economist friends, including Samuelson, telling them they should do so too. Samuelson had been engaged in what he later described as 'desultory researches' into option pricing, and Bachelier's work gave him a new perspective. Robert Merton, later to receive the Economics Nobel Prize jointly with Myron Scholes for their work on option pricing, joined the MIT team in 1967. Their co-conspirator Fischer Black had sadly died before the Nobel prize was awarded.

The decisive breakthrough, strikingly original though building on the earlier investigations, was the publication of the BS formula in 1973. The authors announce the key idea right away in the abstract to their paper:

> If options are correctly priced in the market, it should not be possible to make sure profits by creating portfolios of long and short positions in options and their underlying stocks.

The reader will recognize the 'DBA' in this statement, but also the extra ingredient of trading. A basic assumption is that the market is 'frictionless', meaning that assets can be bought or sold at the same price in arbitrary amounts. Of course, no real market is frictionless, but making this assumption substantially simplifies the analysis, and the small adjustments occasioned by transaction costs can be estimated later. With these assumptions and with the price model proposed by Samuelson, BS were able to show that, for a given call option, a trading strategy can be created that perfectly replicates its exercise value (Figure 1) whatever the price moves of the underlying asset. Then the initial investment required to set up this portfolio must be the price of the option, otherwise we would have two different prices for exactly the same thing, creating a 'sure profit'.

Binomial models

Rather than studying the continuous-time BS model, closely related to Bachelier's, right away, it is better first to understand the ideas in the simplest possible setting, the so-called binomial model introduced by Cox, Ross, and Rubinstein in 1979. The starting point is the one-period model shown in Figure 9. Although at first sight absurdly artificial, this model has the big advantage that the whole theory can be described in a couple of pages and the only calculation required is the solution of a pair of simultaneous equations.

The model is shown in Figure 9. At time 0, an asset ('stock') has price s. At time 1, its price either moves up by a factor $u > 1$ or down by a factor $d < 1$. The other asset in the market is a bank account paying interest at per-period rate r, so that £1 deposited at time 0 accrues to $£R = 1 + r$ at time 1. An option is written on the stock, exercised at time 1 with values a, b in the up and down states respectively, see Figure 9. For example, if the option were a call option with strike K between us and ds, then a would be equal to $us - K$ while b is zero. There is arbitrage in this model if $R \leq d$ or $R \geq u$: in these cases borrowing from the bank and investing in stock, or *vice versa*, realizes a riskless profit. We therefore suppose that $d < R < u$.

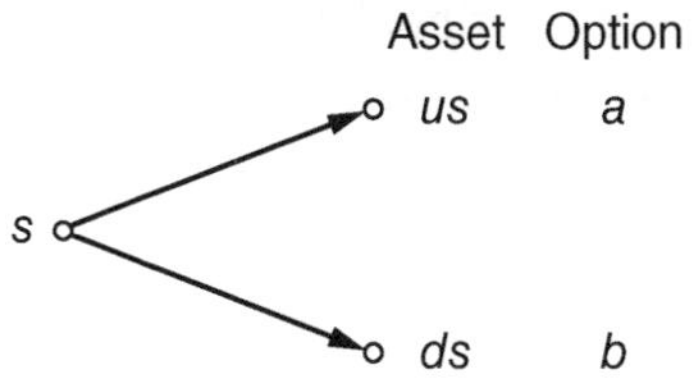

9. Single-period binomial tree.

At time 0 we form a portfolio consisting of £B in the bank and N shares of stock. The value of this portfolio is £$(B + Ns)$ and its value at time 1 will be either $RB + Nus$ or $RB + Nds$. Now choose B, N to satisfy

$$RB + Nus = a \tag{4}$$
$$RB + Nds = b,$$

to which the solution is

$$N = \frac{1}{s}\frac{a-b}{u-d}, \qquad B = \frac{bu - ad}{R(u-d)}. \tag{5}$$

With this choice of N, B the value of our portfolio coincides with the option exercise value, whichever way the price moves. We say the portfolio *replicates* or *perfectly hedges* the option payoff. Hence the value of the option at time 0 must be equal to the value V of the portfolio at time 0, which is

$$V = B + Ns = \frac{1}{R}\left(\frac{bu-ad}{u-d}\right) + \frac{a-b}{u-d}. \tag{6}$$

The argument is an application of the portentously named Law of One Price, which says that, in a frictionless market, two contracts that deliver exactly the same cash flows at all points in the future must have the same value now—otherwise one could sell one of them, buy the other, and walk away with an arbitrage profit.

We have shown that there is a unique arbitrage-free price for the option, obtained by calculating the 'perfect hedging' strategy (B, N). This is the essence of the BS argument. However, more can be said. The reader should check that the price formula (6) can re-arranged to read

$$V = \frac{1}{R}(qa + (1-q)b), \tag{7}$$

where $q = (R - d)/(u - d)$. Note that q does not depend on the option contract and that our no-arbitrage assumption $d < R < u$ is equivalent to the statement that $0 < q < 1$. We can therefore interpret q, $(1 - q)$ as probabilities of an upward or downward move respectively, and rewrite (6) again as

$$V = \frac{1}{R}\mathbb{E}_q[G], \tag{8}$$

where G is the 'random variable' taking values a, b on an up or down move, and $\mathbb{E}_q$ denotes expectation. Otherwise stated: any option price is the expected value, under the same probability q, of its discounted payoff. The 'discount factor' $1/R$ arises because the option premium is paid at time 0, while the payoff occurs at time 1. If (as in Bachelier's day) the premium were paid at the end, the discount factor would disappear; then the speculator's expected gain is indeed zero, since the expected gain from payoff is exactly matched by the premium paid. The probability determined by q is called the *risk-neutral* probability; this terminology is explained in Chapter 6. For a further characterization of q, consider setting $a = us$ and $b = ds$, so the 'option' payoff G is actually just one unit of the stock (write $G = S$). From (5) we see that $N = 1$, $B = 0$, so that $V = s$ or, from (8),

$$s = \frac{1}{R}\mathbb{E}_q[S]. \tag{9}$$

This shows that q is the unique probability such that the market is a 'fair game': today's price is the expected discounted value of tomorrow's price, the discount factor $1/R$ arising because of the different payment times.

The key thing to realize here is that *no probability was specified in advance*: all we stated was that tomorrow's price must take one of two possible values u, d. There is no claim that q is the actual probability of an upward move; what we have shown is that options are correctly priced by the formula (6), and that is because this formula gives the set-up cost of a perfectly replicating portfolio. A further conclusion is that this is a 'complete market', meaning that there is only one possible choice for q and any option has a unique arbitrage-free price.

Aside from the question of discounting, which stems from the fact that, when interest rates are not zero, a pound today is not the same thing as a pound tomorrow, the above results are just an application of the DBT; we have two 'bets'—the underlying asset and the option—and the market can be Dutch booked unless the odds (read: prices) are consistent with a probability model. The new part is the perfect hedging idea, and this will come into its own when we consider multi-period models. To summarize, we have shown:

1. The model is arbitrage-free if and only there is a q strictly between 0 and 1 such that the market is a fair game in the sense that today's price is the discounted expectation of tomorrow's price.
2. When the model is arbitrage-free, any option has a unique value.
3. This value is the initial investment required to replicate the option by trading in the market.
4. The value can be expressed as the discounted expectation of the exercise value, calculated under q.

The next step is to extend the argument to multi-period models, but before doing so let us briefly stop to consider the single-period trinomial model shown in Figure 10, which provides an example of an *incomplete* market.

The asset price now takes one of three values at time 1. To construct a hedging portfolio for an option in the binomial case we solved equations (4), in which there are two equations and two unknowns B, N. Here we have three equations but, if we are trading in the underlying asset and cash, still the same two

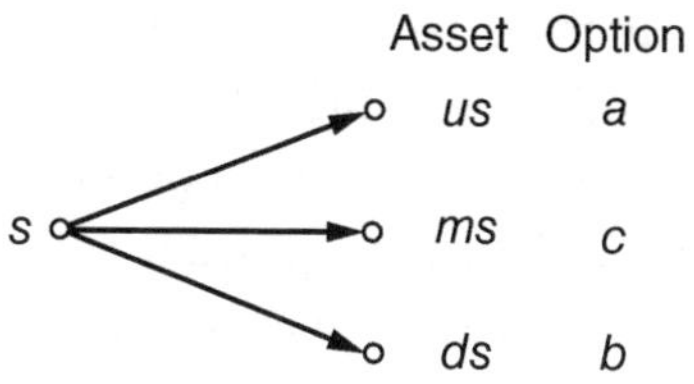

10. Single-period trinomial tree.

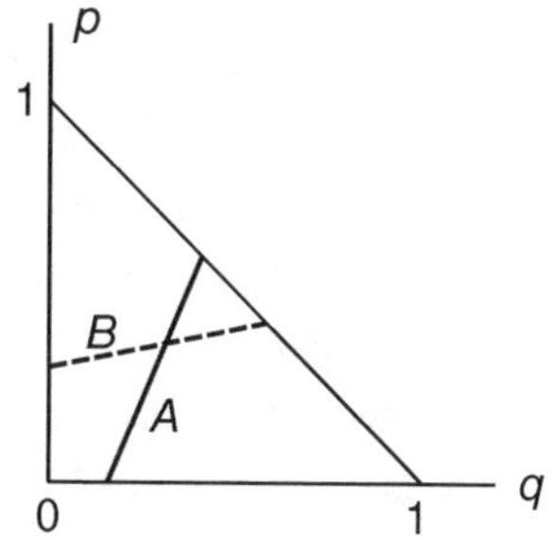

11. Calibration of trinomial model.

unknowns. In general there is no solution and perfect replication is impossible. What about arbitrage? To specify a risk-neutral distribution now requires two numbers q and p so that the up, middle and down moves have probability q, $(1 - q - p)$ and p respectively, with $q + p \leq 1$ to ensure that the middle term is positive. Risk-neutrality means that the 'fair odds' condition (9), here $s = \mathbb{E}_{p,q}[S]/R$, is satisfied and this restricts p, q to lying on a line such as A in Figure 11, determined by the model parameters. The corresponding option value is $V = \mathbb{E}_{q,p}[G]/R$, and this is an arbitrage-free price since consistent odds have been constructed. It is not, however, the only arbitrage-free price since different combinations of q and p are possible; we say the market is *incomplete*. If somebody were to offer the option at a specified price V_1 we could go through the above process again to determine what values of q, p are consistent with this price, giving another line, say B in Figure 11. If, as in the figure, A and B intersect, then the point of intersection is the unique q, p that consistently price both the underlying and the option. The market is complete if we are able to trade in all three assets, the bank account, the underlying and the option (with price V_1). On the other hand, if A and B fail to intersect then offering the option at V_1 creates an arbitrage. In general: if there are n possible price moves then we are going to need n traded assets plus the bank account to 'span the market'.

Finally, we move to Cox–Ross–Rubinstein multi-period binomial setting where trading may take place over several time periods before options are exercised. This model was of key importance in turning the BS result from a theoretical construct to something that could easily be implemented in a few lines of computer code. It also provided an answer to the question of how to value American options, to which we return later in this chapter. The three-period binomial tree is illustrated in Figure 12 and represents the evolution of the underlying asset price, which can move up or down in each time period. The initial price is s, and in the first period it moves up to $us > 1$ or down to ds where $u > 1$ and we take $d = 1/u$. In subsequent periods the current price is multiplied by these same factors. Since $u \times d = 1$, an up move followed by a down move brings us back to where we started, as the figure shows. For example, if $u = 1.1$, corresponding to a 10 per cent price rise, then $d = 0.909$, a fall of 9.09 per cent. One consequence of this structure is that, as in real life, but unlike Bachelier's model, the price can never be negative. As before there is a bank account paying interest at rate r per period, and $R = 1 + r$ satisfies $d < R < u$ to avoid arbitrage. Looking at just the first

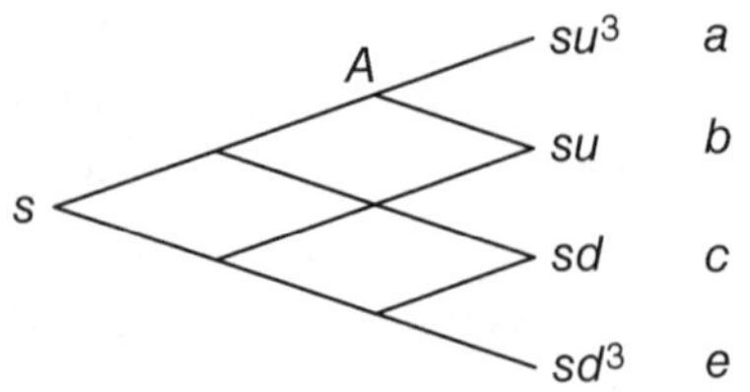

12. Three-stage binomial tree.

period, the risk-neutral 'up' probability q is equal to $(R - d)/(u - d)$ as we calculated earlier, equal here to $(Ru - 1)/(u^2 - 1)$, and an option exercised at time 1 paying a on an up move and b on a down move has value $(qa + (1 - q)b)/R$ at time 0. But now suppose we are at node A on the tree, that is, at time 2 having had two upwards moves. Then the situation that faces us for the remaining period is just the same as at time 0—the next price will be the current price multiplied by either u or d—except that the current price is now su^2, not s. The risk-neutral probability starting at A is the same number q as at time 0, and the same is true for any 'triangle' in the tree. Consequently the value needed at node A to replicate an option paying amounts a, b, c, e at time 3 is $V_A = (qa + (1 - q)b)/R$, with similar expressions for V_B, V_C, the values at the other two time-2 nodes. But now we have reduced the problem to replicating an 'option' paying V_A, V_B, V_C at time 2. By the same argument we can reduce the problem again to replication of known amounts at time 1, which is just the one-period case to which we know the answer.

Under risk-neutrality, every up/down move has probability q, $(1 - q)$. We can generate random 'price paths' such as *up-down-up* by flipping a coin, with heads probability q, three times. There are eight possible sequences, corresponding to every possible way of moving from left to right along the tree. There is only one path leading to the top node at time 3, so the probability of hitting this node is $q_1 = q^3$, while the next node down can be reached in three ways, each consisting of two upwards and one downward move, so its probability is $q_2 = 3q^2(1 - q)$; similarly, $q_3 = 3q(1-q)^2$ and $q_4 = (1-q)^3$; readers may recognize this as the binomial distribution. The replication argument just outlined leads to the conclusion that the value at time 0 of an option exercised at time 3 is $V_0 = (q_1a + q_2b + q_3c + q_4d)/R^3$. This is a general fact: *the unique arbitrage-free value of an option is the expected discounted value under the risk-neutral probability of its value on exercise.* Once again: the 'probability' q is an artefact of the hedging strategy argument and is not in any sense a prediction of the real probability of an 'up' move. The real probability could be any number p with $p > 0$ and $p < 1$ and could be different at different nodes in the tree.

It is instructive to see in detail how the hedging process plays out. Suppose that $s = 100$, the per-period interest rate is 1 per cent and the up move is 10 per cent. We want to price and hedge an at-the-money (ATM) call option exercised at time 3, meaning that the strike price is equal to 100, today's price. The risk-neutral probability is $q = 0.5286$, and the option will pay 33.10, 10.00, 0, 0 at the four time-3 nodes. Using the formula above, the option value or premium is $V_0 = 8.579$, that is, 8.6 per cent of the current stock price, a fairly typical value for an ATM option.

Table 4 shows the exact sequence of events along one scenario *up-up-down*. As the option *writer* we accept the premium from the buyer in exchange for the obligation to pay the exercise value

Table 4 Option trading scenario

Time	Price move	Share price	Portf. value	*N*	*B*	Trade
0		100	8.579	0.587	−50.15	Receive premium 8.579 Borrow 50.15 Buy 0.587 shares @ 100
1	up	110	13.951	0.798	−73.82	Buy 0.211 shares @ 110
2	up	121	21.990	1.000	−99.01	Buy 0.202 shares @ 121
3	down	110	10.000	1.000	−100.00	Sell 1 share @ 110 Pay 100 to Bank Pay exercise value 10

at the end. By doing the backwards calculation described above we can figure out what the number of shares N and cash amount B have to be at each node in the tree. At time 0, $N = 0.587$ and we buy that number of shares at the current price 100, borrowing money from the bank to do so. At time 1 we experience an upward price move, and find that the value of the portfolio is exactly the option value at that node. However, the portfolio needs rebalancing, since theory dictates that we should be holding 0.798 shares, so we have to buy an extra 0.211 shares (at 110), which we do by borrowing more money from the bank. This is a *self-financing* transaction in that the total portfolio value is the same before and after the transaction. The process now continues for two more steps, and at the end we find that the portfolio value is 110 and we owe the bank 100, while the exercise value $110 - 100 = 10$ must be paid to the buyer, so we have exactly the funds required to meet our obligations.

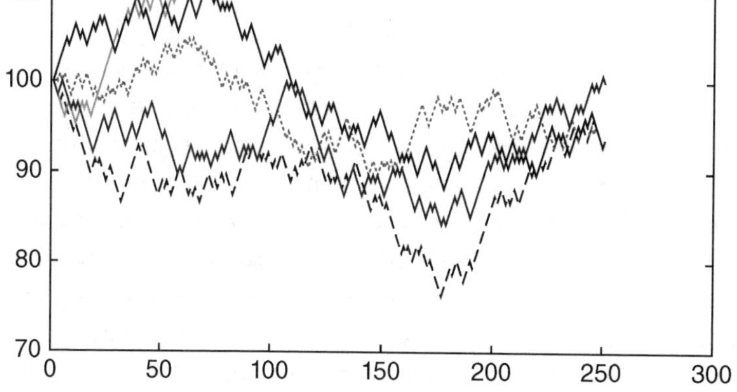

13. Binomial paths.

In summary, the option premium provides us with the funds we need to form a self-financing portfolio whose value at the end will be exactly the amount needed to pay the buyer, whatever the price moves along the way. It is irrelevant what the actual probabilities of such moves are. This replication strategy is often referred to as *perfect hedging*.

The binomial model begins to look more realistic if one considers longer time periods. Figure 13 shows five simulations of daily prices over one year (a year has 252 trading days: fifty-two five-day weeks less eight bank holidays).

Continuous-time models

It is advantageous to consider, as Bachelier did, modelling price movements in continuous time. We then obtain a *formula*—the BS formula—for the option price rather than the discrete-time algorithm of the previous section. A fundamental role is played by Brownian Motion which, we recall, is a random movement or stochastic process B_t defined for $t \geq 0$ having the properties that (i) $B_0 = 0$, (ii) it has independent increments: for any times $s < t \leq u < v$ the increments $B_t - B_s$ and $B_v - B_u$ are independent random variables, and (iii) the distribution of $B_t - B_s$ is normal with mean 0 and variance $t - s$. Wiener's 1923 paper showed that it is possible to give a rigorous mathematical construction for Brownian motion in such a way that each sample path is a *continuous function*. These functions are, however, extremely erratic, which was already evident from Einstein's observation that the 'Brownian particle' would have a mean speed inversely proportional to the square root of the time. While stock prices are not particles, we are still obliged to take account of the erratic nature of the paths because *the usual rules of calculus do not apply*. In 1944, Kiyosi Itô in Japan identified the modifications required to Newtonian calculus to make it applicable to Brownian paths, initiating the famous *Itô calculus*.

A further feature of Brownian motion is the *martingale* property. This is analogous to a player's fortune in a game of chance with fair odds, as defined in Chapter 2. Suppose you flip a fair coin several times and at each flip you win £1 on heads and lose £1 on tails. If at some point your fortune is £5 then your expected fortune after further flips is still £5 since each flip is a fair game. A martingale generalizes this property. It is a stochastic process M_t such that the expectation of M_{t+s} given all information up to t is equal to the current value M_t. This 'information' will include the past of M itself but might involve other data as well. It is clear that Brownian motion is a martingale when only its past is observed, since $(B_{t+s} - B_t)$ is independent of the past up to t and has mean zero. It is not the case, however, that every martingale has independent increments.

Bachelier used Brownian motion as a stock price model. Samuelson was dissatisfied with this choice because Brownian motion has positive probability of taking negative values while, because of limited liability, stock prices can never go below zero. For this reason he proposed taking the exponential of Brownian motion, $\tilde{S}_t = S_0 \exp(\sigma B_t)$ for some 'volatility' parameter σ, as the model, where S_0 is the current price. Using the normal density function it can be shown that the expected value of $\tilde{S}_t$ is $S_0 \exp\left(\frac{1}{2}\sigma^2 t\right)$, leading to the final stock price model

$$S_t = S_0 \exp\left\{\left(m - \frac{1}{2}\sigma^2\right)t + \sigma B_t\right\}. \tag{10}$$

When $m = 0$ it is not hard to check that S_t is a martingale, and in this case the process is known as *geometric Brownian motion*. The parameter m is the 'drift' or 'growth rate' – the expected value of S_t is $S_0 \exp(mt)$ and indeed when $\sigma = 0$ the model reduces to $S_t = S_0 e^{mt}$, equivalent to a 'bank account' paying interest at rate m. For two times $t < u$ we see from (10) that $\log(S_u/S_t) = \text{constant} + B_u - B_t$. We say that Samuelson's model has *normally distributed log returns* (note that the log-return is very close to the usual concept of return $(S_u - S_t)/S_t$ when the price increment is small), as opposed to Bachelier's *normally distributed prices*. The volatility parameter σ is then the standard deviation of log-returns over a unit length interval of time.

Throughout this book we will encounter several more complicated price models, but all of them have the common feature that they are in some sense a combination of 'drift' and 'diffusion', the diffusion being the random motion around the drift controlled by the volatility. In the present case the drift and volatility are just constants m and σ, but in other cases they may themselves be random.

To see the connection between the model (10) and the Cox–Ross–Rubinstein binomial model, note that $\log S_t = \log S_0 + (m - \sigma^2/2)t + \sigma B_t$, a normal random variable with mean $(m - \sigma^2/2)t$ and variance $\sigma^2 t$. Now consider the binomial tree as illustrated in Figure 12 with $s = S_0$ and suppose that at each fork the price—call it Y_k—moves up with probability p and down with probability $(1-p)$. Then you can see that after n steps we have $\log Y_n = (\log S_0) + Z_1 + Z_2 + \ldots + Z_n$ where the Z_k are i.i.d. random variables each taking the value $\log u$ with probability p and $\log d$ with probability $(1-p)$. The binomial model is determined by two parameters, u and p, and we can choose these such that the mean and variance of $\log Y_n$ match those of $\log S_t$. We can now appeal to the CLT (see Chapter 2) to show that if we fix t and increase n, at each increase redefining u, p to maintain fixed mean and variance for $\log Y_n$, then for large n the distribution of $\log Y_n$ is approximately normal, the same distribution as $\log S_t$ in Samuelson's continuous-time model, with the same parameters. This explains the utility of the binomial model as a computational method for pricing options in continuous time, which is what Cox et al. had in mind when they introduced it. (In practice, most people would use the trinomial model for computational purposes, where similar results apply but the parametrization is more flexible.)

Now for option pricing in continuous time, concentrating on a call option with strike K and exercise time T. At that time, its exercise value is $[S_T - K]^+$. The stock S_t on which the option is written is known as the 'underlying asset', or just 'underlying'. Black, Scholes, and Merton showed that the same results as in the binomial model apply here, namely

A1: The option exercise value can be replicated by trading the underlying in the market (i.e. there is 'perfect hedging').
A2: The option has a unique arbitrage-free value, equal to the initial investment in the hedging portfolio.
A3: The value can be expressed as the discounted expectation of the exercise value under the unique risk-neutral distribution.

As before, we assume that in addition to the 'risky asset' S_t there is a bank account paying continuously compounding interest at rate r, so that £1 deposited at time s is worth £$\exp(r(t-s))$ at a later time t. We also assume 'frictionless trading': at each time there is a unique price S_t at which arbitrary amounts of the underlying can be bought or sold (not just integer numbers of shares). Of course, no real market is frictionless: there is always a bid-ask spread. Note from the first point above that options are in principle redundant if their value can be replicated by trading in the market. In real markets, options are not redundant because of trading costs. The theory of option pricing with trading costs is complicated, messy, and inconclusive, and the frictionless paradigm produces reliable results when trading costs are small, which in large liquid markets they are.

To introduce self-financing trading strategies the place to start is a sequential buy-and-hold strategy. Suppose we fix a sequence of times $0 = t_0 < t_1 < \ldots t_n = T$, and start with an initial endowment

£V_0. At time t_k we choose to invest in a_k units of S_t, where a_i may depend on the evolution of prices up to t_k, and sell at t_{k+1}. Then our *gain from trade* is $a_k(S_{t_{k+1}} - S_{t_k})$, the value we receive at t_{k+1} minus the value we paid at t_k. If V_k is the total portfolio value at t_k (before doing any transactions at that time) then, given that we plan to spend $a_k S_{t_k}$ on shares, our balance at the bank must be the remainder, $V_k - a_k S_{t_k}$. This shows that the gain from trade in our portfolio evolves as follows, where $R_k = \exp[r(t_{k+1} - t_k)]$:

$$V_{k+1} - V_k = a_k(S_{t_{k+1}} - S_{t_k}) + (V_k - a_k S_{t_k})(R_k - 1).$$

We leave it to the reader to check that if we define *discounted* portfolio and stock price variables $\mathcal{V}_k = e^{-rt_k} V_k$ and $\mathcal{S}_k = e^{-rt_k} S_{t_k}$ then we get the exceptionally simple expression

$$\mathcal{V}_n = V_0 + \sum_{k=0}^{n-1} a_k(\mathcal{S}_{k+1} - \mathcal{S}_k), \tag{11}$$

giving us very directly the evolution of the discounted portfolio value corresponding to a strategy (a_k). Note further that (i) the expression (11) looks like the standard discrete approximation to an integral, and (ii) the process $\mathcal{S}_k$ is a martingale (i.e. the increment has expected value 0) when m, the drift parameter in the price model, is equal to r, the bank interest rate. This is where Itô calculus enters the picture: Itô's theory of stochastic integration shows that it is possible to define integrals, denoted $\int_0^t \mathfrak{a}(s)d\mathcal{S}(s)$, which are limits of discrete-time approximations (11), where $a_k = \mathfrak{a}(t_k)$. In financial terms, $\mathfrak{a}(s)$ is the number of units of the underlying in the portfolio at time s, a hedging strategy in continuous time. Black, Scholes, and Merton showed that, for a call option on an asset with price model (10), statements A1–A3 above are true: the option can be replicated, or perfectly hedged, using a trading strategy as just described. In Property A3, the risk-neutral distribution is the distribution corresponding to the model (10) with $m = r$. One consequence of this is that the option value does not depend on the drift parameter m, and this is extremely fortunate as this parameter is practically impossible to estimate from data. Indeed, it has been shown that even if the data were exactly generated by the model it would take around 1,500 years to get a good estimate for m from observations of the price process.

The price of a call option price on a dividend-paying asset S_t is given by the BS formula, which has been described as 'the most important formula in financial economics'. It is:

$$\text{BS}(S_0, K, T, r, q, \sigma) = e^{-qT} S_0 \mathcal{N}(d_1) - e^{-rT} K \mathcal{N}\left(d_1 - \sigma\sqrt{T}\right)$$

where $\mathcal{N}(x)$ is the standard normal distribution function (mean 0 and variance 1), and

$$d_1 = \frac{\log(S_0/K) + \left(r - q + \frac{1}{2}\sigma^2\right)T}{\sigma\sqrt{T}}.$$

The six parameters in the formula are S_0, today's underlying asset price; (K, T), the contract specification (strike price and exercise time); r the interest rate; q the 'dividend yield' (a representation of the dividends paid by the asset); and the volatility σ. The first five are known market data but σ has somehow to be estimated. It is not obvious from the formula, but true, that the BS price increases with increasing volatility so, unsurprisingly, the option premium is high when there is lots of volatility. The corresponding hedging strategy $\mathfrak{a}(t)$ is the derivative with respect to the first (price) argument of the BS function evaluated with t as the starting time, that is, BS(S_t, K, $T - t$, r, q, σ). This is known as the BS Delta and is equal to $\Delta(t) = \mathcal{N}(d_1^t)$ where d_1^t is d_1 as above but with S_0, T replaced by S_t, $T - t$. It is very natural that 'delta-hedging' is the appropriate strategy: if the underlying asset price changes by a small amount ΔS then to first order the change in option value is $\Delta(t) \cdot \Delta S$, so the delta-hedging strategy is tracking changes in option value. On the other hand it is far from obvious that the option value is given by the BS formula.

Does all this work in practice? There are many reasons why it might not. To start with, Samuelson's geometric Brownian motion model is not a particularly accurate model of real stock prices. They have 'heavier tails', meaning that the probability of large price moves is greater than that predicted by the normal distribution. Also, the volatility is certainly not a constant as it is in the BS formula. However, in the face of these objections the BS formula fights back. It can be shown mathematically that the delta-hedging strategy works, in the sense of providing the option writer with sufficient funds to pay her obligations at exercise, as long as the initial premium paid corresponds to a BS volatility that is *at least as big* as the realized volatility over the life of the option, even if the price generating mechanism differs substantially from the Samuelson model on which the BS formula is based. Given that the BS price increases with volatility this is saying that the option writer needs to quote a premium that corresponds to the highest level of average volatility that she expects over the life of the option contract. Without this mathematical result, the BS formula would indeed be an academic curiosity.

Option hedging in practice is as much an art as a science. Options are rarely hedged individually, but are bundled up in a 'book' of dozens or hundreds of contracts (in the simplest case, on the same underlying asset, say a stock index). The hedge parameters, which can be estimated, are the book Delta, as described above, and the Gamma (γ) which is the *second* derivative of the value with respect to changes in the underlying or—which is the same thing—the rate of change of Delta with respect to changes in the underlying. A perfectly hedged book (containing both the options being hedged and the constituents of the hedging portfolio) is 'Delta neutral', that is, has $\Delta = 0$, making its value insensitive to small movements in the underlying. A small Gamma means that the book will still be approximately Delta neutral even if the underlying moves a relatively long way, while if the Gamma is large, small moves can make the book unbalanced. Step 1 in constructing a well-hedged book is to choose the constituents, wherever possible, in such a way that it hedges itself, that is, both the Delta and Gamma are small. Having done that, a conventional approach is to wait until the Delta reaches some maximum acceptable level and then revise the delta-hedge to bring it back to zero. If Gamma is large, that will mean very frequent trading, with its attendant costs. Gamma can only be reduced by introducing traded options into the hedge portfolio. Trading costs for options are much higher than those of the index futures used for delta hedging, so the usual approach is to trade options only occasionally, to reset the Gamma, and then delta-hedge the whole book at a higher trading frequency. A further hedge parameter is the so-called Vega (which is not the name of any Greek letter); this is the sensitivity to changes in the volatility σ. Again, if the Vega is excessive then the only remedy is to introduce further options with offsetting Vegas. One role of the quants is to optimize this whole procedure.

An important application of the BS formula is to the pricing of FX options. For example, the USD–GBP exchange rate f_t known as 'cable' is the price of GBP1 in USD; about 1.32 at the time of writing. An FX call option would be the option to buy GBP1 for K at a time T. Its exercise value is $[f_T - K]^+$. If cable is modelled as in BS then it turns out that the option value is given by the BS formula in which the interest rate r is set at the USD rate (the 'domestic' rate, in this context) and the dividend yield q is set at the GBP interest rate (the 'foreign' rate).

The volatility surface

We now take a closer look at volatility, assumed constant in the BS theory but in practice far from constant. Aside from FX, most options are exchange-traded through organized option exchanges in major financial centres such as Chicago, New York, London, Tokyo, etc. As in all exchanges, prices are ultimately fixed by supply and demand, not by plugging some numbers into a formula. Studies of volatility in option trading are centred around the idea of *implied volatility*. First, there is a simpler and better way to write the BS formula, which is

$$\mathrm{BS}(D, F, m, y) = DFf(y, m),$$

where $f(y, m) = \mathcal{N}(d) - m\mathcal{N}(d - y)$ with $d = y/2 - \log m/y$. The parameters here are defined by $D = e^{-rT}$, $F = e^{(r-q)T}$, $m = K/F$ and $y = \sigma\sqrt{T}$. The first three all have clear financial meaning: D is the time-T discount factor, F is the forward price for purchase of the stock at time T, and m is the 'moneyness': the ratio of strike to forward. y is scaled volatility. We call the function f the universal BS formula (Figure 14).

For each underlying asset, for example a stock index such as the FTSE100 or the S&P500, an exchange will quote bid and ask prices $c_{ij}^{\pm}$ for options with a range of exercise times T_i and

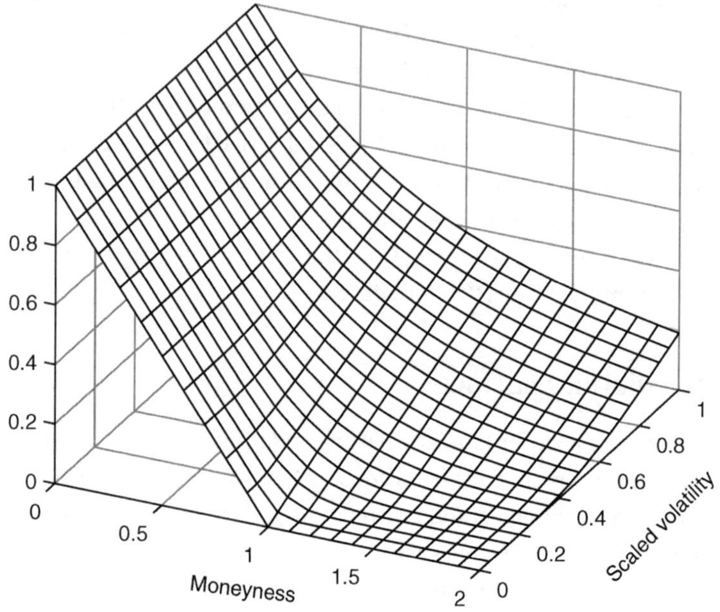

14. The universal Black–Scholes function.

strikes K_j. For purposes of volatility estimation it is usual to take the mid-price $c_{ij} = (c_{ij}^- + c_{ij}^+)/2$. For each time-strike pair (T_i, K_j) we can calculate the value of the parameter m in the universal BS formula, and then $f(y, m)$ is a function of y that increases as we increase y, so we can search over y until we find a value $\hat{y}$ such that $c_{ij}/DF = f(\hat{y}, m)$. Then $\hat{\sigma} = \hat{y}/\sqrt{T}$ is the *implied volatility* for that option. Note that the search procedure only needs to be done once, since f is a universal function. In setting up a trading operation we could start by solving for y the equation $c = f(y, m)$ for a huge range of (c, m) and storing the results in a table. Then for a given option m is calculated and the implied volatility obtained by looking it up in the table (with a little interpolation if necessary). Replacing all the given prices by their implied volatilities gives the *volatility surface*; an example is shown in Figure 15.

If prices were generated by the BS model with volatility σ then the volatility surface would be flat with all implied volatilties equal to σ, so curvature of the surface is evidence that the BS model is

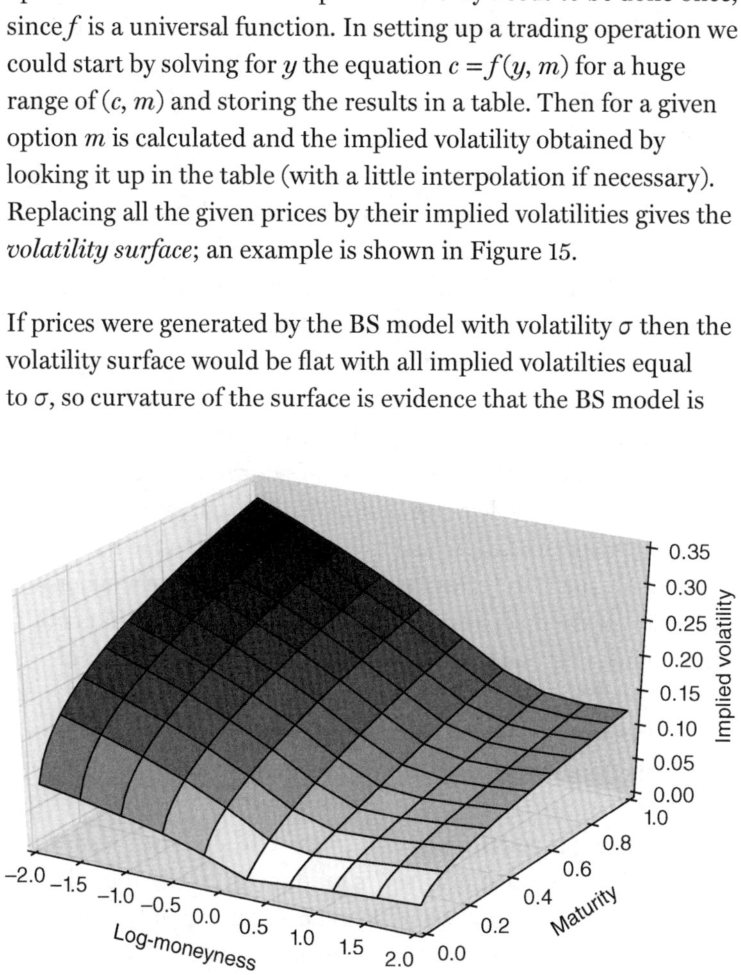

15. Volatility surface, S&P call options: left axis is log-moneyness; right axis is time to expiry.

incorrect for that market. Figure 15 is typical of equity markets generally, and shows that the implied volatility exhibits what is known as a 'smile': it is smallest for ATM options (those with moneyness $m = 1$, strike equal to forward) and increases as the moneyness moves away from 1 in either direction. The effect is most pronounced for short maturity options. A major topic in options research is to develop modifications or alternatives to the BS model whose volatility surfaces match the empirically observed ones more closely. The simplest approach is the 'local volatility' model in which the constant σ in the BS model (10) is replaced by a function $\sigma(t, S_t)$, so the volatility depends on the level of the underlying, as well as on the time. In an elegant analysis, Bruno Dupire showed that if we are given the whole volatility surface, that is, the value of $\hat{\sigma}(T, K)$ for all T, K then it is possible to calculate a local volatility function $\sigma(t, s)$ which, when used in the local volatility model, produces a volatility surface that *exactly matches* $\hat{\sigma}$. In reality, we only know $\hat{\sigma}$ for a finite number of pairs (T_i, K_j), but these values can be interpolated to give a complete surface (as in Figure 15). This result is widely used for risk management purposes in giving consistent prices, based on current data, for a wide range of options. In theory we could use the model to derive hedging strategies analogous to the BS Delta, but actually such strategies cannot be used because of a major limitation of the model: we derive today a volatility function $\sigma(t, s)$ for all times t beyond today, based on today's market data, but when we do the same thing tomorrow we will get a different $\sigma(t, s)$. In short, the model can only be used as a consistency check on one day, but it has no predictive power.

The way to get predictive power is to move to *stochastic volatility* models where the volatility itself is random. Typically, the volatility is represented as $\sigma(t, Y_t)$ where Y_t is an auxiliary random process. The best-known model in this class is the so-called Heston model, originally proposed in 1993, in which $\sigma(t, Y_t) = \sqrt{Y_t}$, so that Y_t is the incremental *variance* σ^2. This means that Y_t has to be positive (so we can take its square root) and, in the interests of realism, it should have a variance that is always less than some maximum level. A suitable model for this purpose, and the one chosen by Heston, is the CIR (Cox–Ingersoll–Ross) model, one of the early models in interest rate theory (see Chapter 4). The main reason for the popularity of the Heston model is that there is an efficient algorithm for computing option prices (based on the Fourier Transform). The volatility surfaces it produces are not perfect but good enough for many purposes. Much more recently, a new direction of modelling has been introduced, based on so-called *rough volatility*. Some discussion of this will be found in Chapter 8.

American options

The options we have considered so far can be exercised only at one contractually fixed time T. Such options are called *European*. Many options contracts, however, allow for exercise *at any time* up to or at a final maturity time T, and these are called *American options*. These terms were coined by Paul Samuelson who, being American, thought that this was the right name for the more sophisticated one. There is asymmetry between the two parties in an American option transaction. The buyer (holder) of the option has the right to exercise at any time. The seller (writer) has the obligation to pay the exercise value *whenever* the buyer chooses to exercise. There are a couple of things we can say right away. First, the American option cannot be worth less than the corresponding European one, because waiting until T and then exercising is one possible strategy for the buyer. The buyer has extra 'optionality', and this may be worth money. Second, it turns out that in the case of a call option written on a non-dividend-paying asset the European and American values are the same: the best strategy for the American holder is to exercise at T, so in this case the extra optionality has no value. This is a general fact, not restricted to the BS model. For this reason, studies of American options focus on the put option, where there is extra optionality even with no dividends.

It is fairly clear in general terms what the holder of an American put should do. The exercise value at t is $[K - S_t]^+$, paid at time t so the holder should wait until the current price S_t is some distance below the strike K. There is a trade-off between early exercise—take what's on offer now, it's worth less if taken later—and waiting for a lower price that might come along. 'Take it now' is increasingly attractive as the maturity time approaches. The optimal strategy is typically as shown in Figure 16 where the curved line is the 'exercise boundary' and the holder should exercise when the price trajectory hits this boundary. The strike is 10 and the option is never exercised when S_t exceeds this level. The boundary rises rapidly up to the strike as maturity approaches and the chance to get more by waiting disappears.

The mathematics behind all this is sophisticated. The value of the option in the holding region satisfies the same partial differential

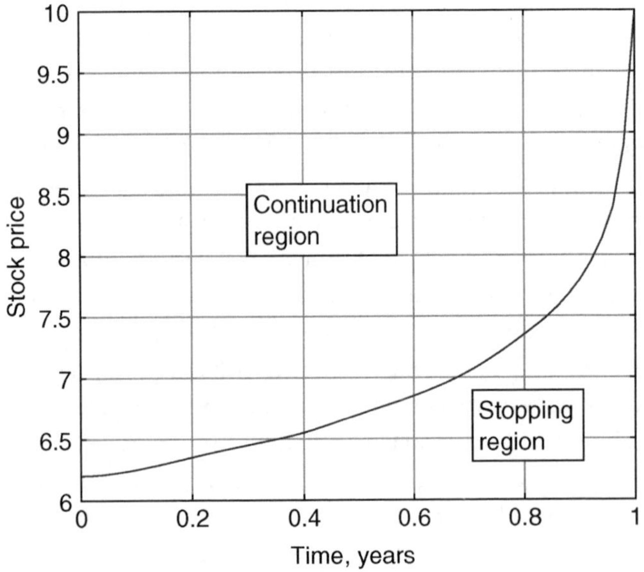

16. American put option exercise boundary (maturity = 1 year; strike = 10).

equation as in the European BS case, but we have to determine where the boundary between the holding and exercise regions lies. This is determined by the requirement that the expected discounted value of the option payoff should be maximized when the option is exercised at the first boundary hitting time. All this was worked out in 1965 by MIT mathematician Henry McKean as an appendix to a paper by Samuelson. McKean was a key figure in the development of stochastic calculus and indeed had collaborated directly with Itô. However, 1965 was pre-BS and it was only in the 1980s that the complete arbitrage theory of American options was finalized, by A. Bensoussan and I. Karatzas.

For American options there is no pricing formula similar to the BS formula for the European case. Solutions have to be obtained computationally. There is a very simple solution when the price process is represented by a binomial tree, and this is one of the reasons why the introduction of the binomial tree was such a breakthrough. In the tree, one starts at the end, where exercise values are known, and works backwards. At any node N in the tree, the option value is the discounted average under risk-neutral probability q of the values at the two nodes to which the price may move from N. Call that the 'continuation value' at N. The 'immediate exercise value' at N is $[K-S]^+$ for the put option, where S is the underlying price at N. Now replace the continuation value at N, and all other nodes at the same time step, by the immediate exercise value if the latter is bigger, and carry on working backwards. This simple modification to the algorithm produces the American value at the initial time. The nodes where immediate exercise is better define the exercise region. As we pointed out earlier, by constructing binomial trees with more and more smaller and smaller steps we can approximate geometric Brownian motion and hence the BS American price. In practice, the binomial tree is replaced by a trinomial tree, using just the same algorithm, because of the extra flexibility in calibration. Figure 16 was produced this way.

The Fundamental Theorem of Asset Pricing

So far we have looked at various cases. In the binomial tree, there is a unique choice of risk-neutral probability q such that an option with payoff G can be perfectly hedged if priced at its discounted risk-neutral expectation $\mathbb{E}_q[G/R]$. At any other value there is an arbitrage opportunity, by the Law of One Price. In a trinomial tree there are many possible choices for the risk-neutral transition probabilities and hence no unique option price. Uniqueness can be recovered by specifying a market price for one traded option, but in general it is true that an option creates arbitrage unless its price is the discounted expectation under *some* risk-neutral probability. No probabilities are required to specify the model. Moving on to the BS model, probabilities are required since the model is based on Brownian motion. However, by changing the original drift from m to r, the riskless interest rate, the discounted price is a martingale and an option can be perfectly hedged when priced at its risk-neutral expected value, so once again there is arbitrage unless it is valued that way.

Is all of this part of some 'big picture' that would also include wider classes of underlying price models such as discrete-time processes taking arbitrary values rather than just a finite number of values (as in binomial or trinomial trees), or more complicated continuous-time processes? If so, there ought to be a general theorem stating that a model does not present arbitrage opportunities if and only if the discounted price process is a martingale under some modification of the original probabilities. Such a result would be called the FTAP. The appearance of the BS formula set off a twenty-year quest for the FTAP, the final version being hunted down in two famous papers published in 1994 and 1998 by Delbaen and Schachermayer. FTAP is true but only after subtle modifications in the exact definition of 'arbitrage' and 'risk-neutral distribution'. We cannot go into details here, but can outline one or two of the ingredients.

A classic arbitrage strategy is 'doubling'. Suppose a coin is flipped repeatedly and you win or lose your stake at each turn. If you double your stake on each loss you are bound eventually to win. For example, if the initial stake is 1 and the first four throws are losses then you will have bet and lost $1 + 2 + 4 + 8 = 15$, but if the next bet 16 is a win then all your losses are erased and you have a net gain of 1. This strategy has long been called a martingale—it appears under that name in Thackeray's *Vanity Fair* (1848) along with a lurid description of the dire fates of the English beaux who played it at the gambling tables of Baden Baden. The catch is of course that the losses pile up alarmingly fast and the player is quite likely to run out of money before that long-awaited win saves the day. One can show (using martingale theory) that there can be no arbitrage strategy if the player's losses are never allowed to exceed some given limit. So any set-up where an unlimited number of bets can be made, a lower limit on the value of hedging strategies must be imposed.

Next, suppose we were to propose a stock price model such that the price paths are continuously differentiable, as shown in Figure 17. This means that at any time such as t_1 the path has a tangent, as shown, and if the slope is strictly positive then it will still be positive for some time beyond t_1, so there will always be some time $t_2 > t_1$ such that $S_{t_2} > S_{t_1}$. As traders, all we have to do is buy at t_1

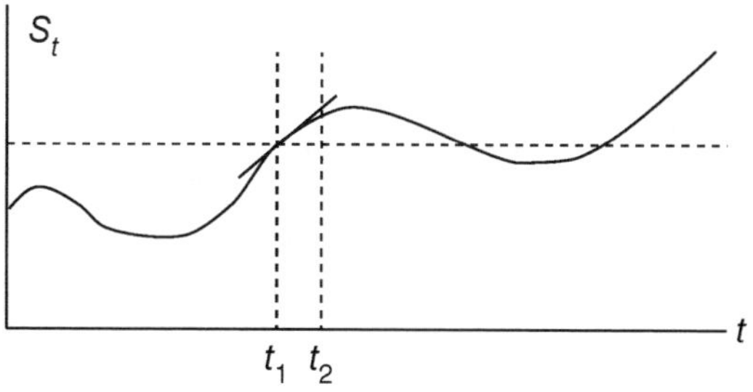

17. Continuously differentiable price path.

and sell at t_2 to make an arbitrage profit. To get a sensible model for finance, this must be ruled out, so if we want a model with continuous price paths, those paths cannot be continuously differentiable. Wiener proved that the Brownian motion path is *nowhere differentiable*, so this kind of arbitrage cannot occur in any model, such as the BS model, which is driven by Brownian motion. This is one of the many respects in which stochastic calculus seems miraculously tailored to the needs of financial modelling. Later authors showed that the nowhere differentiable property holds for all continuous-path martingales, so these processes are all viable candidates for use as asset price models, explaining the appearance of martingales in the FTAP.

Chapter 4
Interest rates

The world of interest rates is where Keynes's comment about money being a link between the present and the future is most apposite. Interest-rate related contracts can stretch out to thirty years or even longer, with high volumes of trading in the five to ten year range, giving an informative peek into the future.

In ordinary life one comes across many different interest rates—mortgage rates, rates on credit cards, rates paid by savings accounts, etc. These are mirrored in the commercial world by loans for short-term funding and longer term loans for business development and project finance. The reasons there are so many different rates are market conditions (how competitive is the market in that particular sector?) and *credit risk* (how sure is the lender that the loan will be repaid?). All of this used to be a matter between the bank and its clients, but organization of, and trading in, credit risk has ballooned in the 21st century; this is the subject of Chapter 5. First we will discuss trading of interest rates, focussing on the inter-bank market (that is, trading between banks) which is the area where most trading takes place, where most quant effort is deployed, and in whose development mathematical finance has played a key role. It is a satisfyingly 'clean' subject in that, for any one currency, there are only a handful of traded assets in stark contrast to the equity world where there are thousands of traded assets.

To get started we need some basic terminology. Interest rates are invariably quoted in annualized terms as percentages of some principal or 'notional' amount. The interest payments or 'coupons' may however be paid more frequently, for example quarterly, in which case something closely equal to a quarter of the annualized rate will be paid on each coupon date. There are sometimes confusing 'day-count' conventions the purpose of which is to determine precisely how much will be paid. These things are the bane of the quant's existence, but irrelevant to our discussion here. We will suppose that interest rates are directly stated on a per-period basis, so at rate c the coupon paid on a principal amount M is just $M \times c$.

A *bond* is a traded security specified by its maturity date, notional amount M, and interest rate c. The holder receives the stream of coupons up to the maturity date, at which the last coupon is paid together with the notional amount. Suppose the holder has bought the bond for price v when there are n periods left to maturity. The bond then has 'yield' y, defined as the interest rate such that a bank account with initial deposit v and paying interest at that rate would generate enough money to make all the coupon and principal payments on the bond. Specifically: an initial deposit q in an account paying y will be worth $q(1+y)^k$ after k years. The bond pays coupon Mc at that time, so an initial deposit $q_k = Mc/(1+y)^k$ would be enough to finance this coupon. Now sum these amounts over all coupon and notional payments to arrive at a total $q(y)$, and choose y such that $q(y) = v$, the market price of the bond. This value of y is the yield. It turns out (check the algebra!) that $y = c$ when $v = M$, that is when the price of the bond is equal to its notional. In this case we say the bond is *at par*. Note the inverse relationship between price and yield: yields fall when prices rise. A bond is usually at or close to par when first issued, but its price in the secondary market will adjust over time to be in line with prevailing market rates. Thus if rates fall then a bond that used to be at par will be paying an above-market coupon; this is valuable, so its price must rise causing its yield to fall into line with the current market.

A *zero coupon bond* (ZCB) pays no coupons but pays £1 at its maturity date T. The price at some earlier time t is written $p(t, T)$ and directly represents the discount factor or 'time value of money': a pound at time T is worth $p(t, T) < 1$ at t and the t-forward price for delivery of a non-dividend paying asset S at time T is $S_t/p(t, T)$. ZCBs are not directly traded in the market, but conceptually are the key quantities, needed whenever we want to value a basket of contracts making payments at different times. We will see later how ZCB prices are inferred from traded assets in the market.

The key data defining the inter-bank market are short-term rates, interest-rate futures, and swap rates. The short-term rates are known as LIBOR (London Interbank Offered Rate). These are compiled, for various currencies, by ICE (Intercontinental Exchange), an independent company, and are averages of rates charged by banks for short-term loans to other banks. The rates are announced daily. The terms specified range from one day ('overnight') to one year. Banks value their assets by discounting at the LIBOR rate. It is important to note that interest rates are always *set in advance and paid in arrears*: the rate is set at the beginning of the period it relates to (so investors know what they are in for) but payment is made at the end of the period. The three-month LIBOR rate is a standard 'benchmark' of a bank's funding costs, and there is a futures market on this rate. It works in exactly the same way as the index futures market described in Chapter 1 except that the final price to which a contract settles is the current 3m LIBOR rate (times some specified notional amount). Futures contracts are available with maturity times up to two or three years ahead. They are widely used for hedging, and their prices provide additional information about current rates.

Finally, there is the swaps market. In an interest rate swap two parties exchange payments on two bonds with the same notional amount, maturity, and coupon dates. One bond pays a fixed rate of interest c while the other pays, at each coupon date, a 'floating' rate equal to the LIBOR rate set at the preceding coupon date. The two parties are identified as the 'payer' and 'receiver', the payer being the one who pays the fixed-rate coupons. Since the bonds have the same notional, the final exchange of notional at the maturity time cancels out, so the whole process only involves exchange of coupons; this explains the term 'notional': the principal itself is never in play and the notional just defines the size of the contract. Nevertheless, it is conceptually helpful to think of a swap as an exchange of bonds. It is a remarkable fact that *the value of the floating-rate bond with unit notional is 1*; remarkable because at the beginning of the deal we have no idea what the values of later LIBOR rates will be. The point here is that the bonds are valued by discounting at the LIBOR rate, the same rate as the interest they pay. If the rate for the final period is L then the payment at maturity is $(1 + L)$, the notional plus the final interest payment; discounting at LIBOR, the value of this payment at the beginning of the final period is $(1 + L)/(1 + L) = 1$. Continuing backwards, it follows that the value is 1 at any coupon date and hence at the initial time. The same argument can be used to show the result already mentioned that a fixed rate bond is at par when its yield is equal to the coupon. Since the floating-rate side of a swap is always at par, the value of the swap is determined by the value of the fixed-rate side, which is obtained by summing the values of all the payments, discounted by the ZCB value for the time at which the payment is made. The *swap rate* is the value of the fixed-side coupon c such that the swap has value zero at inception.

Swap rates are *market data*. There is a very large and liquid market in swaps. They are traded with no up-front payment, so have 'fair value' only when the fixed-side rate is what the traders perceive to be the true swap rate, which will be fixed by negotiation and 'supply and demand'. The swap rate will depend on the maturity time and, on any day, quotes will be available for swaps with maturity one year, two years, etc., up to ten years, with sparser quotes after that stretching out to thirty years. What is *not* market data is the ZCB value. If we did know the ZCB values we would be able to calculate the swap rates, but in fact the problem is the other way round: given the swap rates, can we calculate the ZCB values? Indeed we can; the algorithm that does this is called a *yield curve generator*. The result is generally expressed in terms of the zero-coupon yield, that is, the interest rate corresponding to the ZCB value. Figure 18 shows the yield curves out to ten years for three currencies on a day in October 2017. Note how low the rates still are: even for the USA, the ten-year rate is under 2.5 per cent, and the Euroland rate is actually negative at the short end, unthinkable ten years ago. This situation is discussed in Chapter 8. Figure 18 is based only on swap rates and does not cover periods of less than one year. To fill in the short end, a commercial yield curve generator will use the other rates in the market, a selection

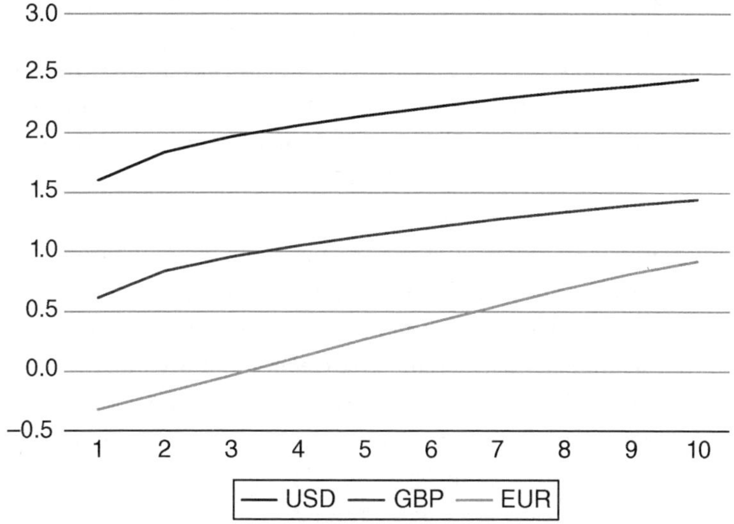

18. One- to ten-year yield curves (in %) for USD, GBP, EUR, 25 October 2017.

of LIBOR rates and futures. The algorithm will always involve interpolation, in order to determine the curve at arbitrary times, but given the amount of data available different banks will come up with yield curves that agree with each other to a high degree of accuracy. Calculating the yield curve is one of the most basic things a bank has to do.

The yield curve is a stochastic object, moving around over time. The reader is strongly recommended at this point to visit the website https://stockcharts.com/freecharts/yieldcurve.php where an animation showing the movement of the USD yield curve over the period 1999–date will be found. This movie deserves an Oscar for its dramatic twists and turns. One of the major achievements in mathematical finance has been to develop effective and elegant models to describe these movements.

The standard options contracts in interest rates are *caps* and *swaptions*. Like other options, they are only exercised if the payoff value is positive, so a premium is charged at inception for entering these contracts. If we are paying the LIBOR rate we are exposed to the risk that this might rise. Caps hedge this risk by specifying a maximum rate K, so if at a particular coupon date the LIBOR rate is L_k then the amount paid (per unit notional) is the lesser of L_k and K. Otherwise stated, the payoff of the option is $[L_k - K]^+$, so the cap is a call option on the LIBOR rate. In fact it is a strip of call options, one for each coupon date k. The individual options are called *caplets* and are priced one-by-one, the price of the cap being simply the sum of the caplet prices. Swaptions, on the other hand, do not break down into pieces in this way. A swaption is the right to enter a swap at some specified time T in the future at a fixed-side rate K set now. It is a *payer's swaption* or a *receiver's swaption* depending on whether the right conferred is the right to enter on the fixed-rate side or the floating side. A payer's swaption will be exercised only if the agreed rate K is less than the swap rate S_T that materializes at the exercise time. Then the holder is receiving the floating rate coupons but paying a below-market rate to get them. A primary function of the swaption is that it provides a mechanism for getting out of a swap. A swap is like a forward contract: it may turn out to be favourable or unfavourable for either of the parties. Suppose I am the receiver in a swap scheduled to terminate at T_2 with fixed-side rate K. Then I could negotiate a payer's swaption with the same notional to enter at some time T_1 between now and T_2 a swap extending over the period from T_1 to T_2 at the same fixed-side rate. If exercised, the second swap cancels out all remaining cash flows from the first swap, so the effect is just to cancel that swap. A more sophisticated contract is the *Bermuda swaption*. Here a notional amount and a fixed-side rate K together with a list of coupon dates up to a final terminal date T are agreed and the holder has the right to enter a swap, terminating at T, at any coupon date prior to T. The holder can then monitor the market and exercise (if at all) at the most favourable time. This is analogous to an American option, but generally an American option can be exercised at any time, whereas the Bermuda swaption can be exercised only at one of a finite list of times. The option is like Bermuda: between America and Europe, but closer to America.

Turning to stochastic modelling for interest rates, this is considerably more complicated than the modelling for stocks, indices, or FX, for two reasons. First, in the latter cases a small number n of asset prices $(S_t^1, \ldots, S_t^n)$ is being modelled, so the output of the model at any time is an n-vector. In interest rates, the object to be modelled is the yield curve, which is 'infinite dimensional' in that it cannot be represented exactly by a finite list of numbers. Second, in the case of stocks, etc., option payoffs are directly functions of the prices, while interest rate options are functions of quantities derived from the yield curve, such as LIBOR rates, which are not generally modelled directly. An exception is the LIBOR Market Model (LMM) discussed later in this chapter, and this is one of the reasons this model is so attractive. A consequence of the second point is that hedge parameters are also not direct outputs from the model and there is a variety of ways to get at them. Which should be used depends on the problem. In general, the theory of hedging in interest-rate markets is not a very well-developed subject, not because it can't be done but rather because, in practice, only quite simple strategies are implementable.

The oldest and most traditional approach to interest rate modelling is to model the *short rate*, which arises from the idea of continuous compounding. If we have a bank account starting with £1 and earning interest at a continuously compounding rate r then the balance at time t will be $\exp(rt)$. If the rate is time-varying, $r = r(t)$, then the balance is $\exp(\int_0^t r(s)ds)$. A short rate model assumes that $r(t)$ is a stochastic process, that is, evolves randomly over time. One of the best-known versions, the Hull–White model, assumes that $r(t)$ satisfies equations that are very similar to those satisfied by the log-price in BS, but with one important difference. Stock prices can rise to extreme values, while interest rates are 'mean reverting': they may sometimes rise to quite high values (but don't hold your breath), but will come back down again to levels in the range of, say 0–10 per cent. This mean-reverting behaviour is easily obtained by a simple modification of the BS model, and then ZCB, prices can be computed in closed form. They take the form $p(t, T) = f_h(t, T, r(t))$, that is, all ZCB prices are determined by the single number $r(t)$. The model includes a time-varying parameter h which can be adjusted to a value h_0 such that today's yield curve, the prices $p(0, T)$ are indeed equal to $f_{h_0}(0, T, r(0))$; the model is 'calibrated' to the yield curve. There are two further parameters, a volatility parameter σ and a mean-reversion parameter ℓ, that can be used to calibrate the model to market prices of caps or swaptions (but not both at the same time: it is a fact of life in interest rates that the cap and swaption markets are different things and no model can simultaneously calibrate to both). The Hull–White model is efficiently implemented as a trinomial tree (see Chapter 3). It used to be frowned upon because the short rate, being normally distributed, can be negative with positive probability; but now that negative rates do appear in the market (see the Euro rates in Figure 18) this feature is actually an advantage.

Short rate models have several shortcomings. The first is that they need re-calibrating every day. We choose h_0 at time 0 to match the prices $p(0, T)$, but the next day we observe a new yield curve that is not exactly matched by the model, so the parameter h_0 has to be adjusted to a new value, say h_1. This is similar to the BS model for equities where we choose an implied volatility to match option prices today but will need a different volatility tomorrow. In both case the conclusion is the same: the model is not rich enough. To take this further we need to examine the range of yield curve moves that occur in reality versus the moves the model is able to generate. The standard way to study yield curve moves empirically is to collect a sample consisting of a year or more of daily yield curves and applying a statistical technique known as Principal Components Analysis (PCA) which pulls out the main 'directions' in which yield curve moves take place. The results are shown schematically in Figure 19. The dominant move is a 'parallel shift', (a), in which the curve moves bodily up or down. The next most important move is a rotation (b) in which the moves at either end of the curve have different signs, and finally, less significantly, a

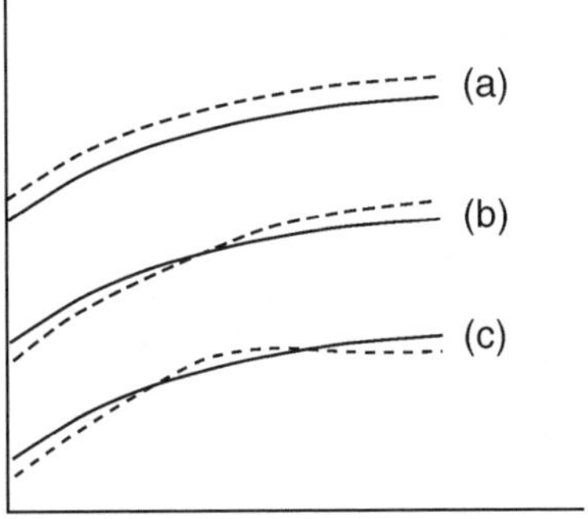

19. Yield curve moves: (a) parallel shift, (b) twist, (c) hump. Solid line is original curve; dotted line is shifted curve.

'parabolic' type of move (c) in which the central part of the curve moves up and the wings down, or conversely.

Returning to the short rate model, all the ZCB values, and hence yields, are functions of one parameter, the short rate $r(t)$, with the same sign: all ZCB value go down when $r(t)$ goes up. This implies that the output curve *can only be a parallel shift* of the time-0 curve. That is what is meant by saying that the short-rate model is not rich enough.

Figure 20 shows schematically what an ideal model should look like. It takes a yield curve $C(0)$ (today's curve, real data) and a noise signal to provide some randomness, and generates a random yield curve $C(t)$, say tomorrow's curve, as output; $C(t)$ is then a 'random variable'. Call the *support* $\mathfrak{S}$ of the output the smallest set of yield curves such that $C(t)$ belongs to that set with probability one; so $\mathfrak{S}$ is essentially the set of all possible curves that our stochastic model can produce. Then $\mathfrak{S}$ should be big enough so that when tomorrow's curve is revealed, it belongs to $\mathfrak{S}$; that is, the model is rich enough to encompass anything that might happen in practice. This is the test that short rate models fail: because only parallel shifts are possible, it is very likely that tomorrow's curve is one that is impossible within the model, an unsatisfactory state of affairs.

An influential approach to whole-yield models along the lines of Figure 20 was initiated by Heath, Jarrow, and Morton (HJM), and

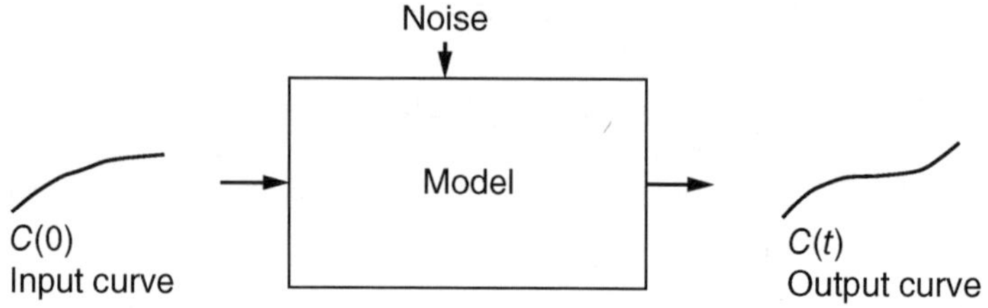

20. Whole-yield model.

independently in the UK by Babbs, in 1992; it is now universally referred to as 'HJM'. The theory is couched in terms of instantaneous forward rates, so we have to take a little detour to understand what that means.

Given times $T < U$, the ZCBs $p(0, T)$ and $p(0, U)$ define continuously compounding interest rates r_T and r_U over the periods from 0 to T, U respectively by $p(0, T) = e^{-r_T T}$. The *forward rate* r_f is the rate such that investing at r_T up to T and then switching to a rate r_f from T to U is equivalent to investing at r_U from 0 to U. It is easy to see that $r_f = (Ur_U - Tr_T)/(U - T)$ and $e^{r_f(U-T)} = p(0, T)/p(0, U)$, or equivalently that, with $x = U - T$, r_f is equal to $(\log p(0, T) - \log p(0, T + x))/x$. If x is small then this is an approximation to the 'infinitesimal' short rate $f(0, T)$ where $f(t, T) = (d/dT) \log p(t, T)$. By calculus, this implies that $p(t, T) = \exp(\int_t^T f(t, u)du)$. Thus there is a one-to-one relationship between $f(t, T)$ and the ZCB $p(t, T)$; the forward rate also determines the short rate, which is simply $r(t) = f(t, t)$. The reason for the choice of the forward rate as the object to model is that if there is no volatility then $f(t, T)$ has the same value $r(T)$ whatever t. That is because for any s, t we then have $\log p(s, T) = \log p(s, t) + \log p(t, T)$, so differentiating with respect to T the first term on the right drops out. A model will start with an initial condition $f(0, T)$ and, as indicated in Figure 20, specify a mechanism for producing a range of random values $f(t, T)$ at future times t. With no volatility, that is, no noise input, $f(t, T)$ does not vary at all—it is always equal to $f(0, T)$. So the purpose of the model is to describe how the deviation from this constant value evolves when there *is* volatility. As in BS, a model will always have two basic components, 'drift' and 'volatility'. The main result in HJM is that the drift is completely determined by the volatility, so only the latter needs to be specified to complete the model. How to do this has however proved to be a daunting task. The model is 'infinite-dimensional' in that we have to compute the solution for all the values of T from 0 up to some final maturity $T_{\max}$, so some quite sophisticated approximations will certainly be required when it comes to writing a computer program to implement the model. A minor industry sprang up concerned with developing appropriate theory, identifying cases where HJM is actually finite-dimensional and looking at simulation methods for doing the computations.

As so often in science, a shift in perspective broke the logjam. It turned out to be a better idea, instead of modelling instantaneous forward rates, to model *forward LIBOR rates*. Instead of HJM we get 'BGM' for the originators Brace, Gątarek, and Musiela, otherwise known as 'LMM', an equivalent construct due to Jamshidian. Suppose we have coupon dates $t_1, t_2, \ldots$ A forward LIBOR contract involves three times $t < t_k < t_{k+1}$. The relationship between the LIBOR rate set at t_k and the ZCB value is $p(t_k, t_{k+1}) = 1/(1 + L_k)$ since £1 accrues to £$(1 + L_k)$, so that £$1/(1 + L_k)$ accrues to £1. Thus the value at t_k of the payment made at t_{k+1} is $p(t_k, t_{k+1})L_k = L_k/(1 + L_k) = 1 - p(t_k, t_{k+1})$. Now suppose that at time t we form a portfolio that is long one t_k-bond and short one t_{k+1}-bond, with value $S_t = p(t, t_k) - p(t, t_{k+1})$. At t_k its value will be $S_{t_k} = 1 - p(t_k, t_{k+1})$, as the t_k-bond has matured to 1, exactly hedging the LIBOR payment. The time-t forward value of S_{t_k} is $f_t = S_t/p(t, t_k) = 1 - p(t, t_{k+1})/p(t, t_k)$ and the forward LIBOR rate $\mathcal{L}_k(t)$ is this value translated into 'rate' terms $f_t = \mathcal{L}_k(t)/(1 + \mathcal{L}_k(t))$, giving $\mathcal{L}_k(t) = p(t, t_k)/p(t, t_{k+1}) - 1$. Note that $1 + \mathcal{L}_k(t)$ is a ratio of bond prices, which can be interpreted as the value of the t_k bond expressed in units of the t_{k+1} bond as 'numéraire' asset. The BGM and LMM models make full use of this flexibility in the choice of a unit of account.

The LMM is a stochastic model representing the movements of a finite collection of forward LIBOR rates $\mathcal{L}_0, \mathcal{L}_{t_1}, \ldots, \mathcal{L}_{t_{m-1}}$ where 0, $t_1, \ldots, t_m$ are the coupon dates for, say, a cap initiated at time 0 and maturing at t_m. Note that the initial values $\mathcal{L}_k(0)$ are determined by the yield curve at the initial time and that $\mathcal{L}_0(0) = L_0$, the LIBOR rate set at that time, so no modelling of $\mathcal{L}_0$ is required, and each $\mathcal{L}_k(t)$ is 'alive' for times t between 0 and t_k where the forward rate settles at $\mathcal{L}_k(t_k) = L_k$. There is no randomness beyond t_{m-1} when the last LIBOR rate is set. Associated with each component $\mathcal{L}_k$ is a Brownian motion W_t^k (possibly correlated with other W_t^j) together with drift and diffusion coefficients. As in HJM, the nub of the matter lies in choosing the volatility functions. They are calibrated to whatever market cap rates are available for maturities in the range 0 to t_m. The whole model is simpler than HJM in that it is not infinite-dimensional; there are only $m - 1$ components. That could be a large number, though; for a five-year cap with quarterly coupons $m - 1 = 19$, so a considerable amount of computational effort could be required to obtain the solution. As in HJM, the drift coefficients are determined by the volatilities. Jamshidian's derivation of the formula that relates the two is one of the most elegant in the mathematical finance literature, involving an ingenious juggling of different numéraires (units of account) for the different forward LIBORs. A further pleasant property of the LMM is that when the volatilities are deterministic (i.e. non-random) then caplet prices are given exactly by a version of the BS formula.

All of the models considered can be used to calculate prices of the standard interest-rate derivatives, caps, and swaptions, in European or Bermuda form, although, as remarked earlier, separate calibration is needed for the two markets. In view of its complexity, Monte Carlo is the only viable computational technique for the LMM. However, this application required new developments in Monte Carlo. Recall from Chapter 3 that in computing the American option value we work *backwards* from the known exercise value at the final maturity time. Monte Carlo, on the other hand is essentially a *forwards* algorithm starting with initial prices and simulating future trajectories. It was a significant challenge to come up with Monte Carlo based algorithms that could incorporate the early exercise feature.

A major use of swaps, and the reason for the huge size of the market in them, is as hedging instruments for these derivatives.

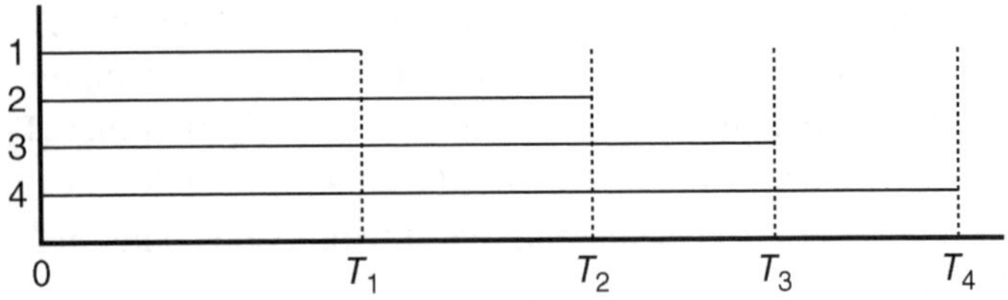

21. Maturity times for four hedging swaps.

The value of, say, a swaption at any time depends on the yield curve observed at that time covering the period up to the swaption maturity. Readily traded swaps depend on the same thing and so can be used to delta-hedge the swaption.

The procedure in brief outline is as follows, referring to Figure 21 in which T_4 is the maturity date of the swaption and we want to set up an initial hedge at time 0. Our hedging instruments are four swaps with maturities as shown in the figure. Each of the swaps depends on the yield curve up to its maturity, but not beyond, so we start with the T_4 and calculate the sensitivity of its value, and the value of the swaption, to F_3, the forward swap rate at T_3. By taking the ratio and trading that number of T_4 swaps we form a portfolio that is insensitive to movements in F_3. Moving backwards to T_2, we calculate the sensitivity of that portfolio to movements in F_2 and cancel out that sensitivity by adding the right number of T_2 swaps. Continuing in this way we arrive at a portfolio that is insensitive to any of the forward swap rates. Set up at 0, the portfolio will of course need rebalancing, with further trading in the swaps, as time goes on. Of course, there is much more to swaption hedging than this, but delta-hedging is the most basic ingredient.

Finally, we should mention the disruption of the interest rate market occasioned by the 2008 crisis. It used to be a beautiful world where there was one yield curve per currency and modelling was dominated by exceptionally elegant constructs such as the

LMM. Many relationships between various quantities follow, one of which concerns forward LIBOR rates. At any time t we can observe the three- and six-month LIBOR rates L_3 and L_6. We know the value of L_6 now, but we could also secure a LIBOR-based payment at six months by entering a forward rate agreement (FRA) for L_3 set three months from now. We should not be able to make an arbitrage profit by transactions of that kind, and this implies some relationship between the three- and six-month rates. The aftermath of the crisis saw a breakdown of trust between banks, so that a promised payment six months from now is regarded as more risky than one after three months, that is, *credit risk* has entered the picture. This has led to a world of multiple yield curves—one for each payment frequency—making valuation problems substantially more difficult. It means that the world of interest rates is no longer insulated from the world of credit, the subject of Chapter 5.

Aside from the credit question, LIBOR came under scrutiny in the aftermath of the crisis when it became clear that some traders in major banks had been colluding to manipulate the rate. This led to a general revision and tightening of the procedures and also to a search for an alternative to LIBOR as a benchmark interbank rate. There are several contenders but at the time of writing no final decision. It is a complex question if only because of the huge volume of live LIBOR-based contracts, all of which would have to be renegotiated were LIBOR not to be retained.

Chapter 5
Credit risk

Bonds were briefly described in Chapter 1. They are issued by corporations or other entities wishing to raise funds without creating new equity. Of course commercial loans have been around for centuries—see Shakespeare's *Merchant of Venice*—but the point about a bond in the modern sense is that it is a tradable asset. The issuer receives the principal amount on the issue date, then pays (to whoever owns the bond at the time) interest coupons at regular intervals and finally repays the principal along with the last interest coupon at the maturity date. Given this structure, what determines the coupon rate? It must be related to the 'credit worthiness' of the issuer, and this is formalized by rating agencies, of whom there are a small number operating globally, the best known two being Standard and Poor's (S&P) and Moody's. They assign a credit rating to each company under consideration, on a scale which, in the case of S&P for example, reads AAA, AA, . . . as listed in the first column of Table 5, AAA ('triple-A') being the most secure. A company's rating is based on a careful analysis of its accounts, its trading position, its performance in the stock market, and any other factors deemed relevant. The borrowing cost, the rate a company will have to pay to issue a bond, is closely related to its credit rating. It will never be less than the current rate offered on government bonds of comparable maturity, since the latter are deemed risk-free, and won't be much more than that for a triple-A corporation; the excess increases quite rapidly as we

Table 5 S&P Global Rating Transition Matrix 2016

From/to	AAA	AA	A	BBB	BB	B	CCC/C	D	NR
AAA	81.25	12.50	0.00	0.00	0.00	0.00	0.00	0.00	6.25
AA	0.00	90.11	6.50	0.00	0.00	0.00	0.00	0.00	3.39
A	0.00	0.82	91.02	4.01	0.00	0.00	0.00	0.00	4.15
BBB	0.00	0.00	2.62	87.70	3.23	0.17	0.06	0.00	6.23
BB	0.00	0.00	0.00	3.12	80.37	6.07	0.23	0.47	9.74
B	0.00	0.00	0.00	0.00	3.84	74.00	5.55	3.68	12.92
CCC/C	0.00	0.00	0.00	0.00	0.99	14.36	40.59	32.67	11.39

go down the rating order. The actual value will be fixed only days away from the issue date, depending on market demand. Generally bonds are at or very close to par at the issue date, that is, a £100 bond is sold for £100, but over time prices in the secondary market will adjust so that the yield on bonds with the same credit rating are closely aligned.

Credit ratings are revised at regular intervals and what is happening in the market is revealed by so-called 'credit transition matrices' such as the one at Table 5 which refers to the calendar year 2016. To construct it, list all the companies that were rated (say) AA on 1 January 2016, then list the ratings of the same companies on 1 January 2017. The numbers in the table at row AA are the fraction (in %) of the AA companies that migrated to the ratings given in the columns. We see that 90.11 per cent of AA companies stayed AA, while 6.5 per cent were downgraded to A. The last two columns are D for default, meaning that the company has gone into bankruptcy, and NR for not rated, meaning that the company is no longer rated, usually because it has merged with, or been taken over by, another company. In 2016, no AA firms defaulted and 3.39 per cent were no longer rated by the end of the year. It turns out that the numbers in the table are quite stable over successive years. Some analysts prefer to average them over, say, five years to get a more stable picture.

It is striking to realize that, while in 1980 there were sixty AAA-rated corporations in the USA, in 2018 just two remained, Microsoft and Johnson & Johnson; the third contender Exxon Mobil was downgraded in 2016 for the first time since 1949 due to instability in the oil market.

Turning to CDS, these were already outlined in Chapter 1. A CDS contract is written on a *specific bond* issued by XYZ plc, not on XYZ plc as a whole, and the concept of default is very different from default of a rated company as discussed earlier. For a CDS, 'default' means any infringement, however technical, of the terms of the bond contract, which provide for payment of exact amounts of coupon and principal on specific dates. XYZ plc could certainly default in this sense by some mischance while still being very much a going concern. When a default occurs the CDS writer (or 'protection seller') ABC has to pay the holder (protection buyer) the difference between the face value of the bond and its 'recovery value' which essentially is its post-default market value. This means that, in broad terms, holding an XYZ bond plus a CDS written on that bond is equivalent to holding a risk-free bond, since either there is no default or else the CDS holder will receive at default an amount equal to the face value of the bond, so the effect in economic terms is simply that the bond has matured early. For this reason the CDS premium paid by the protection buyer must be close to the 'spread' on the underlying bond, the spread being the amount by which the bond coupon exceeds that of a risk-free government bond.

Credit risk modelling and analysis

There are two risks in writing or holding a bond or CDS: market risk and credit risk. The former concerns the relationship between the coupon paid and current market conditions. Bond prices in the secondary market must adjust so that yields are comparable to current levels in the market. For example, suppose a bond is issued when rates are high and consequently pays a large (fixed) coupon. If rates then fall, the bond is 'off-market'—it is paying too much—so investors will pile in, pushing the price up above par and the yield down until the yield matches current market levels. Analysis of this phenomenon is a part of interest rate theory as discussed in Chapter 4 and is mainly a question of market volatility. Credit risk is a very different story concerned with the modelling of times of default, which are discrete events, not directly related to volatility. In the case of a CDS for example, a model should enable us to evaluate, at any time, the probability of default at subsequent coupon dates or at maturity.

As for other asset classes, credit risk models are required in two varieties, 'real-world' models that statistically describe the evolution of prices as they are observed in the market, and 'risk-neutral' models used for pricing à la BS. Often, the primary model will be the risk-neutral one, the 'real-world' model being the same but with an extra term reflecting the so-called *market price of risk*.

Credit risk models are divided into two main categories, known as 'structural form' and 'reduced form'. The former was initiated—as were so many things in mathematical finance—by Robert Merton, in a 1974 paper whose influence lives on. It is concerned with corporate debt and instantiates the idea that a firm will default when its assets are insufficient to cover a liability when the latter becomes due. Figure 22 shows this idea in the case of a single liability to be paid at time T; it shows two possible evolutions of the value of the firm's assets V_t, the solid line resulting in default as the end value is less than K, the liability. It is apparent from the figure that the default risk is a *put option on the value of the firm*: at time T the amount of the liability that the firm cannot pay is $[K - V_T]^+$, the put option exercise value, and the liability will not be paid in full if this option is in the money. A cheap way to complete the model is to suppose that the firm value follows a

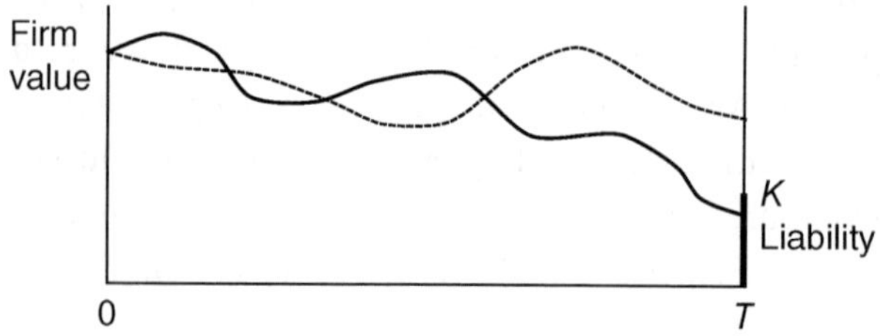

22. Evolution of firm value.

log-normal diffusion—the BS model—in which case the default probability is just $\mathcal{N}(d_2)$.

Firm value models cannot directly be used in practice in any straightforward way because the value of a firm is not observable data. It is not the same thing as market capitalization (the share price times the number of shares). Neither is it a traded asset, so it would be meaningless to build what is intended to be a risk-neutral firm value model whose growth rate is the riskless rate. Merton's idea is however valuable conceptually in isolating the essence of credit risk.

Structural form models. Practical structural form models drop the firm value interpretation and regard V_t as an abstract factor process. Following a 1976 paper by Black and Cox, default is deemed to occur at the first time t_D at which V_t reaches some low barrier level L as shown in Figure 23 rather than just checking the value at some payment date as in the Merton model of Figure 22.

If we want to use this model for pricing a CDS then the first task is to calibrate it, that is, select model parameters in such a way that model-predicted prices match the current prices of CDS contracts traded in the market. In this case the 'price' means the premium paid by the protection buyer (expressed as an annualized rate). The CDS contract plays out as follows: either there is no default, in which case the buyer pays the seller the premium coupons over the

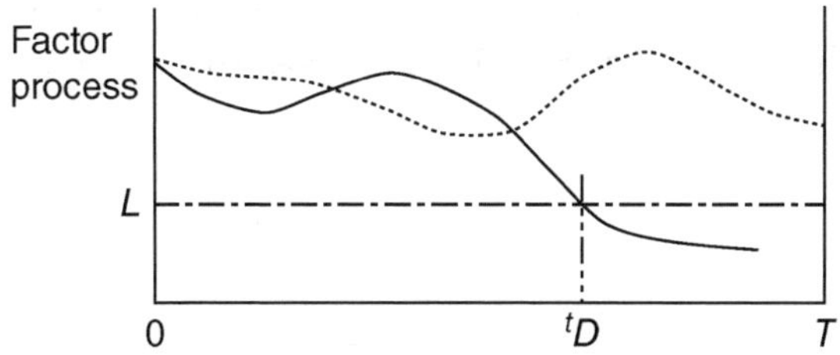

23. Barrier default model, with two trajectories of the factor process, one of which defaults at time t_D.

life of the contract with no payment the other way, or else XYZ defaults at some time before the end of the contract; then the buyer pays coupons only up to the default time and the seller pays the unrecovered post-default value of the XYX bond, that is, the amount by which its post-default market value falls short of the face value. The model is calibrated when the coupon rate is fair in the sense that the expected discounted value of the coupon payments exactly matches the expected discounted value of the post-default payment made by the seller. From the mathematical point of view all these values are expressed in terms of the distribution of the random default time t_D, so the calibration task boils down to specifying a process V_t and a barrier level L such that t_D has a specified distribution. Several ways to accomplish this task have been proposed, and finding an optimal one is still a topic of active research. It can be quite complicated, particularly if default is correlated with the movement of interest rates. How to specify the recovery value is another aspect which has sometimes been contentious, but this is a statistical rather than mathematical question.

To clarify the calibration procedure it might be helpful to consider a highly simplified example, as illustrated in Figure 24. We suppose that two CDS contracts are traded on the same underlying bond of XYZ plc, with maturities $T_1 = 1$ and $T_2 = 2$ years respectively, the protection buyer paying coupons c annually in advance. Thus for the one-year CDS, the buyer pays a single coupon $c = c_1$ at time 0. If XYZ defaults within the first year, the buyer will receive a payment U_1, the unrecovered post-default value of the bond, paid at T_1. For the two-year CDS, a coupon

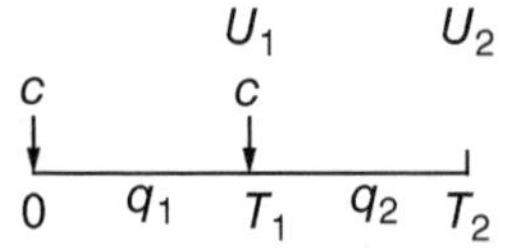

24. CDS calibration example.

payment $c = c_2$ is made at time 0, and a second coupon, also c_2, is paid at T_1 if XYZ has not defaulted before or at that time. The buyer will receive U_1 if default takes place in the first year and U_2, the unrecovered year two value if XYZ defaults in the second year. The coupon rates c_1 and c_2 are market data, set at time 0. We assume that U_1 and U_2 are known constants and that there is no interest-rate volatility, so we also have ZCB values $p_1 = p(0, T_1)$ and $p_2 = p(0, T_2)$.

Our model will specify (albeit indirectly) the risk-neutral distribution of the default time t_D, but it is clear that in this example we just need to know q_1 and q_2, the risk-neutral probabilities of default in the first and second years respectively. These probabilities are fixed by the requirement that for each CDS contract the net discounted value of the cash flows is zero—the contract is a 'fair game'. For the one-year contract, we pay c_1 at 0 and receive U_1 at T_1 if t_D is less than or equal to T_1, which happens with probability q_1. The condition for zero expected discounted value is $0 = c_1 - q_1 p_1 U_1$, fixing q_1 at $q_1 = c_1/(p_1 U_1)$. For the two-year CDS, default happens in the first year, in the second year or not at all, with probabilities q_1, $(1 - q_1)q_2$, $(1 - q_1) \times (1 - q_2)$ respectively. In the first case the cash flows are exactly as in the one-year CDS only with coupon c_2. In the second case we pay two coupons and receive U_2 at T_2; in the third we just pay the two coupons. Writing down the net discounted value condition gives us an equation to solve for q_2; we leave it to the reader to work out the details.

Real cases are much more complicated, in particular because the recovery payments and interest rates will be stochastic and may be correlated with each other and with the default events. But the principle is the same.

Having achieved calibration, our model can be used to price new contracts and to calculate the sensitivity of prices to, for example, movements in interest rates—this kind of information is essential for hedging purposes. It can also be adapted to provide a 'real-world' model for risk management purposes, bringing in statistical data such as the default transition rates of Table 5.

Reduced-form models. We now turn to the second class of default models, those in 'reduced form', which are based on the idea of default intensity: what is the probability that a firm will default tomorrow, given that it is still alive today? This is just conditional probability, governed by Bayes's formula which says that the conditional probability, denoted $\mathbb{P}(H\,|\,G)$, of an event H given that another event G has occurred is $\mathbb{P}(H\,|\,G) = \mathbb{P}(H \text{ and } G)/\mathbb{P}(G)$. So suppose we have a random default time T with density function f as shown in Figure 25. The probability that T occurs beyond a given time t is the area under the density function to the right of t, given by $B + C$ in the diagram, so the conditional probability that T occurs in a short interval of time a after t is $B/(B + C)$, and $B \approx f(t)a$. The area A is equal to the distribution function $F(t)$, so if we define $\ell(t) = f(t)/(1 - F(t))$ then $B/(B + C) \approx \ell(t)a$ for small a. We call $\ell(t)$ the *default intensity*. Specifying a default intensity is equivalent to specifying the distribution; in fact, $1 - F(t) = \exp(-\int_0^t \ell(s)ds)$. Note that if F is the exponential distribution $F(t) = 1 - \exp(-ct)$ then $\ell(t) \equiv c$. A reduced form default risk model is ultimately a specification of the default intensity, which can be random. More generally, there may be more than one default time, and other random factors specifying what happens at each time. For example, if we are considering a basket

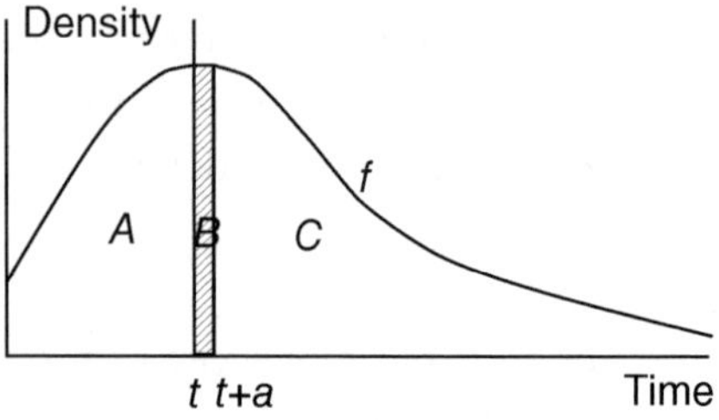

25. Density of default time distribution.

of two CDS written on firms XYZ and UVW then we don't know which one would default first, so a reduced-form model would specify the intensity for the first default time T_1 and an indicator variable I equal to 0 if XYZ defaults first and 1 if it is UVW.

Models based on similar principles are widespread in a huge range of applications in statistics and applied probability, any application in fact where the randomness consists of 'point events'—a sequence of random times at which random things happen. A classic example is queueing theory: customers arrive at check-out at random times carrying baskets requiring different amounts of processing time. The arrival rate is analogous to our default intensity. Other applications include insurance (incidence of claims) and medical statistics (incidence of disease, demands on accident and emergency services etc.) as well as, of course, credit risk.

A basic building block in all these applications is the *Poisson process* N_t. Take a sequence of independent random variables S_1, $S_2, \ldots$ each having the exponential distribution with parameter c, so that $\mathbb{P}[S_k > t] = e^{-ct}$, and for $n = 1, 2, \ldots$ let $T_n = S_1 + S_2 + \ldots + S_n$. Think of the T_k as times of 'events', so $S_k = T_k - T_{k-1}$ are the 'inter-arrival' times. For any time t the value of the Poisson process N_t is equal to the number of events that have occurred before or at t, so the sample path is a step-like function as shown in Figure 26. It turns out that, as the name suggests, N_t has the Poisson distribution, with parameter ct. The exponential distribution is

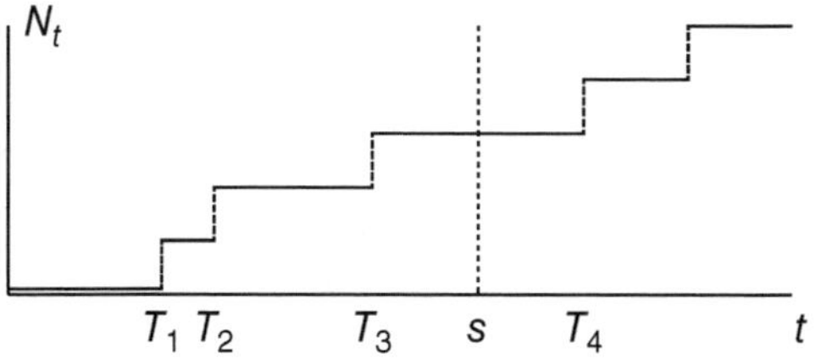

26. Poisson process sample path.

'memoryless': if T is exponentially distributed then $\mathbb{P}[T > s + t | T > s] = e^{-ct}$: the distribution of future waiting time doesn't depend on how long we have waited so far. Thus in Figure 26 the gap between a fixed time s and the next arrival time (in this case, T_4) has the same distribution as any S_k; consequently, the process 'restarts' at s, that is, the process $N_t - N_s, t \geq s$ is just another Poisson process, independent of what has happened before s. The expected value of N_t is $\mathbb{E}[N_t] = ct$, so $M_t = N_t - ct$ has expectation zero and by the memoryless property is a martingale, $\mathbb{E}[M_{t+s}|\mathcal{F}_t] = M_t$, where $\mathcal{F}_t$ represents the past up to t.

The 'compensated Poisson process' M_t plays a similar role in modelling point events as Brownian motion W_t plays in relation to continuous random trajectories: both are independent-increment processes and can be used as 'inputs' to construct more complex models. In particular it is straightforward to replace the Poisson 'rate' parameter c by a stochastic process $\ell(t)$ depending on other random factors, and to create random 'events' associated with each jump time T_k. This covers the application to multiple CDS contracts considered earlier.

A simple example is the 'diamond default model' illustrated in Figure 27, applicable to modelling possible defaults of two firms. There are four parameters $c_1, \ldots, c_4$. At the start, the default intensities of XYZ and UVW are c_1 and c_2 respectively; the intensity for the first default time is $c_1 + c_2$ and the probability that XYZ defaults first is $c_1/(c_1 + c_2)$. If XYX defaults first (an upward

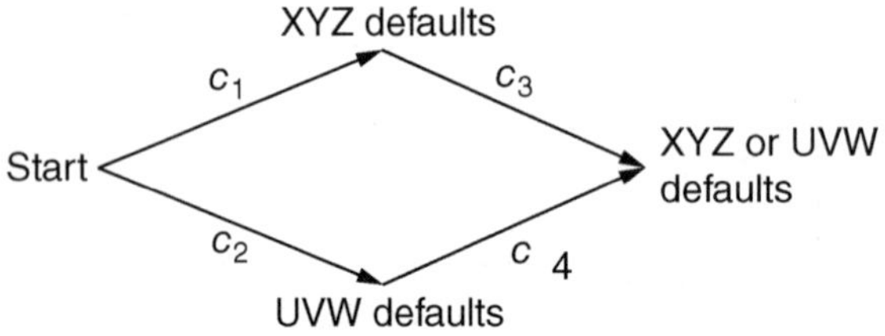

27. Diamond default model.

move, in the figure) then subsequently the intensity for the survivor UVW is c_3. This gives us the possibility to model the effect on UVW of default of XYZ. Similarly, if we have a downward move then UVW defaults first and XYZ then has default intensity c_4. If the firms are totally unrelated then we can set $c_3 = c_2$ and $c_4 = c_1$ so that the default intensities for XYZ and UVW are c_1 and c_2 whether or not the other has defaulted. $c_3 > c_2$ implies that XYZ's default has a negative impact on UVW, while if $c_3 < c_2$ the impact is positive—possibly UVW can take over some of XYZ's market share. This simple model is easily generalized in various ways. For example, there is no reason why the default intensities have to be constant; they could equally well—at greater computational cost—be stochastic. One could, for example, allow the default rates to depend on the current market CDS rates for the two firms.

This example points to a pervasive problem in credit risk modelling: while some parameters can be backed out by the calibration process, there are usually others about which the available data is insufficient for us to do anything more than take an educated guess. How do we know what the effect of default by XYZ will be on UVW, an event that has never hitherto occurred? Only by looking at analogous defaults in the past and/or by examining the business model of XYZ and UVW in some detail, giving at best a rough estimate, and this will be a 'real world' estimate. A risk-neutral estimate, needed for pricing, can only depend on market price data for traded contracts, and often there is no relevant data available. The sparsity of data means that credit risk modelling will never be an exact science on a level with the option pricing or interest rate analysis presented in earlier chapters.

A further application of models such as the diamond default model is in connection with Credit Value Adjustments (CVA). In recent years, since the 2008 crisis, financial regulators have imposed the requirement that pricing of essentially all contracts must take into account the possibility of default of the counterparty. At a stroke, this hugely enlarges the amount of quant effort that goes into credit risk evaluation. CVA is the difference between the default-free value of a contract and the value allowing for counterparty default or, if you like, the 'adjustment' that must be made to the 'traditional' pricing method which ignores questions of default. Prior to 2008, this risk was thought to be negligible for trading between banks.

To get some idea what CVA entails, let us consider a plain vanilla interest rate swap, as discussed in Chapter 3, in which at semi-annual coupon dates over N years one party (the payer, P) pays a fixed-rate coupon K while the counterparty (the receiver, R) pays LIBOR L. K is set at time 0 as the swap rate so that by definition the swap has zero value at inception. It also has zero value at maturity, after the final exchange of coupons, as there are no more cash flows. However, between those times it generally has non-zero value. A rise in the swap rate to $K' > K$ favours P, as he could at no cost enter a new swap as receiver; then the LIBOR payments cancel out and he is receiving coupons at a positive net rate $K' - K$ for the rest of the deal. Similarly, a fall in the swap rate is beneficial to R. Now consider CVA from P's point of view. If R defaults at, say, the kth coupon date then P will stop paying coupons too, so P has lost the opportunity to do the reverse trade and receive $K' - K$ net. If $K' > K$ the value of that loss is positive, equal to the sum of the discounted coupon values. But if $K' < K$ then P actually gains on default, since effectively the deal has been cancelled when it is not in his favour anyway. The two cases are sometimes called 'wrong-way risk' and 'right-way risk'. Nowadays, in addition to CVA there are all kinds of other adjustments, collectively known as XVA (plug in your favourite variety for X), which between them are intended to provide tighter risk control. Be that as it may, these adjustments have hugely increased the costs of the firms that have to compute them.

Multi-asset credit risk

We now turn to credit analysis for contracts involving multiple (dozens, thousands) of interest-paying securities. An essential problem arises here. Suppose cash amounts are due to us at various times from different parties (known in this context as 'obligors'). If the obligors have credit ratings then we may very well be able to assess accurately the default probability for each obligor separately. But what about correlation? For an n-vector of random variables there are $n(n-1)/2$ correlation coefficients, so 45 for $n = 10$ or 1,225 for $n = 50$. There is little or no data from which this massive number of correlations can be estimated, so we have to resort to *ad hoc* methods; we will describe two.

The first was developed by RiskMetrics, now a subsidiary of the risk analytics firm MSCI Inc. It relates to firms which both have a credit rating and are listed on a stock exchange. For simplicity, consider just two such firms and assume the rating categories are A, B, C, D (D for default). It is assumed that a rating transition matrix similar to Table 5 is available. Firms I and II are initially rated B and C respectively. Now let X_1, X_2 be a pair of random variables each having standard normal distribution $N(0, 1)$ and correlation r. Referring to Figure 28, divide the x-axis into intervals D, C, B, A whose $N(0, 1)$ probabilities are given by the B row of the rating transition matrix. Do the same for the y-axis using the C row instead of the B row. Taking a sample of (X_1, X_2), the square in which it falls determines rating transitions for firms I, II, each consistent with the probabilities in the rating transition matrix but with a *joint* distribution that depends on the assumed value of r. This value is taken as the sample correlation of the returns of the two firms' stock prices over a one- or three-year period. The procedure is artificial as there is no hard-and-fast reason why this correlation should coincide with default correlation; high stock correlation is, however, evidence that the two firms' fortunes are linked (positively or negatively), so at least this procedure biases the answer in the appropriate direction.

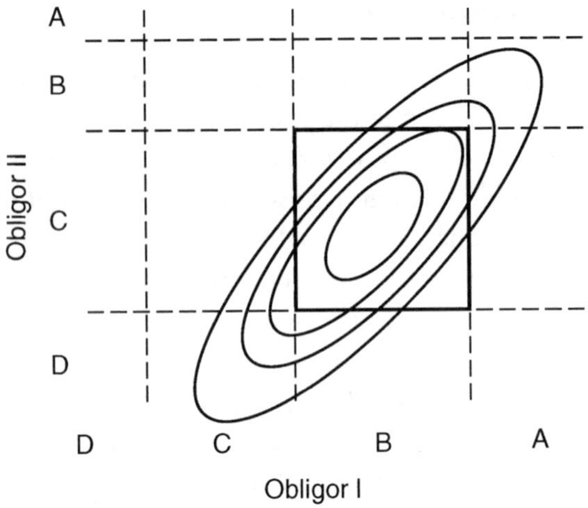

28. CreditMetrics bivariate rating transition model.

Note that to compute the new default probabilities we have to integrate the multivariate normal density over each of the cells determining a specific configuration of new credit ratings. With a large number of obligors this is a huge computation, perhaps best carried out by sophisticated Monte Carlo techniques.

A much simpler procedure was developed by Moody's based on the idea of a *diversity score*. It is known as Moody's BET (Binomial Expansion Technique) and is applicable when all firms in a bond portfolio have similar credit ratings. Each firm is assigned to one of thirty-two industry categories (aerospace, energy, consumer packaged goods . . .). We count the number of instances where a firm is the only one in the portfolio in its industry sector, and the number of pairs, triples, etc. The diversity score defined by Moody's is 1.0 for a single, 1.5 for a double, 2.0 for a triple, and so on for higher groupings. So if we had a portfolio of size ten consisting of three singles, two doubles, and one triple, its diversity score would be $3 \times 1.0 + 2 \times 1.5 + 1 \times 2.0 = 8.0$. Greater concentration means less diversity; the diversity score is equal to the size of the original portfolio only when each member is the unique representative of its industry sector. Now, for the purposes of default risk, we replace the original portfolio of ten bonds by a hypothetical portfolio of eight bonds each having a face value 1/8 of the total face value of the original portfolio. Defaults of the eight bonds are all independent with default intensity equal to some weighted average of the intensities for the original bonds. It follows that if in some period the implied default probability is q the probability that k out of the $n = 8$ hypothetical bonds will default is given by the binomial distribution $(n!/k!(n-k)!)q^k(1-q)^{n-k}$. This means that we only need to model *one* default intensity process to evaluate the performance of the whole portfolio. Rough and ready? Yes, but necessarily so. In any mathematical modelling task, a more complex model invariably means more parameters. Unless these parameters can be accurately and reliably estimated, extra complexity can easily make a model worse rather than better. Nowhere is this truer than in credit risk where, as alluded to earlier, data is lacking in so many key areas.

Collateralized Debt Obligations (CDO). A primary application of multi-asset credit risk models is pricing and risk analysis of CDOs. These are quite complex structures whose purpose is to stream the income from some portfolio of coupon-paying securities so as to match the appetite of potential investors. It sounds harmless, but unless properly managed CDOs can cause serious damage, the clearest example being the RMBS (residential mortgage-backed security) market in the USA which kicked off the 2008 financial crisis. This is discussed in Chapter 8.

The conventional structure of a CDO is shown in Figure 29. A 'special purpose vehicle' (SPV) is formed for this one transaction, that is, a registered company which will be legally separate from the bank setting up the deal. Ownership of a portfolio of securities ('bonds') is transferred to the SPV, which receives the coupon payments, represented by the arrows in the figure. The SPV now issues its own bonds in several different

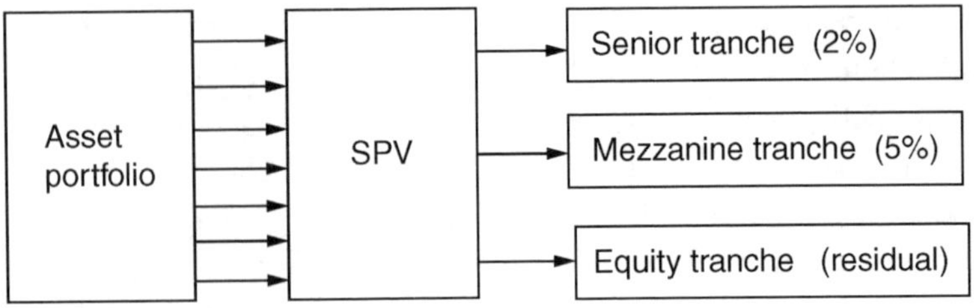

29. Collateralized debt obligation structure.

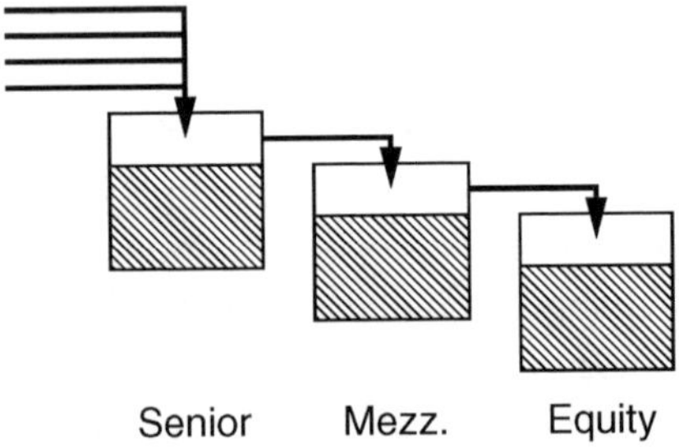

30. Cash flow waterfall.

'tranches' (three in the figure, labelled Senior, Mezzanine, and Equity, there could be more), all having the same coupon dates and all but the Equity tranche paying fixed coupons at contractually specified rates, as indicated in Figure 29. The funds needed to pay the coupons are derived from the receipts of coupon payments from the asset portfolio, and these are passed through the 'waterfall' structure illustrated in Figure 30.

Between the coupon dates of the bonds on the right in Figure 29, receipts of coupons received from the portfolio on the left are stored by the SPV. At a coupon date, the cash is streamed to the Senior bond-holders until the coupon due to them is fully paid, so their bucket is full. Then the cash flows through to the mezzanine bucket until that is full, then any remaining cash is paid to the Equity tranche. Thus the Equity tranche has no fixed coupon, it is just paid 'residual receipts', so an investment in it is more like investing in stock than in a bond, since no income is guaranteed; hence the name.

Given the portfolio of assets, designing a CDO means deciding on the number of tranches and, for each tranche, its size (i.e. the total face value of bonds issued) and the coupon it will pay. Constraints are the need to secure from rating agencies a credit rating for each tranche that will make that tranche attractive to investors. It is a lengthy process which doesn't always succeed.

Commentators sometimes deride CDOs as 'alchemy' as the assets in the portfolio, which may be rated no higher than B, are turned into AAA-rated bonds. This seems unfair. Returning to the waterfall analogy, if my house receives the water supply first and my neighbour's house only receives water when my needs are satisfied, then quite clearly I am in a better position than my neighbour, as she will be the first to suffer any shortfall. No base metal has been turned into gold. A more serious criticism is the hand-in-glove relationship between CDO issuers and rating agencies. The latter are paid by the former to carry out the rating process, and may lose market share to less scrupulous agencies if their standards are too strict. Some further discussion of this point will be found in Chapter 8.

Chapter 6
Fund management

Fund management is a huge industry. A survey by the UK Investment Association estimates that assets managed in the UK by its members in late 2016 totalled £6.9tn, with assets managed in the UK on behalf of UK investors rising to £1tn. A scientific basis for fund management was initiated in 1952 when Harry Markowitz—subsequently, an Economics Nobel Prize laureate—published his paper, 'Portfolio Selection', which begins as follows:

> The process of selecting a portfolio may be divided into two stages. The first stage starts with observation and experience and ends with beliefs about the future performances of available securities. The second stage starts with the relevant beliefs about future performances and ends with the choice of portfolio. This paper is concerned with the second stage.

In fact, the first stage is far harder, and there is never a definitive solution. Predicting the future is difficult in most situations, but particularly so for asset prices in financial markets, which are notoriously erratic. Indeed, the 'efficient markets hypothesis', accepted by some economists, postulates that all information relevant to systematic prediction is already 'priced in' to today's market, leaving only 'white noise' as the future. Traders, on the other hand, seek to take advantage of market anomalies to make arbitrage profits, an enterprise that would be impossible in an efficient market.

The difficulties of the first stage do not mean that nothing can be done in relation to the second stage. The beliefs about future performances will include acceptance that the future is grossly uncertain, dealt with by building mathematical models with an adequate degree of volatility, and then well-developed principles can be applied to come up with strategies that mitigate the risks of unfavourable scenarios and take advantage of favourable ones.

One of the principles is diversification, that is, 'don't put all your eggs in one basket'. Suppose we have £1 to invest in two securities at price £1 each, which will produce returns X and Y respectively, where X, Y have the same mean $m > 1$ and standard deviation $\sigma = 1$, and are correlated with correlation coefficient r. We decide to invest £a in the first security and £$(1 - a)$ in the second, giving a 'portfolio' $Z = aX + (1 - a)Y$.

Whatever a, Z has mean m. However the standard deviation of Z does depend on a, as shown in Figure 31, in which a appears along the horizontal axis and the portfolio standard deviation along the vertical axis. The different lines correspond to different values of r. If $r = +1$ then $X = Y$ and there is no 'portfolio effect'. However, if $r < 1$ then the variance is reduced, dramatically so for $r = -1$ when a 50/50 mixture of X and Y has variance 0, giving a sure profit of $m - 1$. We see that combining offsetting risks is a good way to reduce the standard deviation and hence the probability of making a loss.

Markowitz's conceptual contribution was to identify *mean* with *reward* and *variance* (or standard deviation) with *risk*. The latter is not completely straightforward because although the probability of loss increases with variance, we cannot precisely quantify this without knowing more about the return distribution. The controversy here is similar to that surrounding Value-at-Risk

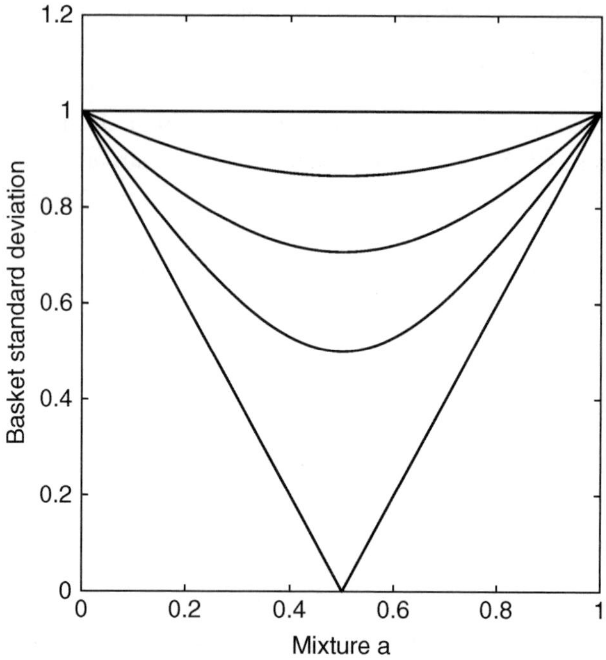

31. Dependence of standard deviation of mixture on correlation. Correlations are 1, 0.5, 0, −0.5, −1 (from top).

(VaR) as discussed in Chapter 7. The advantage is that we now have a problem with only two parameters, the portfolio mean m_p and variance σ_p^2. We define an *efficient portfolio* as one that maximizes m_p subject to $\sigma_p^2 \leq c$ for some specified maximum level c. It is clear that no portfolio that is not efficient can be optimal in this framework.

Optimization based on the Markowitz approach has been surprisingly long-lived in the world of 'traditional' fund management. In a universe of n securities it requires estimation of an n-dimensional mean vector and an $n \times n$ covariance matrix. The mean vector in particular is hard to estimate by purely statistical means and other, more qualitative, input can be used as well. F. Black (of the BS formula) and R. Litterman devised an algorithm (based on Kalman Filtering, for those familiar with it) for blending these two sources of information, which is widely used up to the present time.

One major shortcoming of the Markowitz approach is that it solves a 'one-shot' problem: we invest on Day 1, receive the payoff on Day 2, and that is the end. We could just repeat the process on Day 2, but that could require excessive trading if repeated every day, and there is no concept of long-run optimality. In reality, investment is a process that lasts over time, with revision of the portfolio when deemed appropriate. 'Dynamic' portfolio theory studies strategies in this situation. Aside from the extra realism, it enables us to study a variety of problems. Just maximizing wealth is not the only possible objective for an investor; there are also questions of sustainable spending. If you are managing, say, the London Mathematical Society's endowment fund then your objective is to disburse as much money as possible to support the mathematics community while maintaining the value of the fund so that the Society's activities can continue in perpetuity. There is a standard formula, the 'Yale formula', which says that the Society should invest for maximum growth while disbursing 4 per cent of the capital value of the fund each year. Is that optimal? In other cases, hedging as well as investment is involved. Insurance companies have obligations to make payments as specified by pension and life insurance contracts they have signed. They engage in asset/liability management (ALM) to ensure that they are in a position to meet these obligations, as well as staying solvent and providing a return to shareholders.

Mathematical study of dynamic strategies started in the 1950s with a highly stylized, but suggestive, paper by John Kelly of Bell Laboratories concerning repeated independent bets with favourable odds (so that the bettor expects to accumulate wealth). The rules are simple: at each turn the bettor announces his stake X, then a coin is flipped with heads probability $q > 1/2$; the bettor wins X on heads and loses X on tails. Suppose the bettor starts with an initial amount V_0, and express his fortune after N bets as $V_N = V_0 \times 2^{NG_N}$. Then G_N represents the achieved 'growth rate' of the fortune up to time N. For example, if $G_N = 1$ then the bettor has on average doubled his fortune on every turn. This is a standard way to report investment performance: annual reports will record that a fund has grown at 5 per cent over the past year, 3.5 per cent over the last two years (meaning 3.5% per year), etc. In Kelly's problem the bettor's objective is to *maximize the long-run growth rate*. To do this, he chooses to stake a fixed fraction f of his current fortune on each turn, so that at each turn his fortune is multiplied by $(1+f)$ on a win and by $(1-f)$ on a loss, so $V_N = V_0(1+f)^W(1-f)^L$ where W, L are the numbers of wins and losses up to time N. The corresponding growth rate G_N is

$$G_N = \frac{W}{N}\log_2(1+f) + \frac{L}{N}\log_2(1-f).$$

Now we appeal to the *law of large numbers* (see Chapter 2): the sample averages W/N and L/N converge to the corresponding mean values, which are q and $p = 1 - q$ respectively, so the long-run average growth rate is $G = q\log_2(1+f) + p\log_2(1-f)$. This is maximized when $f = 2q - 1$, giving a maximum growth rate of $G^* = 1 + q\log_2 q + p\log_2 p$, and this cannot be improved by employing different strategies such as varying f at each turn. The main 'output' from this example is that it is optimal to divide the cake into fractions and invest each fraction differently (in this case, staking it or leaving it on the table). This insight extends to many problems of greater complexity and realism.

In 1969, Robert Merton published a major paper on optimal investment in the context of the BS price model: there are n risky assets (stocks) each of which is modelled by BS with given incremental mean and variance parameters, and the n Brownian motions associated with these assets are all correlated, so we end up having to specify (as in Markowitz's model, but with a different interpretation) an n-vector of means and an $n \times n$ covariance matrix. There is also a 'riskless asset' (cash), a bank account paying a constant rate of interest.

It is quite possible to study optimal growth strategies in this framework, but Merton took a different tack, maximizing 'expected utility' instead, over a fixed time horizon or in the long run. Consumption was also included, so the investor's objective is not necessarily just to get rich. The idea of expected utility goes back to 1738 when it was proposed by Daniel Bernoulli in connection with the so-called St Petersburg paradox, a gambling conundrum of the day. The idea is that investors are 'risk-averse' and their degree of risk aversion depends on wealth. Otherwise put, the marginal value of an extra pound is a decreasing function of wealth, so a graph of value $U(w)$ against wealth w always has positive slope (more is preferred to less) but the slope decreases with increasing wealth; examples are $U(w) = \log w$, $\sqrt{w}$, $-1/w$ or indeed any power w^p/p with $p < 1, p \neq 0$. A function with these properties is a *utility function*, and the investor will seek a portfolio with random payoff W that maximizes $\mathbb{E}[U(W)]$. A consequence is that a risky investment will never be preferred to a sure payment unless its expected return is greater than the sure payment. A *risk-neutral* investor is one whose utility function is linear (has constant slope). Investors in this category compare investments only by comparing their expected payoffs. The risk-neutral distribution introduced in Chapter 3 prices everything by expectation, so these prices are 'fair' from the point of view of a risk-neutral investor.

Returning to Merton's problem, the investor starts with wealth $x > 0$ and engages in trading over a time interval $[0, T]$ without, in the simplest setting, extracting anything for consumption or adding any external funds into the portfolio along the way. Otherwise put, the investor is managing a *self-financing portfolio* in which purchases of assets must be funded by sales of other assets. Trading is 'frictionless', meaning that stock can be bought and sold at the same price in arbitrary amounts. The objective is to maximize the expected utility $\mathbb{E}[U(V_T)]$, where V_T is the final portfolio value at time T.

It is a remarkable fact that, for any of the utility functions mentioned, the optimal strategy is to keep *fixed fractions* $f_1, \ldots, f_n$ of portfolio value V_t in each of the stocks, with the remaining value $f_0 V_t$ in cash, where $f_0 = (1 - f_1 - \ldots - f_n)$ in cash. The fractions $f_0, \ldots, f_n$ do not have to be positive or less than 1: short-selling and leverage are allowed. The solution looks superficially very similar to that of Kelly's problem, and indeed the problems are closely related in the case $U(w) = \log w$. The investor will leave all the money in cash ($f_0 = 1$) only when all the stocks have the same mean growth rate as cash—then investing in a stock is taking on risk without any expected reward. Otherwise, there will be long or short positions in all stocks whose mean growth rate is greater or less than the cash rate. In practice, taking a short position is a somewhat cumbersome operation: the stock is borrowed from someone who owns it, and immediately sold for, say, £100. At some later time the stock is repurchased in the market and delivered back to the original owner. If the price has fallen to £90 then the investor makes a £10 profit, so in economic terms is 'short' the stock. Things are so much simpler in futures markets, where the mechanisms for going long or short are exactly the same.

The solution of Merton's problem is easily described but not so easily implemented: because the stock prices are moving around all the time, incessant rebalancing is required to keep the proportions constant. To get something more realistic, one has to take account of trading costs (the bid-ask spread). The analysis is then much more complicated but, in the case $n = 1$ of a single stock, easily described: instead of keeping a fixed fraction f_1 in stock, it is optimal to perform minimal trading in order to keep this fraction between limits f_1^- and f_1^+ that bracket f_1. No trading takes place while the observed fractions lie strictly inside these limits. This kind of analysis is helpful in enabling traders to gauge how far away from the ideal proportions the portfolio has to be before rebalancing is worthwhile.

Following Merton's early work there has been a huge amount of research into dynamic portfolio management, broadening out the range of models that can be considered and providing a general theory. This work has however had nothing like the impact on the practical world of investment that the BS theory and subsequent developments had on the world of option trading, which progressed hand-in-hand with the theory. The reason is easy to see: the models are too stylized and the results depend on parameters that are hard if not impossible to estimate. The very fact that there are so many fund managers in the industry, each with her own investment 'style' indicates that there is no consensus as to optimal behaviour. Indeed, markets would look very different if there were. There is one area in which theory and practice are coming together, and that is short-term trading ('optimal execution') algorithms employed in modern electronic trading platforms. This is discussed in Chapter 8.

There have been many attempts at constructing mathematical models for asset allocation that match real market behaviour more closely. As noted earlier, the basic problem is that markets appear so erratic. Is there anything about them that is more invariant, that is, always the same, or evolves slowly in predictable ways? A very remarkable one was discovered by Robert Fernholz and is shown in Figure 32.

Take all the firms listed on the New York Stock Exchange (at the moment, around 3,000), and arrange them in decreasing order of market cap (capitalization = number of shares × share price). Now divide each one by the sum to give the market cap in proportional terms, and plot a graph on a log-log scale, where the x-axis is the rank and the y-axis the relative market cap. This is Figure 32 where the curves relate to various dates in history from the 1920s to the present day. It is astonishing: the market share of the top

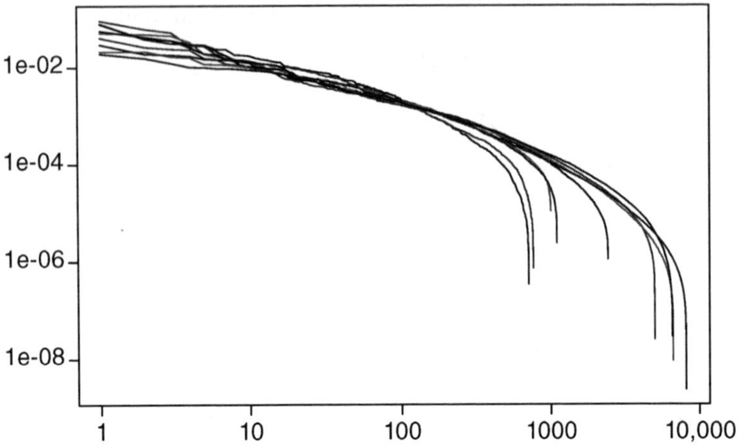

32. Distribution of New York Stock Exchange market capitalization.

hundred or so companies has varied hardly at all in getting on for a hundred years, and the only reason the curves spread out at the small-cap end is that the number of firms listed has significantly grown over time. They all drop off in very much the same way and the top, say, ten firms *never* have more than about 15 per cent of the total market cap.

None of the standard models for multiple stock prices has this feature. In the multidimensional BS model, for example, there is a significant probability that, at some time, a small group of stocks will constitute a large fraction of the total market cap, so clearly the model is missing something. It has been argued that there are significant differences in growth rates in different bands of market cap, and that investment strategies could be devised to take advantage of this feature. To do so, we need a model that does take rank into account, in particular influencing the growth rate. This is, however, far from straightforward because it means that the growth rates of stocks A and B have to change whenever A overtakes B in rank or vice versa. This has led to a whole new mathematical theory of 'rank-dependent diffusions', one of the many instances in which questions arising in finance have led to new research in probability.

The asset allocation problems described so far relate to investment horizons of at most a few years. What are we going to do about the long-term hedging problems faced in ALM in areas such as pensions and life insurance, where the liabilities can stretch out fifty years or more into the future? Prediction on this scale really is 'Knightian uncertainty': as Keynes put it, there is 'no scientific basis' for any probabilistic model. But business must go on, as indeed it has for hundreds of years, but the increasing speed and complexity of modern finance demands new and improved methods. The basic idea is to concentrate more on avoiding disaster than maximizing profits. Lacking credible dynamic models for the future, one falls back on the entirely defensible approach of 'what if?' analysis. A repertoire of possible future 'scenarios' is drawn up with a view to devising strategies such that the firm stands a high chance of survival even in the most unfavourable circumstances.

One way to represent the scenarios is in the form of a 'scenario tree' as shown in Figure 33. (This figure is purely for illustration—a real one would be far bigger.) Time 0 is the current time, and 1,2,3 represent times in the future, unevenly spaced; the gap 0–1 might be six months or a year and the gaps get increasingly long so that in total the time covered is, say, thirty years. The idea is of course that the future becomes more vague the further away it is. For the same reason, the number of branches from a node is large at node zero, where we have accurate information, and reduces further out. In Figure 33 we have a total of thirty scenarios: every possible path from left to right. At each node, a list of the values of various economic variables, stock index levels, interest rates, bond yields, economic growth figures, etc., is specified, along with liabilities that must be paid. Probabilities of the possible branches from each node—twenty-one nodes in the

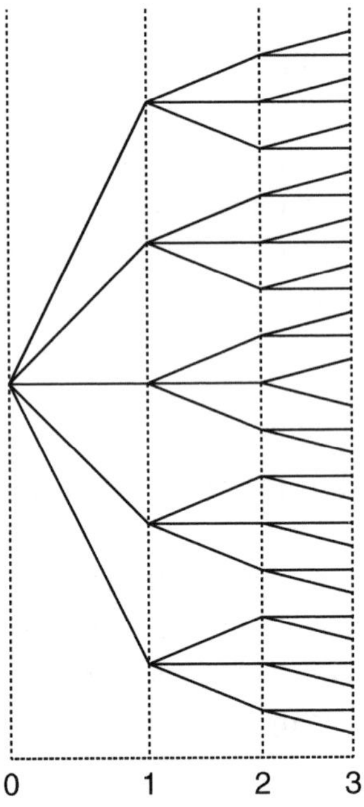

33. Scenario tree for long-term asset/liability management.

figure—are specified in as plausible a manner as possible. At each node we specify a penalty for failure to meet the liabilities. We now have a mathematical optimization problem: maximize the expected profit minus penalties over the possible asset allocations. It turns out that the solution is not very sensitive to the assignment of probabilities; if the penalties are sufficiently severe then only strategies that largely avoid the states where penalties are incurred can be optimal, even if these states have low probability. The main determining factor is a judicious choice of scenarios.

When the optimal solution has been computed, positions are taken in the market corresponding to the time-0 optimal allocations. The remaining decisions are never used. When the time comes to review asset allocations, the whole process is repeated, with the review time becoming 'time 0'. The scenario tree approach has proved highly successful is a variety of applications. Of course it is as much an art as a science, but that is inevitable when the time horizon is much longer than the maturity time of contracts available in the market.

Chapter 7
Risk management

The risk management function of a financial company monitors a whole zoo of risks that the company faces: market risk, credit risk, liquidity risk, operational risk (the risk of internal errors such as 'fat finger syndrome'), reputational risk, legal risk, etc., etc. Some of these are connected to regulatory requirements, while others are internal procedures designed to assist the management of the company's assets and liabilities. It is a big subject, and in this small chapter we focus exclusively on those areas in which mathematical finance plays an important role. Credit risk was discussed in Chapter 5; here we will discuss market risk, which is concerned with assessing how sensitive the value of the company's trading book is to anticipated movements in the market prices of the assets it contains. Evaluations are carried out at various levels of aggregation from individual trading desk to the company as a whole.

Market risk management is a curious mixture of real-world and risk neutral probabilities. Suppose we hold a call option on some underlying asset which matures six months from now, and its value now is £100. What might it be worth one week from now? Obtaining a value is a two-stage process: first we need to predict the value of the underlying asset and the implied volatility of the option one week ahead. That is a real-world calculation. But having made these predictions, the option value is given by the BS formula with those predictions plugged in, a *risk-neutral* expectation. One hardly notices this when the option is priced by a formula, but it becomes a live issue when the whole calculation is done by statistical simulation: then one needs to generate random price paths of the underlying asset following the real-world distribution for a week and then switching to the risk-neutral distribution.

In this context a point forecast is not very useful, it is more pertinent to compute the (real-world) distribution of the value one week ahead. But this is too complicated and what is needed is some carefully chosen statistic that summarizes the risk profile in a straightforward but informative way. In previous chapters, particularly in connection with optimal investment, the conventional representation of risk has been standard deviation. However, this mixes up gains and losses, while the latter are clearly more relevant from the 'risk' point of view. Quantiles are more informative, the y-quantile q_y of a distribution being the value at which the distribution function crosses level y, so the probability that the corresponding random variable is less than q_y is equal to y. See Figure 34.

Estimating quantiles and later observing the actual outcomes provides a highly intuitive and informative way to tell whether a risk-management algorithm is well calibrated. A typical result is shown in Figure 35, where the x-axis is time marked in (business) days and the y-axis is portfolio value. At each day the solid vertical

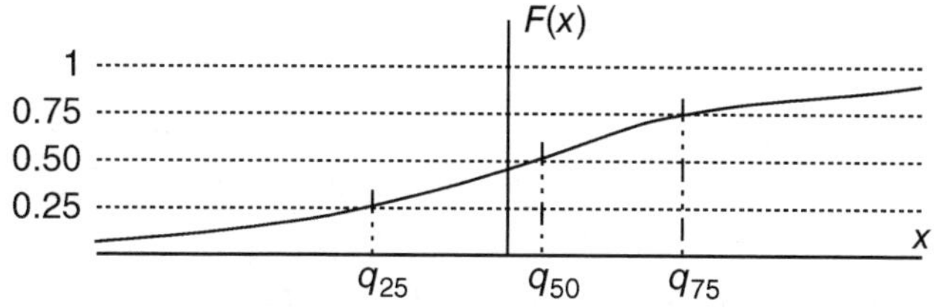

34. Twenty-five, 50, and 75 per cent quantiles of distribution function *F*.

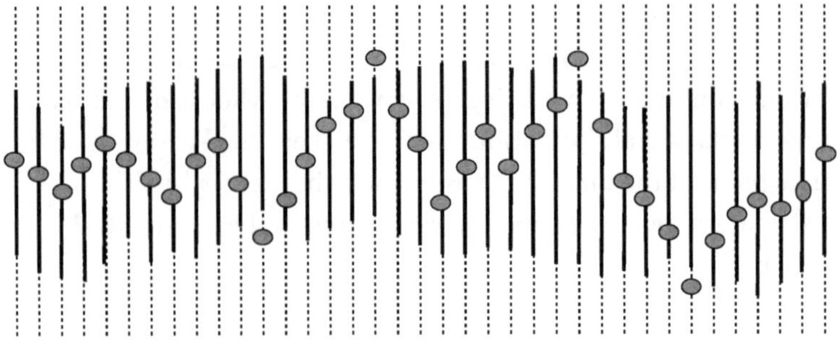

35. Predicted inter-quantile ranges and observed portfolio returns.

line represents the interval between the 5 per cent and 95 per cent quantiles of the portfolio return distribution (the inter-quantile range) that was predicted one week earlier, and the grey circle is the actual return over the past week. Since the inter-quantile range has probability 90 per cent, we expect that 10 per cent of the returns will be outside the range, and in the figure this is roughly true. Also the true returns are sprinkled quite uniformly over the range. If they had all been much closer to the centre of the range that would be evidence that the prediction model is mis-calibrated—the predicted range should be smaller. One can see at a glance whether the prediction model is doing its job.

The monitoring procedure just described is attractive but has one defect: implicitly it assumes the future will be much like the recent past. There is no allowance for occasional sudden 'shocks' that would trigger major losses. Separate measures, specifically taking care with the portfolio composition so that overall it is well hedged, must be taken to guard against shocks.

Predicting the return quantiles can be done in various ways. One of them is to use an econometric model, as outlined in Chapter 2, with parameters estimated from data from the recent past and/or from various 'stressed' periods in history if one wants a more conservative estimate. Having calibrated the model, predictions can be calculated either analytically or via Monte Carlo simulation. Alternatively, a more data-driven approach can be used by looking at empirical distributions of past returns.

Turning to regulatory requirements imposed on the banking sector, these are determined internationally by the 'bankers bank' BIS (the Bank for International Settlements) in Basel, otherwise known as the 'Basel Committee'. It promulgates rules requiring banks to hold a buffer of capital related to the perceived riskiness of their trading positions. In contrast to the monitoring procedure described earlier, these rules are entirely concerned with ensuring that banks avoid life-threatening losses so, referring to Figure 34, they refer exclusively to the extreme left-hand end of the return distribution. The question is what 'risk measure', that is, statistic, the bank should be required to compute. For a long time after its introduction in the 1990s the answer to that question was 'VaR', a quantity measured in monetary terms, say dollars. Figure 36 shows the definition.

The function F is the distribution of X, the change in portfolio dollar value (not return) over some given holding period. Thus the portfolio has made a profit if $X > 0$ and a loss if $X < 0$. The VaR at level a, denoted VaR_a, is the value x such that $F(-x) = 1 - a$. Here a is a number close to 1, generally written as a percentage, as in $a = 99\%$, so the statement $\mathrm{VaR}_{99\%} = \$1\mathrm{m}$ is saying that with 99 per cent probability the loss will not exceed \$1m.

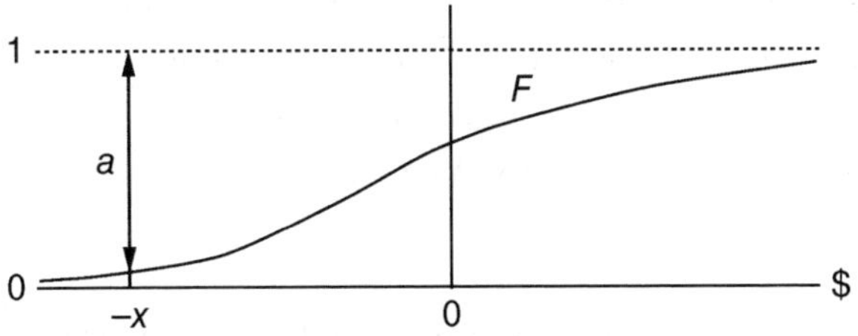

36. Distribution function *F* of change in portfolio value.

VaR is not without controversy. First, how to estimate it at extreme levels like 99 per cent is far from obvious. Unlike the monitoring process of Figure 35, one cannot just observe the exceptions (the points outside the inter-quantile range) and check that they occur with the appropriate frequency: at the extreme negative end, one sincerely hopes *never to observe* an exception. More fundamentally, VaR ignores the magnitude of losses beyond VaR. It could be that some really huge loss is lurking at a probability just slightly less that of the VaR threshold. Surely this possibility should somehow be accounted for.

In a highly influential 1999 paper, Artzner, Delbaen, Eber, and Heath set about formulating axiomatic criteria that a satisfactory risk measure should satisfy. In their formulation, a risk measure attaches a number $R(X)$ in dollars to each random portfolio X, interpreted as a portfolio value. The axioms are

(i) $R(0) = 0$.
(ii) If, with probability 1, $X_1 \leq X_2$ then $R(X_1) \geq R(X_2)$.
(iii) For any constant a and portfolio X, $R(X + a) = R(X) - a$.
(iv) For any two portfolios X_1 and X_2 we have $R(X_1 + X_2) \leq R(X_1) + R(X_2)$.
(v) For constant $a > 0$ and portfolio X, $R(aX) = aR(X)$.

Axiom (i) just says that if you are out of the market you run no risk; (ii) says that if portfolio X_2 always outperforms X_1 then X_2 is less risky than X_1; (iii) formalizes the idea that risk is measured in cash: if I give you \$1 then your risk is reduced by \$1; (iv) is the 'diversification' axiom: if you combine two portfolios then the risk of the new big portfolio cannot be more than the sum of the individual risks. Finally, (v) encapsulates 'scalability': double the portfolio size, double the risk. A risk measure satisfying all these conditions is said to be *coherent*.

The first four axioms are uncontroversial. Axiom (v) is more debatable as it apparently ignores liquidity questions: a huge portfolio could incur extra risks related to the difficulty of realizing its value in the market, whereas a smaller one could be more liquidly traded. Later contributors have replaced (iv) and (v) by a convexity condition that permits liquidity risk to be included. Adding axiom (v) to this implies coherence, that is, (iv) is then satisfied as well.

Although $R(X)$ is defined as a function of a random variable X, in almost every application it only depends on F_X, the distribution of X, as in the case of VaR, so we can write $R(F)$ for the risk of a portfolio whose distribution is F.

It turns out that VaR is not a coherent risk measure; it is possible to find examples in which the diversification axiom (iv) is not satisfied, although these examples are somewhat artificial and many have argued that (iv) will generally be satisfied for realistic portfolio distributions. Nonetheless, the combination of non-coherence and the loss-beyond-VaR question has lead to a search for better alternatives, and the spotlight is now turned on the so-called Expected Shortfall (ES) risk measure, which is coherent and does incorporate the effect of improbable but large losses. ES is defined as the *conditional expected loss beyond* VaR_a. Figure 37 shows the idea: ES_a is VaR_a plus the value of the 'put option' shown in the figure, conditional on it being in the money, the latter term being equal to $1/(1 - a)$ times the expected value of the put payoff.

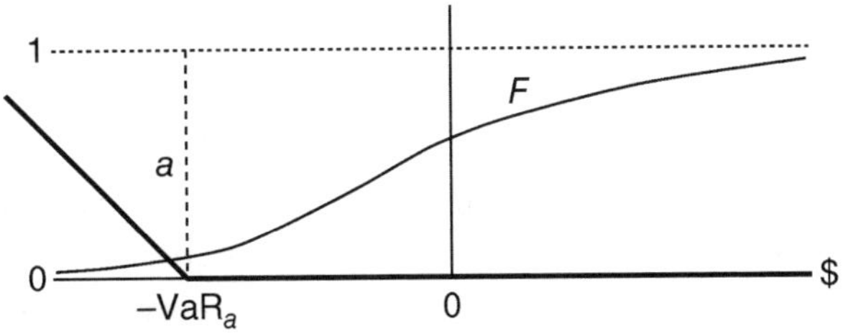

37. Expected Shortfall.

By definition, ES_a is never less than VaR_a. The reader can check that the two are equal only when there is positive probability $(1 - a)$ of a loss of size VaR_a and probability zero of bigger losses—so this is the most optimistic possible way in which losses beyond VaR_a could occur. ES_a allows big losses to spread out over a larger range.

In recent years the BIS regulations are increasingly specifying ES in place of VaR as the approved risk measure, but there has been some backlash. Several counter-arguments have been advanced, but here we will concentrate on one of them: the sheer difficulty of computing that apparently innocent thing, an expectation. An alternative and equivalent definition of ES is the integral

$$\mathrm{ES}_a = \frac{1}{1-a}\int_0^{1-a} \mathrm{VaR}_s ds. \tag{12}$$

To compute this we need to know VaR_s for all levels s between 0 and $1-a$, but no amount of data will give us this information directly, since VaR_s increases to infinity as s approaches 0 and consequently any errors in estimating the large-loss quantiles can lead to significant errors in estimating ES. In summary, the calculation of ES is highly sensitive to things we cannot actually observe. So what can be done? Unsurprisingly, a huge amount of work by statisticians and econometricians has addressed this issue. Some of the methods used are as follows.

(a) Build econometric models such as the GARCH model described in Chapter 2 using input 'noise' variables W_k whose distributions are chosen to reflect the empirical distributions of such data as is available. The model is then calibrated to the portfolio data under consideration, following which the ES can be calculated by Monte Carlo simulation (or, occasionally, analytically). This gives us an answer, but does make the tacit assumption that extrapolation from the observed data is reliable.

(b) Use 'extreme value theory'. This is a branch of statistics, dating back originally to R.A. Fisher and L. Tippett in 1928, on which a huge literature now exists. Recall the CLT described in Chapter 2, which says that if we take a sequence of suitably normalized sums of i.i.d. random variables then the distributions of the terms in the sequence converge to the normal distribution. In the CLT the normalization consists, for the nth term, of subtracting the mean and dividing by $\sqrt{n}$. In extreme value theory, 'sum' is replaced by 'maximum' and we ask the same question. The Fisher–Tippett theorem asserts that if a suitable norming sequence exists then the limiting distribution must belong to one of three categories, each category consisting of a one-parameter family of distributions. Then it is possible to disentangle, for each of the three categories, what properties of the distribution function for the underlying i.i.d. variates lead to an extreme value distribution in that category. This can help us in categorizing the extreme-loss distributions in portfolio models.

(c) A more radical approach is to abandon ES altogether, replacing it by EMS—expected *median* shortfall—in which instead of taking the conditional mean of the shortfall we take the conditional median. But $\mathrm{EMS}_a = \mathrm{VaR}_b$ where $b = (1 + a)/2$, so calculating EMS requires only VaR technology.

In the end, the main point of calculating ES is to estimate the gap between ES and VaR in order to quantify the extra capital buffer that should be required to allow for losses beyond VaR. Since there is so much uncertainty about estimating these small probabilities EMS, just equal to VaR at a higher confidence level, seems a definite contender.

This discussion leads to the next question: having settled on an algorithm for computing a risk measure, how can we tell whether the answers it produces are correct? Nothing can be said about a single calculation in which we produce a value of the risk measure and then eventually observe the portfolio value X that materializes; whatever value of X is observed we cannot say whether the risk measure calculation was correct or not. But with a sequence of such calculations and outcomes we can, as in Figure 35, assess whether the process is well calibrated. Here VaR has a decisive advantage, hinging on a well-known result called the probability integral transform (PIT); if X is a random variable with continuous distribution function F then the random variable $U = F(X)$ has the uniform distribution on the unit interval, that is, it is a 'random number' in the computing sense of the term. Further $X < q_a$ is the same thing as $U < 1 - a$. You can see all this from Figure 34: the probability that X falls in the interval from q_{25} to q_{50} is 0.25, and this is the probability that $U = F(X)$ lies between 0.25 and 0.5. So the probability that U lies in any interval is equal to the length of that interval; that is the uniform distribution. Now suppose that we observe portfolio values X_1, $X_2, \ldots$ over time and, at each time $k - 1$ we forecast q_k the quantile corresponding to to the VaR_a of the next observation X_k. Then we define a random variable B_k to be 1 if X_k is beyond the VaR threshold and 0 if it is not. This is a 'Bernoulli' random variable—it just takes the values 0 or 1—and it follows from the PIT that *if* our calculations are correct the probability that $B_k = 1$ is $(1 - a)$ and that all the B_ks are independent. So correct calculations mean that we have generated an i.i.d. sequence of Bernoulli random variables. There is a whole battery of tests in the statistical literature aimed at accepting or rejecting the i.i.d. hypothesis for a Bernoulli sequence. By using these test we can judge whether our VaR calculation procedure is well-founded or not.

There is no other risk measure for which the possibilities for verification of correctness are so favourable. For risk measures such as ES that involve expectations it is possible to devise criteria that will be satisfied whenever the forecasts are correct, but these are less universal than the PIT test and not amenable to standard statistical tests. This is one good reason for the backlash against ES and in favour of VaR.

From the discussion in this chapter one can see that risk management is a very different game to the 'classical' mathematical finance of preceding chapters. The reason is that we are not directly concerned with pricing, but rather with outcomes. Outcomes occur in the real world, not the risk-neutral world so, naturally, techniques from statistics and econometrics are the way to assess them. At the same time 'valuation' and 'outcomes' are two sides of the same coin and it adds value to approach both sides with a holistic point of view.

Chapter 8
The banking crisis and its aftermath

In this chapter we look at what happened in 2008 and subsequently. The banking crisis was a cataclysmic event that, one way or another, has affected the lives of most people on the planet. It would be out of place to go into these wider implications here. Consonant with the aims of this book, I will discuss two questions in the two sections of the chapter: what happened to the banks; and what has been the fallout for mathematical finance?

The banking crisis of 2008

We are all familiar with grand bank buildings, constructed on an epic scale and endowed with Greek-columned porticos and other evocations of antiquity. A trend-setting example was the Bank of England, designed in the neo-classical style by Sir John Soane, who was appointed in 1788 and worked on the building on and off for the next forty-five years. What is the point of these extravagant constructions? Clearly, it is to project an image of the Bank as a rock of stability, trustworthiness, and reliability in an uncertain world. In reality, nothing could be further from the truth. A bank is an organization that does not produce anything tangible and—thanks to the institution of fractional reserve banking—cannot pay its depositors on demand. Every banker dreads the day when, as happened to Northern Rock (note the name) on 14 September 2007, customers are found queueing at the door asking for their money back. It was the first UK bank run since 1866. There have been far more bank failures in the USA, mainly small local banks in the depression era. Indeed, Franklin D. Roosevelt's first 'fireside chat' radio broadcast on 12 March 1933, eight days after taking office, concerned the banking crisis, and the President explained to his listeners in words of one syllable that when you deposit your money in a bank, the bank doesn't just store it in the vault.

Because of fractional reserve, the bank is highly 'levered'—its liabilities exceed its equity (i.e. the bank's own money) by a large factor. This means that relatively small changes in the value of its liabilities have a large effect on the bank's net position. To balance things up, banks engage in inter-bank borrowing and lending; there is a well-developed system by which short-term loans (overnight to a few months) can be quickly arranged. In banking jargon, the inter-bank market is highly liquid. LIBOR, the London inter-bank offer rate that we discussed in Chapter 4, is just an average of rates charged by banks for lending to each other. The 2008 crisis was a 'liquidity crisis' caused by the inter-bank market seizing up. The reason for this was dislocation in the sub-prime mortgage market, a topic that is exposed in all its gory detail in Michael Lewis's book *The Big Short* or in the excellent film of the same name.

We discussed CDOs in Chapter 5. Assets are bundled together and the income from them is streamed to bondholders in various categories, the top category being the 'senior tranche', rated AAA with the implication that bonds in this tranche are only fractionally less secure than a government bond. When the assets are mortgages the CDO is called an RMBS so the coupons paid to the SPV are the mortgage payments made by the householders, of whom the would be hundreds in any one RMBS.

It is beyond the scope of this book to go into complete detail here, but in brief the story is this. In the 1990s and 2000s the US

Congress introduced measures to encourage 'affordable housing'. To make this work, mortgage providers had to increase the proportion of sub-prime mortgages issued, meaning more expensive mortgages granted to people whose income and/or credit record would prevent their qualifying for a regular mortgage. The mortgages were then packaged into sub-prime RMBS, providing attractive returns for investors given that the upper tranches were still awarded top credit ratings. These tranches were heavily marketed to investors all over the world. In 2006 America suffered a nationwide house-price slump, causing mayhem in the mortgage market as mortgage holders slipped into negative-equity territory, and the RMBS tranches lost value rapidly. A quirk of US mortgages is that the holder has a 'put option' on her house: she has the legal right to hand in the keys to the bank and walk away. Many did.

The first banking casualty was New York bank Bear Stearns which had launched two RMBS-based hedge funds. On 16 July 2007, Bear Stearns announced that the two funds had lost almost all value, and eventually, in March 2008 after a brief intervention from the New York Federal Reserve Bank (the Fed), Bear Stearns was sold to J P Morgan-Chase for $2 a share. By this time banks all over the world were awash with securities that nobody knew how to value but were certainly not worth much. Trust between banks withered and the inter-bank lending market froze. The most spectacular casualty was Lehman Brothers, whose fortunes spiralled downhill over heavy participation in the RMBS market. In September 2008 it was unable to borrow from other banks, and the Fed declined to step in, leading to the biggest bankruptcy in American corporate history on 15 September. By this time the financial crisis was in full swing, with banks unable to borrow funds commercially because of doubts about their viability, leaving them dependent on government bail-outs.

The story is a toxic mixture of mismanagement, miscalculation, and outright fraud. There is plenty of blame to go round and the quants cannot completely absolve themselves, although arguably the rating agencies should accrue more. It was certainly a mistake to award a triple-A rating to any part of an RMBS. As mentioned earlier, only a handful of real corporations are awarded this gold-star rating, yet we arrived at a situation where thousands of CDO and RMBS tranches had it too. Was it really credible to claim that every one of these tranches was *pari passu* with Johnson & Johnson in terms of default risk?

The procedure for constructing a CDO was outlined in Chapter 5. Many have rightly pointed to the symbiotic relationship between rating agency and trading desk in this process as a prime cause of the errors that were made. But this is a technical point. Ultimately the board of a company is responsible for managing it, and most CEOs proved unable to resist the temptation to dance while the music was playing. They should have examined the state of the dance floor first.

Post-crisis mathematical finance

Since 2008 three factors have been at play, which between them have revolutionized the way the financial sector works. They are: (i) changes in the regulatory environment and other measures designed to prevent the recurrence of banking crises, (ii) rapid development of new technology, leading to a whole new industry under the umbrella name of FinTech, and (iii) the long-term persistence of ultra-low interest rates, causing a major shift in the balance between the present and the future. Item (iii) is beyond the scope of this book, but items (i) and (ii) have greatly affected the aims and scope of mathematical finance in ways that we now describe.

In response to the crisis the regulatory framework of the banking sector has been significantly tightened up in a bid to ensure that banks do not run out of money. What this means from the quant perspective is that many quants have been shifted from revenue-generating trading desks to the cost centre of risk management. There, their job is to compute the long list of value adjustments, or 'XVA' as outlined in Chapter 5. One effect of this change has been to kill any market for 'exotic' options with elaborate payoffs: with the adjustments in place, even a plain vanilla call option is 'exotic'. Instead, the emphasis is now on efficient trading.

The crisis was caused by inter-bank lending freezing up, and in response this a new research area has emerged concerned with the stability of banking networks. The work followed on from a highly influential 2001 paper by Eisenberg and Noe, who modelled the settlement process, for a group of banks each of which has assets and may have pending contracts to pay or receive money from other banks. Then someone fires the starting gun and these obligations must be settled. A bank will fail if its net liabilities exceed its assets, and the point is that this can happen indirectly: Bank A can fail because Bank B does not make the promised payment, and that has happened because C failed to pay B. The 2001 paper formulates conditions under which an orderly settlement takes place. Since then, further studies have investigated conditions under which failure at one node of the network will propagate over time to nodes at some distance away, and hence what are the characteristics of 'safe' networks. This points to another characteristic of post-crisis mathematical finance. Network theory is a well-established discipline with applications from transportation to biology, and in general workers in mathematical finance now find themselves in contact with a far wider range of other scientists than used to be the case.

Turning to trading, we saw in Chapter 3 that *volatility* is the key component in pricing any contract involving optionality. Research in this area has received a new boost due to the introduction by Gatheral of so-called 'rough volatility'. Recall that to avoid arbitrage, asset price models have to be semi-martingales. However, volatility is not directly a traded asset and it turns out, perhaps surprisingly, that various processes that are not semi-martingales can by very successful in providing models that calibrate easily to market implied volatility surfaces such as the one shown in Figure 15.

A further element of trading concerns price sensitivity. The classic theory ignores bid-ask spreads and assumes that prices are unaffected by trading, in contrast to reality where it is clear that if one attempts to sell a huge quantity of stock all at once then one will not achieve the pre-trade price. Almgren and Chriss in 2001 came up with a simple but highly effective way to deal with this. They assumed that trading takes place at a finite rate and the price impact is a drop in price proportional to the rate of selling. Then they were able to specify the optimal strategy for selling a certain quantity of stock in a fixed time (say, one day). In the intervening years the nature of trading has changed dramatically with the deployment of today's computer technology, specifically (a) the trading frequency has increased by orders of magnitude, so that in some markets prices may change on a microsecond time scale, (b) the great majority of trades are executed by algorithms of which the Almgren and Chriss algorithm is an early prototype, and (c) more diverse sources of information, obtained for example from social media, are added to the mix. We have seen occasional dislocations of the market in the form of 'flash crashes' where a massive drop in prices suddenly takes place, only to be reversed in twenty minutes. Such phenomena must be related to the interaction of competing algorithms, but the exact mechanisms are unclear and the whole subject surely demands more research. Investigators might also consider the social benefits of ultra-fast trading: is faster better in some well-defined way?

One approach to the study of trading is to examine the 'market microstructure', the actual price-formation mechanism. In many markets this is a LOB, illustrated schematically in Figure 38. Participants can post a buy (bid side) or sell (offer side) order either as a 'limit' or 'market' order. In the former case a price is

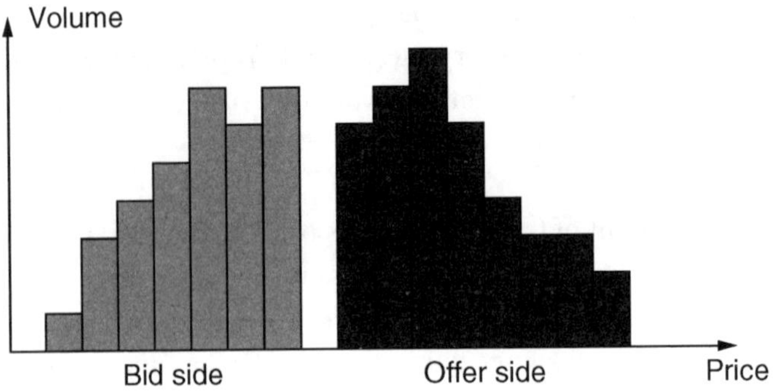

38. Limit order book.

stated, and the order book is a record of unexecuted limit orders. The bars in the figure represent the number of units of the asset for which orders have been placed at that price (prices being quantized to multiples of the 'tick size', typically 1 cent in US markets). The two sides never overlap because if a bid comes in that is higher than an offer-side price then that order will be executed immediately. Market orders are always executed immediately, at the best available price, while limit orders are just added to the book. The gap between the best offer and bid prices is the *bid-ask spread*. Limit orders can also be cancelled. We can get some idea of price impact by observing the shape of the order book. A market sell order will be executed at the highest bid price until the inventory at that price (the rightmost bar on the bid side of the chart) is eaten up, and then the order moves on to the next available entry at a lower price.

There is obviously scope for dynamic modelling of the evolution of the book on the basis of which one could derive optimal strategies. Since movements in the order book correspond to discrete events, that is, arrival of orders, it seems that the appropriate modelling framework will include point processes similar to those of reduced-form credit risk, as discussed in Chapter 5, albeit at a totally different time scale. Then one could consider a central-limit type scaling to get a big-picture view. It is certainly a challenge to turn such ideas into reality.

Another possibility for handling the order book and other questions in optimal trading is to use machine learning, an increasingly widely used technique in the world of finance. Crudely put, machine learning is a set of techniques in which incoming data is processed through a network-like structure depending on a finite number of parameters to produce an output which could be, for example, a prediction of future data. A 'training' set of data is used to estimate the parameters. The basis for the network structure goes back to a fundamental theorem in algebra called the Kolmogorov–Arnold representation theorem. This says that any multivariate function f of n variables can be written as a finite composition of continuous functions of a single variable together with addition; specifically, the representation takes the form

$$f(x_1, \ldots, x_n) = \sum_{q=0}^{2n} F\left(\sum_{p=1}^{n} g_{q,p}(x_p)\right).$$

This totally remarkable result justifies attempts to disaggregate a transformation $y = f(x)$ into a concatenation of elementary pieces, which is what machine learning does.

In the case of the LOB, application of machine learning means identifying features that permit reliable prediction of price movements, reliable in the sense that trades resulting from these predictions are profitable most of the time, and development of execution algorithms that capture this profitability with low trading costs.

As can be seen from this quick *tour d'horizon*, current developments require today's quant to assemble a large—larger than in earlier times—'toolkit' of conceptual understanding, mathematical technique, and computational skills to do her job. The challenges are diverse, and not centred around a 'grand challenge' problem such as the FTAP puzzle of the last century. Also, finance is no longer the exclusive property of a few large investment banks, as other actors ranging from hedge funds to cryptocurrency markets take advantage of the new technology—and the technology spills over into non-finance industries such as transportation or health care. It's a great time to be there!

References

Chapter 1: Money, banking, and financial markets

John Maynard Keynes, *The General Theory of Employment, Interest and Money*. Macmillan, 1936

Chapter 2: Quantifying risk

John Maynard Keynes, The general theory of employment, *Quarterly J. Economics* 51 (1937), 209–23

Chapter 3: The classical theory of option pricing

L. Bachelier, Théorie de la speculation, *Ann. Sci. Ecole Norm. Sup.* 17 (1900) 21–86. Reprinted in M. Davis and A. Etheridge, Louis Bachelier's 'Theory of Speculation': the Origins of Modern Finance. Princeton University Press, 2006

F. Black and M. Scholes, *J. Political Economy* 81 (1973) 21–86

Chapter 6: Fund management

H. Markowitz, *J. Finance* 7 (1952) 77–91

Further reading

Chapter 1: Money, banking, and financial markets

P. Samuelson and W. Nordhaus, *Economics*, 19th edn. McGraw-Hill International Edition, 2010

J. C. Hull, *Options, Futures and Other Derivatives*, 10th edn. Pearson, 2017

Chapter 2: Quantifying risk

O. Linton, *Probability, Statistics and Econometrics*. Academic Press, 2017

F. Knight, *Risk, Uncertainty and Profit*. Dover Publications, 2006 (originally published 1921)

Chapter 3: The classical theory of option pricing

M. Baxter and A. Rennie, *Financial Calculus*. Cambridge University Press, 1996

N. H. Bingham and R. Kiesel, *Risk-Neutral Valuation*, 2nd edn. Springer, 2004

B. Øksendal, *Stochastic Differential Equations: An Introduction with Applications*, 5th edn. Springer, 2010

Chapter 4: Interest rates

A. Cairns, *Interest Rate Models*. Princeton University Press, 2004

D. Filipović, *Term Structure Models*. Springer, 2009

Chapter 5: Credit risk

Z. Capiński and T. Zastawniak, *Credit Risk*. Cambridge University Press, 2017

D. Brigo, A. Pallavicini, and R. Torrisetti, *Credit Models and the Crisis*. Wiley, 2010

G. Chacko, A Sjöman, H. Motohashi, and V. Dessain, *Credit Derivatives: A Primer on Credit Risk, Modeling, and Instruments*, 2nd edn. Pearson FT Press, 2015

Chapter 6: Fund management

T. Björk, *Arbitrage Theory in Continuous Time*, 3rd edn. Oxford University Press, 2009

M. Davis and S. Lleo, *Risk-Sensitive Investment Management*. World Scientific, 2015

L. MacLean, E. Thorp, and W. Ziemba, *The Kelly Capital Growth Investment Criterion*. World Scientific, 2011

Chapter 7: Risk management

P. Christoffersen, *Elements of Financial Risk Management*, 2nd edn. Academic Press, 2016

Chapter 8: The banking crisis and its aftermath

J. Gatheral, *The Volatility Surface*. Wiley, 2006

T. Geithner, *Stress Test: Reflections on Financial Crises*. Random House Business, 2015

X. Guo, T.L. Lai, H. Shek, and S. Wong, *Quantitative Trading*. CRC Press, 2017

M. Lewis, *The Big Short*. Penguin Books 2011

“牛津通识读本”已出书目

古典哲学的趣味
人生的意义
文学理论入门
大众经济学
历史之源
设计，无处不在
生活中的心理学
政治的历史与边界
哲学的思与惑
资本主义
美国总统制
海德格尔
我们时代的伦理学
卡夫卡是谁
考古学的过去与未来
天文学简史
社会学的意识
康德
尼采
亚里士多德的世界
西方艺术新论
全球化面面观
简明逻辑学
法哲学：价值与事实
政治哲学与幸福根基
选择理论
后殖民主义与世界格局
福柯
缤纷的语言学
达达和超现实主义
佛学概论
维特根斯坦与哲学
科学哲学
印度哲学祛魅
克尔凯郭尔
科学革命
广告
数学
叔本华
笛卡尔
基督教神学
犹太人与犹太教
现代日本
罗兰·巴特
马基雅维里
全球经济史
进化
性存在
量子理论
牛顿新传
国际移民
哈贝马斯
医学伦理
黑格尔
地球
记忆
法律
中国文学
托克维尔
休谟
分子
法国大革命
民族主义
科幻作品
罗素
美国政党与选举
美国最高法院
纪录片
大萧条与罗斯福新政
领导力
无神论
罗马共和国
美国国会
民主
英格兰文学
现代主义
网络
自闭症
德里达
浪漫主义
批判理论

德国文学
戏剧
腐败
医事法
癌症
植物
法语文学
微观经济学
湖泊
拜占庭
司法心理学
发展
农业
特洛伊战争
巴比伦尼亚
河流
战争与技术
品牌学
数学简史
物理学
行为经济学
计算机科学
儒家思想
未来
基因
恒星

儿童心理学
时装
现代拉丁美洲文学
卢梭
隐私
电影音乐
抑郁症
传染病
希腊化时代
知识
环境伦理学
美国革命
元素周期表
人口学
社会心理学
动物
项目管理
美学
管理学
卫星
国际法
计算机
亚当·斯密
代数
天体生物学
数理金融学

电影
俄罗斯文学
古典文学
大数据
洛克
幸福
免疫系统
银行学
景观设计学
神圣罗马帝国
大流行病
亚历山大大帝
气候
第二次世界大战
中世纪
工业革命
传记
公共管理
社会语言学
物质
学习
化学
天体物理学
意大利文学
海洋生物学